ORAÇÕES PARA BOBBY

LEROY AARONS

ORAÇÕES PARA BOBBY

ATÉ ONDE A INTOLERÂNCIA PODE NOS LEVAR?

(Baseado em uma **HISTÓRIA REAL**)

São Paulo
2023

Prayers for Bobby - A mother's coming to terms with the suicide of her gay son
© 1995 by Leroy Aarons

Copyright © 2022 by Universo dos Livros
Todos os direitos reservados e protegidos pela Lei 9.610 de 19/02/1998.
Nenhuma parte deste livro, sem autorização prévia por escrito da editora, poderá ser reproduzida ou transmitida sejam quais forem os meios empregados: eletrônicos, mecânicos, fotográficos, gravação ou quaisquer outros.

Diretor editorial
Luis Matos

Gerente editorial
Marcia Batista

Assistentes editoriais
Letícia Nakamura e Raquel F. Abranches

Tradução
Vitor Martins

Preparação
Ricardo Franzin

Revisão
Rafael Bisoffi
Giovana Sanches

Arte
Renato Klisman

Ilustração de capa
Bilohh

Dados Internacionais de Catalogação na Publicação (CIP)
Angélica Ilacqua CRB-8/7057

A11o

Aarons, Leroy
    Orações para Bobby : até onde a intolerância pode nos levar? / Leroy Aarons ; tradução de Vitor Martins. -- São Paulo : Hoo Editora, 2023.

ISBN 978-85-93911-33-0
Título original: *Prayers for Bobby: A mother's coming to terms with the suicide of her gay son*

1. Griffith, Robert Warren, 1963-1983 – Biografia 2. Suicídio 3. Homossexualidade 4. Luto
I. Título II. Martins, Vitor

22-3158   CDD 920.71

Universo dos Livros Editora Ltda. — selo Hoo
Avenida Ordem e Progresso, 157 — 8º andar — Conj. 803
CEP 01141-030 — Barra Funda — São Paulo/SP
Telefone: (11) 3392-3336
www.universodoslivros.com.br
e-mail: editor@universodoslivros.com.br

Para Josh Boneh,
que acreditou.

AGRADECIMENTOS

Meu primeiro agradecimento é reservado para Mary Griffith, que retornou aos momentos mais sombrios da própria vida para tornar este livro possível. Minha gratidão a ela pela cooperação, trabalho duro e amizade sem fim. Também estou em dívida com toda a família Griffith — Bob, Joy, Nancy e Ed — pelas respectivas contribuições, assim como com outros familiares e amigos que foram completamente honestos e solícitos.

Pela ajuda na leitura do manuscrito em diversas etapas e pelas sugestões de melhorias, agradeço a: Charles Kaiser, Juan Palomo, Belinda Taylor, David Harris, Micha Peled, Beth Smith e Pat McHenry Sullivan. E, é claro, ao meu amado Josh, que leu e me encorajou em cada passo desta jornada.

Obrigado aos pesquisadores John Sullivan e Kate Newburger.

Gratidão ao meu editor, Kevin Bentley, que viu o potencial desta história desde o começo; ele foi essencial para convencer a Harper São Francisco a publicá-la e comandou o processo do início ao fim.

Obrigado a Pam Walton por permitir que eu transcrevesse trechos das entrevistas do seu importante documentário *Gay Youth*.

E, finalmente, meu agradecimento a Bobby Griffith, cujo espírito vivo permeia este livro e boa parte da minha vida.

SUMÁRIO

INTRODUÇÃO ········ **11**

CAPÍTULO 1
O SALTO ········ **17**

CAPÍTULO 2
"O QUE DEU ERRADO?" ········ **19**

CAPÍTULO 3
FOGO E ENXOFRE ········ **32**

CAPÍTULO 4
BICHINHA ········ **46**

CAPÍTULO 5
UMA CORDA SEM NÓ ········ **64**

CAPÍTULO 6
SAINDO DO ARMÁRIO ········ **78**

CAPÍTULO 7
A CURA ········ **111**

CAPÍTULO 8
O LEPROSO ········ **124**

CAPÍTULO 9
SAINDO DO ARMÁRIO PELA SEGUNDA VEZ 151

CAPÍTULO 10
PORTLAND 164

CAPÍTULO 11
O FIO DE OURO 183

CAPÍTULO 12
NA ESTRADA 191

CAPÍTULO 13
NASCER DE NOVO 233

EPÍLOGO
JUVENTUDE GAY 245

INTRODUÇÃO

Li a respeito da família Griffith pela primeira vez em um artigo do jornal *San Francisco Examiner* em 1989. A matéria, escrita pela repórter Lily Eng, era parte de uma extensa série publicada ao longo de dezesseis dias sobre gays e lésbicas nos Estados Unidos. O *Examiner* celebrava então o vigésimo aniversário da Revolta de Stonewall, considerada o marco inicial do movimento pelos direitos civis dos gays nos Estados Unidos. (O Stonewall Inn era um bar no Greenwich Village, cujos frequentadores, em uma noite quente do verão de 1969, enfrentaram um esquadrão de policiais, atingindo-os com tijolos e pedras; o acontecido atraiu centenas de pessoas ao local em um protesto que inspirou gays e lésbicas a agirem ao redor do país.)

Fiquei profundamente comovido pela história do suicídio de Bobby Griffith; entristecido pela perda de alguém tão jovem. O ódio de si mesmo que exalava dos trechos do seu diário incluídos na matéria era doloroso demais para aguentar. Meu instinto era segurar o garoto que tinha escrito aquelas palavras e gritar: "Não, Bobby! Você entendeu tudo errado. Está tudo certo com você. Os outros é que enlouqueceram com tanto ódio e ignorância!".

Mas, obviamente, era tarde demais. Incapaz de conciliar sua orientação sexual com as crenças morais e religiosas da sua família, Bobby saltou do viaduto de uma rodovia para a morte em 1983.

Outros jovens homossexuais estavam cometendo suicídio. Na verdade, algumas estatísticas apontavam que o número de suicídios entre gays adolescentes vinha atingindo níveis epidêmicos. Porém, não eram apenas os registros de quatro anos encontrados nos diários de Bobby que tornavam a sua história única mas também a história de sua mãe, Mary, uma dona de casa da classe trabalhadora.

Na reportagem do *Examiner*, havia um texto escrito por Mary Griffith no qual ela falava sobre o fanatismo religioso e a homofobia que fizeram com que ela abraçasse uma campanha implacável para forçar seu filho a superar a homossexualidade. Ela estava tão imersa em suas crenças enraizadas que não percebeu, enquanto rejeitava Bobby, que contribuía para o ódio de si mesmo que, por fim, resultaria na morte do garoto.

A morte do filho fez com que Mary questionasse suas crenças mais básicas: "Olhando para o passado", escreveu ela, "percebo como era cruel encher de uma culpa falsa a consciência de um garoto inocente, o que lhe trouxe uma imagem distorcida da vida, de Deus e de si mesmo, fazendo-o sentir que sua vida valia pouco, quase nada".

A matéria seguia relatando a mudança de pensamento tardia de Mary, a rejeição da doutrina religiosa e o começo de uma jornada para ajudar a salvar a vida de outros jovens gays e lésbicas. Agora, ela pode dizer: "Que distorção do amor de Deus fazer crianças crescerem acreditando que são pessoas ruins, com apenas uma pequena inclinação ao bem, convencidas de que continuarão não merecendo o amor de Deus desde o seu nascimento até a morte".

Tal conversão extraordinária tocou-me tanto quanto a história trágica da morte de Bobby. Essa mulher com pouca instrução foi capaz de superar uma vida inteira de doutrinação, arriscando ser rejeitada pelos colegas religiosos, e abraçou os rejeitados pela sociedade. Como ela conseguiu? O que a fez transcender o próprio passado e se engajar no que só pode ser descrito como atos de coragem?

Como muitos outros gays e lésbicas, eu tive minha própria história de rejeição e ódio de mim mesmo. Felizmente, nunca pensei em suicídio. Essa opção nunca passou pela minha cabeça. O nojo que eu sentia de mim mesmo me levou para outros caminhos — caminhos não tão definitivos, mas certamente prejudiciais, dolorosos e destruidores.

Eu sobrevivi e, por fim, depois de muitos anos, fiz as pazes comigo mesmo. Mas a história de Griffith atingiu meu coração em um momento em que eu estava dando um grande passo na direção do meu autodesenvolvimento.

INTRODUÇÃO

Na época em que li o artigo, eu era editor executivo do *Oakland Tribune*, um jornalista sênior de sucesso abertamente gay para a minha equipe. Já havia me assumido para eles, para a minha família e para meus amigos muitos anos antes, depois de um longo tempo fugindo e mentindo para proteger minha vida pessoal e minha "imagem" profissional. Eu me sentia confortável como um homem gay assumido, mas, como jornalista, não tinha intenção alguma de me envolver com o ativismo gay, no máximo comparecendo à parada do orgulho como observador.

Na primavera de 1989, a Sociedade Americana de Editores de Jornais, a associação profissional da indústria de notícias, decidiu fazer, pela primeira vez, uma pesquisa entre jornalistas gays e lésbicas quanto às suas atitudes em relação ao ambiente de trabalho e à cobertura midiática de questões gays. O diretor executivo da SAEJ, Lee Stinnett, me pediu para coordenar o estudo.

Concordei com certa hesitação, sentindo que ser o autor de um estudo de escala nacional poderia, de certa forma, mudar a minha vida. E mudou. Em abril de 1990, apresentei os resultados da pesquisa para centenas de colegas editores, e, durante a apresentação, me assumi para o público de todo o país. Lembro-me vividamente de, após dizer "Como editor e homem gay, tenho orgulho da SAEJ por realizar esta pesquisa", uma segunda frase passar na minha cabeça como complemento: "Aqui estou eu, mundo, finalmente por inteiro!".

Manchetes foram publicadas em grandes jornais e revistas: "Jornalista Executivo Se Assume Gay". Eu me tornei um ímã para centenas de gays e lésbicas aspirantes a jornalistas, em sua maioria ainda no armário, clamando por algum tipo de organização de apoio. Assim, no verão de 1990, eu fundei a Associação Nacional de Jornalistas Gays e Lésbicas, um nome um tanto pretensioso para um grupo de seis pessoas. Mas o momento foi decisivo. Dentro de alguns meses, centenas de jornalistas importantes de todo o país se juntaram a nós. A temática gay estava em alta junto ao público e, com isso, veio o desejo de jornalistas gays e lésbicas se pronunciarem e serem ouvidos. A ANJGL prosperou, atraindo a atenção de várias organizações de notícias de massa e, por fim, influenciando a maneira como os gays eram retratados na imprensa nacional e local.

Eu experimentei um senso de integração novo e intenso; a junção da minha vida profissional com a pessoal em um nível superior a qualquer coisa que já havia vivenciado. Eu poderia continuar sendo jornalista e, ao mesmo tempo, *defender* algo sem comprometer minha integridade profissional. Poderia encorajar mudanças em nome dos meus amigos gays sem me afastar dos princípios do bom jornalismo.

Enquanto isso, a *Tribune* passava por um grave problema econômico. Tomei a decisão de deixar os jornais depois de trinta anos e dedicar meu tempo à ANJGL e ao meu antigo sonho de me tornar um escritor "sério".

Mas um escritor precisa de um tema. E, em meados de 1991, a *Advocate*, uma revista gay de circulação nacional, publicou uma matéria sobre Mary Griffith. Josh Boneh, o parceiro da minha vida, leu-a e disse: "Por que você não escreve sobre ela? É uma história excelente, que se encaixa nos rumos que você está tomando. E ela mora aqui em Walnut Creek (uma cidade a alguns quilômetros de Oakland)".

É claro! O lembrete de Josh me levou de volta à história e a toda a sua carga emocional. Procurei minha cópia daquele artigo da *Examiner*, liguei para Lily Eng pedindo o contato da Mary Griffith e, dias depois, já estava a caminho de Walnut Creek.

Eu e Mary nos demos bem logo de cara. Embora ela parecesse tímida no começo, senti de imediato sua força e determinação. Ela queria escrever um livro, mas não tinha levado a ideia adiante. Perguntei o que ela esperava realizar por meio de um livro.

"Eu gostaria de dar aos jovens coragem suficiente para continuarem com suas vidas", disse ela. "Até chegar ao ponto em que consigam aceitar informações factuais sobre suas identidades sexuais."

Mary falava com calma, mas com urgência. Ela também queria alcançar pais, professores e igrejas — o tipo de público que ela já havia alcançado regionalmente. Um livro poderia cumprir a missão nacionalmente.

INTRODUÇÃO

Começamos uma série de entrevistas detalhadas que duraram muitos meses. Ficou claro para mim que Mary tinha outro propósito para o livro. Quase uma década após a morte de Bobby, ela ainda carregava um fardo de culpa pelo seu papel na tragédia. Expor tudo aquilo para o mundo ver seria um ato de redenção.

Mary era muito dura consigo mesma. Ela parecia sentir prazer em contar histórias sobre atos estúpidos ou não pensados que cometera com Bobby. Ela os contava com o entusiasmo de uma recém-convertida. Enquanto falava, parecia surpresa com a própria estupidez.

Porém, conforme a fui conhecendo melhor, bem como o resto da família Griffith — Bob, o marido de Mary; o filho Ed; as filhas Nancy e Joy —, pude perceber que aquela não era uma história de rejeição, e sim de ignorância. Os Griffiths sobreviventes se amavam com uma intensidade vista em poucas famílias. Ficou claro para mim que eles amavam Bobby com o mesmo fervor e que ele os amara igualmente.

A maioria dos casos de suicídio gay ocorre entre jovens deserdados pelas próprias famílias — e expulsos de casa. Uma das ironias desta história é que os Griffiths agiram em nome do amor. Faltou-lhes, isso sim, informação e compreensão, assim como conhecimento de onde buscar por essas coisas. Eles só tinham um vocabulário limitado de respostas disponíveis. Era como se vivessem em uma bolha fechada, incapazes de reconhecer as consequências dos seus atos. Os eventos se desdobraram daquela forma devido a uma inevitabilidade trágica.

Por meio dos seus diários e junto a seus familiares, amigos e colegas de trabalho, pude conhecer Bobby tão bem quanto é possível conhecer alguém que não está mais vivo. Ele fora uma pessoa doce desde pequeno, um pouco vulnerável, fácil de agradar, tímido. Ao mesmo tempo, possuía uma força de vida radiante, refletida no rosto sorridente. Ele admirava a natureza, as artes, hipérboles cômicas, e transparecia tudo isso por meio da escrita, que, para alguém tão jovem, tinha elementos promissores de eloquência.

O mais doloroso foi ver aquela promessa, aquela vida que eu rastreava à exaustão, se desfazer em um contexto que deveria ser de apoio e amor. A psicose interna de uma família que geralmente surge quando a homossexualidade se torna presente é um dos temas recorrentes deste livro.

Conforme escavava mais fundo, outro subtexto veio à tona. Eu estava descobrindo muito mais do que a história de Mary superando seu próprio preconceito mas também sua história de libertação, como uma mulher adulta e pensante, aos cinquenta anos. Mary crescera com inseguranças enraizadas, dependente da aprovação do marido, da mãe e da igreja. O impacto horrível da morte de Bobby abalou tudo que ela tinha como certo. Ela precisou recomeçar. Ao fazê-lo, encontrou não apenas as justificativas para a vida (e morte) de Bobby, mas também aprendeu a se valorizar.

Ao trabalhar com Mary no desenvolvimento desta história, vi-me pensando naquela cena de *O Milagre de Anne Sullivan*, em que a jovem Helen Keller[*] faz um escândalo e derruba uma jarra de água sobre a mesa de jantar. Sua professora, Annie, ignorando os pedidos dos pais de Helen, a leva para o quintal e a obriga a encher a jarra no poço, repetindo de novo e de novo o sinal para água na palma da mão de Helen.

De repente, depois de meses de tentativas, Helen finalmente entende. Água! É assim que se diz água! As coisas possuem palavras atreladas a elas, e palavras são a luz no fim do túnel. Helen se transforma espontaneamente — uma borboleta que vê, escuta e fala, saindo do casulo. É um momento de bênção suprema.

Esse momento, o triunfo do espírito humano, é a parte mais vívida desta história para mim. Não é meramente sobre gays, religião ou suicídio, embora seja sobre todas essas coisas. É sobre família, sobre redenção. E, no final, é sobre a vitória do espírito humano ao transcender uma tragédia. Percebi, então, que era sobre isso que eu sempre quis escrever.

Leroy Aarons

---

[*] Primeira pessoa cega e surda a entrar para uma instituição de ensino superior, formou-se em Filosofia e lutou em defesa das pessoas com deficiência, das mulheres e dos direitos sociais. (N. da T.)

CAPÍTULO 1
O SALTO

26 de agosto de 1983
Portland, Oregon

Bobby Griffith deixou o saguão do bar Family Zoo à meia-noite e caminhou pelo centro de Portland, passando por prédios comerciais e apartamentos que ainda mantinham o aspecto de outro século. Era uma noite quente, porém nublada, no final de agosto de 1983. Loiro, de olhos verdes, musculoso e com um metro e oitenta de altura, ele vestia uma camisa xadrez leve e calças verdes desgastadas. Caminhava a passos largos e firmes. Para quem o visse, ele pareceria um jovem qualquer voltando para casa depois de uma noitada.

Ele subiu uma ladeira e chegou a uma parte plana cortada pela interestadual 405, principal rodovia a ligar o norte ao sul. Daquele ponto, era possível ver grande parte da cidade, alinhada dos dois lados do rio Willamette. As luzes cintilavam ao fundo, abrindo espaço para trilhas escuras de áreas residenciais onde boa parte da população de Portland dormia. O rugido constante do trânsito contrastava com o silêncio da noite.

Bobby se aproximou do viaduto na Everett Street. Ao chegar à ponte, podia ver o trânsito da 405 desaparecendo sob a base de concreto. O cheiro de diesel e gasolina pairava pelo ar.

No que ele estava pensando? Talvez tenha expressado em voz alta o desejo silencioso, repetido com frequência em seus diários, de ascender, viajar rumo ao paraíso, flutuando para sempre. Talvez a depressão sombria que lhe era familiar o tenha sufocado, estrangulando a esperança.

"Até onde eu sei, minha vida já acabou", escrevera ele em seu diário exatamente um mês antes. "Odeio viver neste planeta... Acho que Deus deve sentir um certo prazer em observar as pessoas lidando com os obstáculos que ele joga pelo caminho... Odeio Deus por isso e pela minha existência de merda."

Ele deve ter visto o grande caminhão se aproximando por baixo do viaduto na Couch Street e calculou o salto. De repente, Bobby executou sem esforço um salto de costas, desaparecendo por trás da grade de segurança. O motorista tentou desviar, mas não houve tempo.

Mais tarde, duas testemunhas disseram que, à primeira vista, parecia uma pegadinha. Elas correram até a grade de segurança, esperando encontrar Bobby pendurado nela. Mas, não. Ele caiu sete metros e meio, indo de encontro ao caminhão, que atirou o seu corpo quatro metros à frente, sob o viaduto.

O impacto arrancou de seu corpo a maioria das suas roupas, que ficaram espalhadas pela estrada. Os paramédicos encontraram uma nota de dois dólares e setenta e sete centavos embaixo do corpo dele.

O médico legista, mais tarde, disse que Robert Warren Giffith, vinte anos e dois meses, teve morte instantânea causada por lesões internas graves.

CAPÍTULO 2
"O QUE DEU ERRADO?"

Agosto e setembro de 1983
Walnut Creek, Califórina

A casa de Bob e Mary Griffith, cuja estrutura de madeira era recoberta por uma generosa camada de argamassa, fazia parte de um loteamento dos anos 1940, constituído nos tempos em que Walnut Creek ainda possuía nogueiras e um riacho não canalizado. A cidadezinha no norte da Califórnia havia se desenvolvido, e, de subúrbio bucólico, tornara-se um celeiro fértil de empresas e indústrias. Situada a apenas trinta e dois quilômetros de São Francisco, Walnut Creek possuía as conveniências de uma comunidade residencial mescladas ao brilho de uma cidade cada vez mais sofisticada e congestionada.

Porém, ainda havia ruas tranquilas e bairros charmosos. À exceção do ruído do trânsito, causado pela via expressa a alguns quarteirões de distância, Rudgear Road era esse tipo de rua. Mary, Bob e três dos seus quatro filhos viviam o que parecia ser uma existência pacata na casa de três quatros, de estilo tipicamente americano e com uma piscina no quintal.

Na noite de 26 para 27 de agosto de 1983, Mary Griffith, quarenta e oito anos, tinha ficado acordada até tarde, costurando na cozinha. O cabelo castanho bem arrumado começava a ganhar fios brancos, mas ela ainda era magra, proporcionalmente a seu um metro e meio de altura. Ela tinha um rosto de feições agradáveis, ainda que comuns, com nariz fino e olhos castanhos delicados, escondidos atrás de óculos grandes de armação transparente. Sua voz tinha um leve sotaque do meio-oeste, embora tenha crescido na Flórida e na Califórnia.

Fotos favoritas dos quatro filhos adornavam o aparador na sala: Joy, a mais velha, agora com vinte e dois anos, de ossos largos e semblante sério; Ed, vinte e um, de maxilar quadrado e musculoso; Nancy, a mais nova, com treze anos; e Bobby, como um Tom Sawyer** de cabelo desgrenhado.

Ela costurava e fumava um Carlton mentolado atrás do outro, cercada por imagens familiares da própria fé. Ao lado do telefone, havia uma caixa de madeira repleta de cartões com os versículos bíblicos favoritos de Mary. Na parede da cozinha, uma cruz de cerâmica com um bebê aninhado na barra horizontal. Sobre a mesa, mais uma cruz, mas de madeira, e um apoiador de livros no qual repousava a Bíblia pessoal de Mary, desgastada e cheia de orelhas.

Bob estava dormindo no quarto. Joy, Nancy e Ed tinham saído com a caminhonete velha de Joy. Mary amava esses momentos de solidão. Sentia-se segura nesse universo organizado, cujos regulamentos e regras haviam sido codificados dois mil anos antes e repassados à humanidade ao longo do tempo. Era como viver em um grande complexo protegido por anjos: o mundo era um lugar desconhecido e perigoso, mas se tivesse fé e obedecesse às regras, você e seus entes queridos estariam bem.

A casa refletia a simplicidade aconchegante e despretensiosa de uma família da classe trabalhadora: réplicas de pinturas famosas nas paredes, mesas de centro, fotos da família coladas na geladeira; na cozinha, paredes brancas e armários cor-de-rosa. Bob, que era eletricista e carpinteiro, havia construído a mesa da cozinha com madeira compensada e acabamento em mogno. Atrás da casa, em um quintal amplo e bagunçado, havia uma "piscina" — um grande tanque de formato ovalado preenchido com água.

** Um menino aventureiro, levado e que gosta de chamar a atenção, é o personagem principal dos livros infantis de Mark Twain (1835-1910), considerado o pai da literatura americana moderna. (N. da T.)

O único problema na vida de Mary era sua preocupação constante com Bobby. Desde aquele dia, há mais de quatro anos, quando ele contou aos pais que era gay, eram raros os momentos de paz para ela. A Bíblia alertava repetidas vezes que a homossexualidade era um pecado mortal; certamente, pessoas gays estavam condenadas à perdição. Se Bobby não se arrependesse e mudasse, eles nunca se reencontrariam no paraíso.

A promessa de uma reunião com seus entes queridos ao fim da existência terrena estava no cerne da fé professada por Mary. Era esse o acordo que ela estava disposta a fazer com Deus. Sem o prospecto de se reencontrar com a família em um paraíso celestial, a vida fazia pouco sentido.

Mary não conseguia controlar a frustração. Bobby parecia cada dia mais infeliz. Ela orava e o atormentava sem cansar, mas nada acontecia. Ela frequentemente dizia: "Já estou há quatro anos orando pelo Bobby. A mudança, a cura, Senhor, quando irá acontecer?". Então, ciente de que a divindade não recompensa a impaciência, Mary acrescentava: "Que seja feita a Vossa vontade, e não a minha".

Ela bocejou e olhou para o relógio. Meia-noite e meia, e a manhã do dia seguinte — sábado — seria de trabalho para ela. Levantou-se e foi até a pia pegar um copo d'água. Enquanto voltava para a mesa, uma sensação estranha a inundou: era como se algo mudasse dentro dela, como se uma luz tivesse se apagado. Por um instante, ela foi tomada por uma escuridão congelante, que lhe escureceu o espírito. Então, passou.

"Senhor, o que *isso* significa?", pensou consigo mesma.

Mary deu de ombros e foi para a cama, juntando-se a Bob no quarto dos fundos, que ele acrescentara à casa alguns anos antes.

Ela fez uma oração silenciosa, a mesma que vinha fazendo por anos: "Meu Senhor, abençoe meu marido e meus filhos. Proteja-os com Suas mãos misericordiosas".

*

Joy Griffith dirigia sua picape Dodge Ram D50, ano 1982, pela Bollingen Canyon Road ao lado do irmão Ed, com Nancy e a amiga Wesley na caçamba. Uma típica noite de sexta-feira no subúrbio.

O vento levou para longe um par de óculos de sol que Nancy levava na cabeça. Joy estacionou a picape e Nancy saltou para procurar seus óculos. Naquele momento, inexplicavelmente, Joy pensou em Bobby. O pensamento lhe causou um medo mortal, como se alguém lhe tivesse dito que ela estava com câncer, como se o tumor estivesse crescendo sem que ela soubesse. Nancy encontrou os óculos e eles continuaram o passeio.

*

Foi Joy quem atendeu o telefone de parede na cozinha na manhã seguinte. Nancy e Wesley aguardavam impacientes do lado de fora. Joy prometera levá-las a Santa Cruz para um dia de diversão no píer. A prima Debbie estava ligando de Portland.

— Tenho algo terrível para lhes dizer — disse Debbie.

— O que foi? Está todo mundo bem?

— Bobby pulou de uma ponte.

— O quê?

Nancy e Wesley entraram em casa, vindos do quintal. Joy, lutando para manter o controle, disse:

— Nancy, saia daqui. Vão para o quintal.

Joy voltou para o telefone, cada vez mais histérica.

— Quem o encontrou? — perguntou para Debbie, imaginando que ele tivesse saltado no vão de uma ferrovia ou algo do tipo.

— Joy, calma. Calma.

— Ele está bem? — Joy quase gritou.

— Joy, você entende o que eu estou tentando dizer?

— Bobby morreu — disse Joy.

— Sim — confirmou Debbie.

Joy começou a chorar copiosamente.

— Meu Deus! Ele pulou de uma ponte! Papai, vem aqui! Rápido!

Bob Griffith pegou o telefone. Ele pareceu receber a notícia com calma, e quis saber de mais detalhes. Então, de repente, soltou o telefone e saiu. Foi um reflexo de negação da realidade, como se ele quisesse esquecer que recebera aquela notícia. Por trás da negação, formava-se uma onda gigante de tristeza.

Joy dirigiu até a filial da I. Magnin no centro de Walnut Creek, onde sua mãe trabalhava como balconista. Era um lindo dia de verão na Califórnia. Na entrada dos funcionários, pediu mecanicamente ao atendente que chamasse Mary.

— E, por favor, diga a ela para trazer a bolsa — completou.

Ela se agachou em um canto para esperar, fechando-se em uma bola de luto.

No andar de cima, Mary recebeu a chamada e presumiu que os filhos tinham ficado sem gasolina e precisavam de dinheiro. Quando desceu e encontrou Joy abaixada no canto do outro lado da divisória de vidro, uma onda de medo a atingiu.

— O que houve?

— O Bobby morreu! Ele pulou de uma ponte — Joy gritou.

Mary tentou empurrar a porta de vidro dos funcionários, esquecendo-se de que estava trancada. Ela tateou buscando a campainha, mas o atendente parecia não estar escutando. Mary começou a bater freneticamente na divisória.

— Meu filho morreu! Deixe-me sair!

O atendente destrancou a porta.

*

Na viagem rápida de caminhonete de volta à casa, Joy contou a Mary o que ela sabia. Mary escutava e entendia as palavras, mas elas não se conectavam com suas emoções.

Em casa, Mary e Bob se abraçaram, chorando.

— É a vontade de Deus — Mary se ouviu dizendo. Ela tinha seguido tudo à risca: as orações, o aconselhamento cristão, as admoestações. Por quatro longos anos.

Após deixar Mary em casa, Joy, já exausta, dirigiu por mais quarenta e oito quilômetros em direção ao sul, chegando à Universidade Estadual da Califórnia, em Hayward, onde Ed estava no treino de futebol. Ela avistou o irmão de uniforme na lateral do campo.

— O que foi? — perguntou ele. Joy não conseguia falar de tanto que chorava. Ed continuou repetindo: — O quê? O que foi?

Finalmente, Joy encontrou a própria voz.

— O Bobby — disse ela. — Ele pulou de uma ponte. Eddie, ele morreu!

Ed enrijeceu-se, perdendo todo o sangue no rosto. Abruptamente, pegou seu equipamento no banco e começou a correr em desespero, sem rumo algum, em zigue-zague pelo campo. Arrancou o capacete e chutou-o. De carro, Joy seguiu-o pela pista de atletismo que cercava o campo. Quando o alcançou, ela saltou do veículo aos gritos.

— Eddie, por favor, pare. Precisamos voltar para casa!

Ed diminuiu o ritmo. Eles abraçaram um ao outro.

— O que aconteceu? — perguntou Ed aos prantos.

— Conto tudo no caminho — respondeu Joy.

Ed foi ao vestiário para se trocar, a cabeça pulsando de tal maneira que ele achou que explodiria. Aproximou-se da pia e jogou água gelada no rosto. Vestiu-se mecanicamente. Então, em um surto de dor e fúria, esmurrou um armário e foi embora sem guardar o equipamento.

*

Ed não conseguiu ir para casa. Ele pediu a Joy que o deixasse na casa de um dos conselheiros da Igreja Presbiteriana de Walnut Creek, onde ele se congregava com devoção. Alguns jovens da igreja foram até lá e Ed começou a virar doses de uísque. Ele não costumava beber. Os outros até tentaram fazer com que ele pegasse leve, mas Ed ficou muito bêbado e chorou por horas a fio.

Ele e Bobby, os dois meninos da família Griffith, tinham uma proximidade especial, embora não pudessem ser mais diferentes um do outro. Ed era o atleta, forte como um tanque, sempre brincando de soldado e sonhando em se tornar um jogador profissional de beisebol. Bobby era esguio e pouco afeito à prática de esportes competitivos. Tinha uma veia artística e se interessara por bonecas, desenhos e roupas quando criança.

Ainda assim, havia uma ligação profunda entre os dois. Quando mais novos, Ed e Bobby dividiam um beliche, mas às vezes dormiam juntos na mesma cama, um irmão aninhado no braço do outro, como carne e unha. Foi para Ed que Bobby confidenciou pela primeira vez que era gay.

Nos últimos tempos, eles tinham se afastado. Bobby distanciara-se. Foi para um quarto só dele e estava sempre escondido e muito pensativo. Ed sabia que o irmão estava infeliz e isso o perturbava. Mas imaginava que Bobby superaria tudo aquilo conforme crescesse. Ele nem sonhava que...

A última despedida, quando Bobby veio de Portland para uma visita breve, fora estranhamente dolorosa. Geralmente, eles se despediam com um longo e apertado abraço, mas, daquela vez, Bobby nem sequer lhe oferecera um aperto de mãos.

Por ora, ele tentava esquecer aquilo tudo com a bebida. Na manhã seguinte, acordou de ressaca na sala do conselheiro e finalmente voltou para casa.

*

Na manhã de sábado, Mary reuniu coragem e ligou para os pais. Ela rezou para que Porter atendesse o telefone. Seus pais não sabiam que Bobby era gay, algo que até então era o segredo mais perigoso e bem guardado da família. Há pouco tempo ela o havia compartilhado com Porter, seu irmão mais novo, um solteirão que ainda morava com os pais. Com quase cinquenta anos, Mary ainda temia a língua afiada de Ophelia Harrison, quase tanto quanto desejava a sua aprovação. Porter atendeu e Mary contou a ele o que havia acontecido.

— Porter, eu acredito de verdade que Bobby se matou porque se sentia culpado por ser homossexual.

O tiro havia saído pela culatra. Deus deveria ter curado Bobby. Ela vira tantas histórias de sucesso no canal cristão, com pessoas gays sendo curadas pelo poder da oração. E o Senhor sabia o quanto Bobby orava. O quanto ela orava. O que deu errado?

O resto da semana foi como navegar em meio ao nevoeiro. Havia milhões de detalhes a serem resolvidos. Membros da família vieram ajudar a deixar as atividades de manutenção da casa em dia. Mary, com dificuldade de se sentir motivada e até mesmo de comer, sentia-se grata. Além disso, ela se sentia abençoada pela distração do caos e da confusão.

Porém, muitas coisas precisavam ser estabelecidas. Dentre elas, os detalhes concernentes à morte de Bobby. Ele pulou? Ele caiu? Mary ligou para o médico legista para confirmar que o filho não estava nem bêbado nem drogado. Parecia não haver dúvidas de que Bobby tomara uma decisão consciente. Bobby havia se matado.

Era preciso organizar o funeral. Ela e Bob não tinham qualquer experiência prévia; há mais de vinte anos não acontecia uma morte na família. Eles nem sequer tinham roupas adequadas para um enterro.

Mary encontrou na lista telefônica o Cemitério Memorial Oakmont, situado nas proximidades de Lafayette. Um dos funcionários concordou em dirigir até Portland para trazer o corpo de Bobby. O funeral foi agendado para a tarde de sexta-feira, 2 de setembro.

Eles foram a uma loja de departamento. Bob escolheu uma camisa branca e Mary um vestido para o enterro.

Na quarta-feira, Mary e Bob foram ao memorial, um lugar lindo em meio às colinas que cercavam a pequena cidade de Lafayette, para escolher a lápide de Bobby.

Escolheram o caixão e a lápide: uma placa de bronze com a imagem de um lago plácido cercado por montanhas. Selecionaram uma área do cemitério chamada Jardim da Paz. Ficava em uma colina com vista para o vale e cercada por um gramado bem aparado.

Era o que eles queriam em meio a tudo aquilo, Mary pensou — um pouco de paz.

O funcionário perguntou se eles queriam o caixão aberto ou fechado. Apesar do impacto da queda, ele disse que Bobby estava "até que bem".

— Não — disse Mary. — Não quero lembrar do meu filho desse jeito.

Ela pensou, de repente, que nunca mais veria Bobby para se despedir. E a espera surreal de que ele apareceria em casa a qualquer momento a assombrara durante toda a semana. Certa noite, enquanto trocava o saco de lixo na cozinha, Mary sentiu — e soube — que Bobby chegaria pela porta dos fundos.

Na quinta-feira, as sobrinhas de Mary, Jeanette e Debbie, chegaram de Portland no Chevrolet Nova ano 73 de Debbie. O porta-malas estreito do carro carregava os poucos pertences de Bobby. Mary correu para espiar. Ela sentiu vontade de pegar tudo em um abraço. Não havia muita coisa — algumas roupas, cartas, luvas de academia. Mas era tudo que restava do Bobby.

O tesouro entre os pertences eram os diários de Bobby. Havia quatro cadernos, os dois primeiros espiralados e os dois últimos em capa dura. Anos antes, Mary espiara as primeiras páginas de um diário que Bobby havia deixado pela casa. Mas aquela coleção com mais de duzentas páginas dos pensamentos mais íntimos do filho falecido ofereciam a ela uma maneira de se comunicar com ele. Eram um passaporte para a vida íntima de Bobby. Ela esperaria o momento certo para lê-los.

*

O velório aconteceu na Igreja Presbiteriana de Walnut Creek, que a família Griffith (exceto Bob) frequentara pelos últimos quatorze anos. Mary e Joy eram professoras da escola dominical. Bobby e Ed faziam parte do ministério de jovens. Para Mary, ainda anestesiada pelos acontecimentos, aquele espaço, antes seguro e familiar, agora lhe parecia estranho.

A capela estava lotada. Além da família, havia amigos de escola de Bobby, parentes e até mesmo alguns dos seus amigos gays. Um ou dois se aproximaram para oferecer seus sentimentos a Mary.

Para Jeanette, o salão parecia inundado de lágrimas. Ela nunca vira tanta emoção em um único lugar. Todos choravam. Quando não estavam aos prantos, pareciam chocados, em transe. Nada dói mais do que a perda de uma pessoa tão nova, pensou ela.

Um jovem ministro, Dave Daubenspeck, que era amigo de Ed, mas pouco conhecia do Bobby, fez o sermão. Ele expressou a visão ortodoxa presbiteriana que considerava a homossexualidade um pecado: com uma frustração profunda — iludido e, ainda assim, preso ao estilo de vida gay —, Bobby escolhera dar um fim à própria vida. A boa notícia é que ele havia aceitado Cristo, e apesar dos pecados homossexuais e do suicídio, nada pode separar um verdadeiro cristão do amor de Deus. Sendo assim, o lugar de Bobby estava guardado no céu.

O coral cantou o refrão de "Hallelujah" várias vezes. Os responsáveis por carregarem o caixão, incluindo Ed e o irmão de Mary, Warren, cumpriram a tarefa gentil e solenemente.

No cemitério, Jeanette observou um dos coveiros jogando uma pá de terra sobre o caixão de Bobby. Ela ouviu a terra atingir o caixão e uma torrente de luto se abriu. Ela se pegou chorando histericamente.

*

Houve uma pequena recepção depois do enterro, na casa da irmã de Mary, Noma, nas proximidades de Concord. Mary chorou praticamente o tempo inteiro. Sua mãe, Ophelia, a provocava constantemente, dizendo que não entendia o choro da filha, que afinal era cristã e acreditava na salvação. Noma tentou defender a irmã.

— O filho dela se matou! — disse ela rispidamente. Parecia que, independentemente do que Mary fizesse, a mãe sempre acharia algo para criticar.

Mas Mary ainda não imaginava o quanto aquela perda a machucaria. Você morre e vai para o céu: essa é a glória de ser cristão. Pelo menos é o que nos ensinam. Mas não ensinam sobre o luto.

Um dos versículos bíblicos se repetia na cabeça de Mary como um mantra. Era do livro de Apocalipse, o livro sobre o fim dos tempos. "O vencedor será assim vestido de vestiduras brancas, e de modo nenhum apagarei o seu nome do Livro da Vida."

Segundo sua interpretação do versículo, o pecador que se arrepende recebe a vida eterna. Mas aquele que não "supera", que morre sem arrepender-se, estaria destinado ao inferno. O livro de Apocalipse parecia contradizer o que o ministro Daubenspeck dissera.

Isso a assustou. Bobby morrera sem arrepender-se. Se ele fosse julgado, certamente iria para o inferno.

*

De volta à sua casa naquela noite, Mary perguntou para Bob:
— Você acha que Bobby foi para o céu?

Bob evitava a religião. Sempre resistira aos esforços da esposa de batizá-lo. À sua maneira típica, ele simplesmente respondeu:
— Ele não está *aqui*.

Mary estremeceu, erguendo o tom de voz.
— De acordo com a Bíblia, Bobby foi para o inferno. Eu nunca mais o verei novamente. Nunca, nunca, nunca!

Ela ficou acordada até tarde, revirando esse questionamento na mente. Por que Deus permitiria que o seu filho fosse para o inferno se tinha o poder de curá-lo?

*

Dias depois, Mary pegou os diários. Passou a noite em claro, lendo página por página. Bobby começara a escrever em janeiro de 1979, quando tinha quinze anos. Escreveu durante todo o ano de 1979 e, por algum motivo, pulou o ano de 1980, exceto por uma única passagem, e continuou a escrever até duas semanas antes de morrer. As passagens variavam entre consecutivas e esporádicas, às vezes com intervalos de vários meses.

Mary rapidamente descobriu que um outro Bobby — muito mais machucado do que aquele que ela conhecia — redigira aqueles diários. As passagens transbordavam ódio de si mesmo. A repulsa de Bobby por sua natureza gay era um tópico constante.

Ela leu:

Sou mau e perverso. Quero cuspir vulgaridades em todos que vejo. Sou sujo, bactérias nocivas crescem dentro de mim... Eu era inocente, confiável, amoroso. O mundo me estuprou até deixar minhas entranhas destruídas e sangrando. Minha voz é baixa e ninguém a escuta, ninguém a nota. Amaldiçoada.

*

Mary sabia que o filho era profundamente infeliz. Mas os diários revelavam que, para Bobby, todos os dias, incluindo os mais mundanos, eram uma batalha de Sísifo.

O clima agradável de primavera me cerca, mas há uma tempestade implacável dentro de mim... Quanto tempo mais? Quanto tempo eu consigo aguentar? Só o tempo de um milhão de lágrimas amargas... Queria poder rastejar para debaixo de uma pedra e dormir pelo resto da vida.

*

Bobby abraçara a fé de sua mãe desde a infância. Já frequentava a escola dominical há anos quando, em seu décimo aniversário, disse para ela:

— Mãe, quero aceitar Jesus em minha vida.

Mary levou-o para ser batizado. A crença de Bobby em Deus e em Sua palavra imutável, revelada na Bíblia, continha toda a inocência e convicção de alguém que teve sua fé moldada desde cedo. Isso transparecia nos diários. Mas Mary ficou chocada com as blasfêmias sombrias e violentas igualmente presentes nos cadernos.

"Às vezes sinto muita culpa por meus sentimentos", Bobby escreveu. "Será que vou para o inferno? Essa é a pergunta que está sempre corroendo a minha mente. Por favor, não me mande para o inferno... Senhor, eu quero ser bom... Preciso da Sua aprovação."

Mas o tom poderia mudar abruptamente: "Foda-se, Deus! Quando não é uma coisa, é outra, e ninguém consegue aguentar tanto assim".

Perto do amanhecer, exausta e de olhos vermelhos, Mary chegou às passagens finais. Fechando as páginas, ela pensou na última visita de Bobby, algumas semanas antes, no final de julho. Ele nunca parecera tão triste, tão letárgico. Uma visão a assombrava: o pré-adolescente feliz que Bobby tinha sido, de sorriso largo e rosto despreocupado.

Aqueles tinham sido bons tempos, e Mary acreditava que eles voltariam. Mas agora... Meu Senhor, quanta tristeza. Querido Deus, ele merecia tudo isso? E qual era o papel dela em toda aquela história?

CAPÍTULO 3
FOGO E ENXOFRE

Mary, 1934 - 1963

Mary Alma Harrison nasceu em 13 de outubro de 1934, no Hospital Colon na Zona do Canal do Panamá, a quarta criança e terceira menina de Ophelia Harrison com o piloto de primeira classe da Marinha, Alvin Edward Harrison. Ela não era um bebê agradável aos olhos. Quando a enfermeira entregou a criança esguia e escorregadia de dois quilos e meio para a mãe, Ophelia mal conseguiu segurá-la.

Mary passara boa parte da vida tentando convencer a mãe a fazer justamente aquilo — segurá-la. Ela se sentia pouco amada e ignorada. Ao todo, foram sete filhos, todos gritando pela atenção de uma mãe que parecia muito mais interessada nos encontros sociais das esposas dos oficiais da Marinha do que em cuidar da própria prole. Para Mary, a infância tinha sido um exercício de sempre encontrar maneiras de não atrapalhar.

Ophelia, pouco dada a ser carinhosa, comandava tudo com mãos de ferro. Eram poucos os abraços e beijos. Por outro lado, o pai Alvin, quando estava presente, oferecia aconchego, afeto e diversão, agindo como uma ponte entre os filhos e a mãe. Ele não falava muito, mas fazia com que as crianças se sentissem bem cuidadas. Certa vez, quando a família morava em Jacksonville, ocorreu uma onda de frio rara e intensa. Alvin fez desenhos na janela do quarto que

Mary compartilhava com a irmã mais nova, Gail, e disse às crianças que Jack Frost lhes tinha feito uma visita. Mary acreditou em cada palavra e ficou encantada.

Ophelia Ambria Casey conhecera o futuro marido em um baile em Pensacola, Flórida, quando tinha treze anos. Seu pai, um ferroviário, acompanhou o casal em seus encontros até eles se casarem, em 1924. Ophelia tinha quinze anos e Alvin, um jovem marinheiro, vinte e dois. Ophelia fora uma criança teimosa, mimada por pais que sentiam a perda da primeira filha, que morrera de pneumonia aos dezoito meses.

Ela ainda era uma criança quando se casou. Dois dos seus sete filhos chegaram antes mesmo de ela completar vinte anos. Ela encarou a maternidade com sentimentos mistos: era uma jovem que amava os filhos e era intensamente leal a eles, mas que se ressentia da responsabilidade que exigiam. Ophelia podia ser mordaz e cruel — um traço de sua personalidade que a acompanharia pela vida toda e que, mais tarde, lhe renderia um apelido semiafetuoso por parte dos netos: "Vovó Malvadona".

Para Mary, uma garota sensível e introvertida, a vida significava manter-se fora de vista. Carente de afeto, tentava passar despercebida — qualquer coisa para escapar das farpas maternais. Mary tinha os dentes salientes, era desajeitada e seu raciocínio, lento. Na primeira série, ela ainda não conseguia escrever o próprio nome. Ophelia escolheu um dos seus apelidos mais cruéis para dar à filha: ela a chamou de "debiloide" até a idade adulta.

Mary fazia de tudo para evitar conflitos, passando boa parte do tempo sentindo medo ou culpa. Ela ansiava por um lugar seguro. Sentia-se burra. Todos os dias, antes de sair da cama, orava para que conseguisse passar o dia inteiro sem fazer qualquer coisa que desagradasse a mãe.

A amiga mais próxima de Mary era sua irmã, Jean, seis anos mais velha. Mary podia contar com Jean, com quem compartilhava os mesmos sentimentos de negligência dentro de casa. Na escola, Jean saía-se melhor por causa da boa voz para cantar. Certa vez, uma professora enviou um bilhete para casa pedindo que o talento de Jean fosse incentivado. Ophelia jogou o bilhete no lixo e a história terminou por ali. Jean, igualmente introvertida, nunca comentou nada a respeito, mas carregou aquela lembrança amarga pelo resto da vida.

Por causa da Marinha, a família se mudou muito durante os primeiros anos de vida de Mary: do Panamá para Jacksonville e depois para Pensacola. Por fim, estabeleceram-se em Oakland, Califórnia, em 1941, logo depois de os Estados Unidos aderirem à guerra. Alvin Harrison, na época promovido a oficial comissionado, foi designado para um trabalho burocrático na estação aérea da Marinha.

A família Harrison frequentava a igreja. Alternava entre congregações católicas, batistas e metodistas. Ophelia, particularmente, acreditava na linha religiosa de fúria e vingança. As crianças aprenderam que Deus deveria ser temido. Ou elas obedeciam às ordens de Deus ou corriam o risco de serem punidas. E a pena era queimar no inferno.

Acima de qualquer outra coisa, Deus era um instrumento de controle. Certa vez, quando tinha por volta de cinco anos, Mary obteve permissão para ir ao cinema da base sem as irmãs assistir a *O Mágico de Oz*. Ophelia alertou-a:

— Fique sentada lá e nem pense em se levantar, porque eu estou de olho e Deus também. Entendido?

Mary entendeu e acreditou.

Naquele ambiente, Deus e mamãe se fundiam na mente de Mary como guardiões idênticos de um domínio severo repleto de perigos imprevisíveis — no céu e na terra. A igreja dizia que todos nós nascemos do pecado. A danação era uma realidade para aqueles que não se reconciliavam com Deus. Naquele domínio, Satanás era uma presença constante. Permanecer na zona estreita de segurança era um desafio. Mary certa vez sonhara que Deus vinha pegá-la com uma mão gigantesca. Ela se escondeu atrás de uma rocha, mas de nada adiantou. Deus a encontrou.

Os hinos que ela aprendera na igreja, com lindas melodias e letras emocionantes, eram terrenos e vívidos, repletos de imagens vitais que falavam com ela.

Em Jesus confiar
Sua lei observar
Oh, que gozo, que bênção, que paz!
Satisfeitos guardar
Tudo quanto ordenar
Alegria perene nos traz
Crer e observar, tudo quanto ordenar
O fiel obedece ao que Cristo mandar.

Deus representava o perigo mas também a segurança. Essa contradição influenciaria boa parte de sua vida, preenchendo-a mais de culpa e preocupação do que de paz — e daria o tom da reação de Mary quando a crise do próprio filho entrasse em erupção.

*

Quando Mary completou dez anos, Alvin, já um oficial comissionado, foi enviado ao mar e lá permaneceu durante a maior parte dos dois anos seguintes. Mary sentiu-se mais exposta e solitária do que nunca nessa época. No Natal, Ophelia dava aos filhos presentes que, de preferência, os mantivessem distraídos e fora do caminho. Ela parecia sempre favorecer os meninos: Warren, o mais velho, e, nascidos anos depois, Porter e Charles. As meninas, especialmente Jean e Mary, sofriam mais, pelo menos era assim que Mary enxergava.

Na Escola Primária Jefferson, em Oakland, ela se sentia um patinho feio. As outras garotas eram todas mais bonitas, com notas melhores e roupas mais elegantes. A família Harrison não era pobre — Ophelia trabalhava para complementar a renda do marido —, apenas não se importava com questões como estilo e competitividade entre colegas de classe.

A adolescência trouxe mais traumas. Quando Mary teve a sua primeira menstruação, Ophelia pareceu tão incomodada quanto a filha a respeito do ocorrido.

— Você vai começar a sangrar — a mãe alertou. — E caso se assanhe para cima dos meninos, sua barriga vai crescer.

Sexo parecia algo perigoso e vulgar, um assunto sobre o qual não se devia conversar. Ophelia dizia às filhas que, se um garoto as beijasse no rosto, elas poderiam engravidar. Mary morria de medo de os seus seios crescerem muito; eles se destacariam e chamariam a atenção.

Porém, ela chamava a atenção mesmo assim. As outras garotas já arrumavam os cabelos e tinham namorados, mas Mary continuou a usar maria-chiquinha até os treze anos. Na adolescência, ela pesava 68 quilos e sempre usava um casaco durante as aulas para esconder o corpo. Isso não fazia com que ela reparasse menos nos garotos. Ela era obcecada por eles, sem entender por completo o que aquilo significava. Invejava as colegas que já tinham namorados e nutria fantasias dignas de romances melodramáticos, nas quais conhecia um homem mais velho, casava-se com ele e o esperava na porta de casa ao fim de todos os dias…

Ela tinha algumas amigas e certa vez obteve permissão para ir a uma festa do pijama. Aos quatorze anos, em seu primeiro encontro, foi no cinema com um garoto chamado Louis. Ele a beijou algumas vezes. Porém, ao final do filme, ele disse a ela que estava a caminho de uma festa à qual "não poderia levar boas garotas". Mary voltou para casa sozinha.

Apesar da indiferença no dia a dia, Ophelia era possessiva e temia pelos filhos. O mundo era um lugar perigoso. Conforme cresciam, ela passou a ter dificuldades para controlar todos eles.

Durante a adolescência, Mary lutou para ter um pouco de independência. Sua busca desesperada por segurança alimentava uma força de vontade que, em outras circunstâncias, teria resultado em uma pessoa incrivelmente automotivada. Aquela força voltaria mais tarde em circunstâncias mais trágicas, mas motivou um período de rebeldia durante a juventude.

Aos dezesseis anos, como aluna do Colégio Fremont, em Oakland, ela fez amizade com uma garota chamada Gail, que andava com uma turma mais indisciplinada. A guerra tinha acabado e a área estava cheia de veteranos com ideias sofisticadas de como se divertir. Tão inocente e impressionável quanto solitária e desesperada por aventuras, Mary seguia Gail por toda parte, e as duas começaram a frequentar bares em segredo. Aquilo não durou muito tempo: a mãe de Gail descobriu e denunciou o dono de um dos bares para as autoridades por servir bebidas para menores de idade. Um dia, ao voltar do colégio, Mary encontrou policiais aguardando na sala de casa para interrogá-la. Aterrorizada, ela confessou tudo e foi chamada para ir à delegacia com Gail identificar a garçonete e o dono do bar. Tão logo foi reconhecido, o dono do bar chamou as garotas assustadas de "vadias". Aquilo atingiu o frágil ego de Mary como uma flecha. Ela se sentiu humilhada e arrependida por ter causado tanta confusão.

Em outra ocasião, numa festa à qual Gail a levara, Mary passou mal depois de misturar cerveja com uísque. Ela foi até um quarto para se deitar um pouco. De repente, a porta se abriu. Um homem entrou e começou a dar em cima dela. Gail surgiu para resgatá-la.

— Ela não faz essas coisas — ela disse ao homem.

Alguém se ofereceu para levar Mary para casa. No dia seguinte, o jornal *Oakland Tribune* publicou uma matéria de primeira página a respeito de uma batida policial em uma festa cuja proprietária fora presa por prostituição. Para o pavor de Mary, era a mesma casa, e a batida ocorreu cerca de quinze minutos depois de ela ter ido embora.

As coisas pioraram quando Mary foi convidada para um "chá da tarde", do tipo que envolvia heroína e maconha. Inocentemente, Mary achou que as pessoas estavam fumando cigarros comuns e aceitou alguns como presente de um jovem rapaz que fora gentil e a levara para casa. No dia seguinte, quando contou para a mãe sobre o ocorrido, Ophelia ficou horrorizada e ligou para o esquadrão antidrogas de Oakland. Um dia depois, Mary estava na delegacia conversando com o FBI. Ela ficou sabendo, novamente para o seu horror, que o homem que organizara a festa tinha um longo histórico de passagens pela polícia. As autoridades perguntaram se Mary aceitaria ser uma infiltrada da polícia em mais uma daquelas festas, mas depois não a contataram mais.

Ela se via nessas situações por ingenuidade, motivada pela solidão e pelo desejo de estar em qualquer lugar que não a sua casa. Ironicamente, quando estava nas festas, ela só pensava em voltar para casa, onde se via a salvo da multidão que a cercava. Aquele tipo de evento não era a sua praia.

As coisas poderiam ter sido muito piores se Ophelia houvesse descoberto que Mary tivera momentos íntimos com um garoto que conhecera por meio de uma colega na época em que trabalhava na mercearia depois das aulas. Para Mary, foi uma primeira vez tensa e sem nenhum prazer.

O modo como Mary enxergava o sexo e a intimidade era influenciado pela mãe. Durante os primeiros anos da adolescência da filha, Ophelia ficou obcecada com a ideia de que Alvin a estava traindo. Estivesse ele no mar ou não, ela falava sobre suas suspeitas alto o bastante para que os filhos escutassem. Mary não sabia dizer se a mãe tinha provas ou mesmo se a situação já havia sido discutida entre os dois. Só sabia que Ophelia estava profundamente amargurada com aquilo.

Anos mais tarde, Mary especularia que aquela era a razão do azedume e do comportamento insatisfeito de Ophelia. Talvez tenha havido um caso extraconjugal no início do casamento, ou nada mais do que uma traição imaginada. Mas nunca houve uma conversa sobre divórcio. O casal permaneceu junto por sessenta e dois anos, até a morte de Alvin em 1986.

Porém, as suspeitas de Ophelia causaram um impacto profundo em sua filha impressionável. A mãe sempre dizia que trair era da natureza do homem e sofrer por isso era o destino da mulher. Na realidade, a mensagem que Mary assimilou foi: se um homem traísse, de alguma forma, a culpa era da mulher. Tudo isso se enraizou em sua mente, e, mais tarde, reverberaria em sua vida e no seu casamento.

A adolescência de Mary era como uma viagem sem mapa e sem ninguém no leme. Parecia que as coisas aconteciam *com* ela, e não o contrário. Ela não sabia como se encaixar. Tímida, sexualmente reprimida, sentindo-se feia, ela culpava sua natureza pecaminosa por todas as confusões em que se metia, por não se dar bem em casa, pelo consumo ocasional e excessivo de álcool, pelo sexo. Ela acreditava que tudo aquilo que dava errado acontecia por ela não estar agindo de acordo com a vontade de Deus. Ela precisava desesperadamente de algo para ampará-la.

O primeiro encontro de Mary com o futuro marido poderia ter saído dos gibis adolescentes que ela lia. Foi um encontro de casais organizado por uma amiga de Mary, Barbara. Mary faria par com John, o ex-namorado mais recente de Barbara, para que a amiga conhecesse Bob Griffith, amigo de John. Mas Bob ficou com a impressão de que estava lá para conhecer Mary. Todos se encontraram em uma pista de boliche e depois se amontoaram no carro de Bob para ir beber cerveja ilegalmente nas colinas de Oakland. Barbara acabou indo na frente com Bob e Mary, no banco de trás com John.

Em pouco tempo ficou óbvio que os garotos estavam dispostos a ir um pouco mais além. Porém, Mary não tinha o menor interesse em John e Barbara resistia no banco da frente. John convenceu a ex-namorada a trocarem e Mary viu-se na frente com um Bob entusiasmado e persuasivo. Ela resistiu um pouco, mas seus lábios doeram por uma semana devido aos beijos ardentes do rapaz.

Bob apareceu na porta da casa dela na noite seguinte e na noite depois daquela também. Eles começaram a sair frequentemente. Para Mary, Bob parecia um rapaz comum, porém gentil e carinhoso. Ela se sentia segura com ele, apesar das suas investidas impetuosas.

*

Ainda que a infância de Mary não tenha sido exatamente idílica, foi um paraíso se comparada à de Bob. Ele era filho de um operário, Robert Sr., e de Blanche, uma mulher jovem, quieta e frágil. Aos dezenove anos, seis meses após o nascimento de Bob, Blanche Griffith morreu de uma infecção interna causada por tecidos deixados em seu corpo pós-parto, que um médico descuidado falhou em remover. (Por anos, Bob ficou com a sensação de que, de alguma forma, ele fora o responsável pelo falecimento da mãe.) Sua morte deixou Bob à mercê do pai, de temperamento difícil. Robert Griffith era um homem grosseiro, afeito à violência e a ataques de raiva imprevisíveis. Bob aprendeu a prever as surras, que aconteciam com frequência e sem motivo lógico. Pelo menos uma vez o pai deixou-o trancado em um armário por horas. Chegou a deixar o filho, ainda criança, desacordado após derrubá-lo do cadeirão em um ataque de raiva.

Bob temia e odiava o pai. Robert desaparecia por longos períodos, deixando o filho com os avós maternos, que o tratavam bem, mas sem muitas demonstrações de carinho. Mas Robert sempre voltava para continuar a aterrorizar o filho, que aguardava aqueles retornos com o mais puro pavor. Infeliz e sem ninguém em quem confiar, Bob se fechou. Ele aprendeu a pensar nos próprios problemas e a encontrar soluções para eles com o mínimo de comunicação possível. Ele lia bastante, mas matava aula e abandonou a escola no nono ano. Ergueu ao redor de si um escudo de proteção contra o mundo, irradiando uma natureza tímida e reservada. Por dentro, emoções e opiniões fortes borbulhavam.

Sedento de conexões emocionais, ele se voltou para as ruas violentas do bairro de Oakland no qual morava. Viu-se enturmado com um grupo de amigos multiétnicos que viviam nos arredores. Para superar o medo enraizado de contato físico, Bob logo se envolveu em diversas brigas de rua e outras atividades mais perigosas com os colegas. Um dia, a gangue decidiu assaltar a movimentada loja de um comerciante chinês, na esperança de encontrar bastante dinheiro. Porém, foram todos pegos de imediato e Bob, enviado para o reformatório por um ano.

Ele saiu de lá determinado a não prejudicar a sua vida daquela maneira nunca mais. Logo depois, conheceu Mary. Para ela, Bob parecia confiante e corajoso, qualidades que ela não via em si mesma. Ele era maduro, um homem do mundo, que não se deixava manipular por ninguém. Esguio, de olhos azuis e boa aparência, ainda que um tanto rústica, Bob podia atribuir à sua ascendência escocesa o ar charmoso e discreto que carregava. Ele não se impressionara por ela do mesmo modo que ela por ele, mas sentia-se tranquilo com Mary — e ela se sentia confortável com ele. A óbvia carência e a falta de autoconfiança de Mary apelavam para o lado masculino e protetor do rapaz. E, embora Ophelia não aprovasse o relacionamento, Bob imediatamente se impressionou com os Harrisons, que, pelo menos para quem via de fora, pareciam uma família grande, feliz e normal — algo que ele nunca tivera antes.

Em pouco tempo, Bob e Mary iniciaram um romance. Mary se formou no Colégio Oakland, tendo sido aprovada por pouco em todas as matérias (o único livro que leu do começo ao fim foi *Rebecca*), e arrumou um emprego de ascensorista em uma loja de departamento. Ganhava vinte dólares por semana. Ela saiu de casa e foi morar em um quarto alugado em um hotel em Oakland, onde Bob passava muitas noites em segredo. Para Mary, aquele relacionamento era loucamente apaixonante, ainda que tingido por uma pincelada de culpa, especialmente depois de ela ter aceitado Jesus e ter sido batizada durante uma breve visita aos avós na Flórida.

Sete semanas depois do primeiro encontro, Bob a pediu em casamento.

— Quero ficar com você para sempre — disse ele.

Ele comprou, parcelado, um pacote com aliança de noivado e de casamento por quatrocentos dólares — a conta afiançada em nome da mãe de Mary. No entanto, adiaram o casamento por quase dois anos, enquanto Bob trabalhava para tirar sua licença de eletricista e os dois juntavam dinheiro.

Finalmente, em julho de 1955, eles viajaram até Reno com a irmã de Mary, Jean, e o marido dela, para se casarem diante de um juiz de paz. Bob não era religioso e tinha se oposto a um casamento na igreja. Mary pegou um vestido de tafetá azul-marinho emprestado da mãe e comprou um novo par de sapatos. Bob comprou paletó, calça e sapatos.

A cerimônia, em um pequeno escritório, durou cerca de cinco minutos. Não foi muito romântica. O buquê de flores que Bob comprara para ela já tinha murchado na hora marcada. Ainda assim, a ocasião foi mágica para Mary. O juiz foi simpático e o beijo de Bob, lento e apaixonado. Naquele momento, tudo parecia certo no universo.

Mary tinha vinte anos e Bob, vinte e um. Cada um levava consigo imagens diferentes sobre casamento e família. Sem nenhum modelo em sua vida no qual espelhar-se, Bob não tinha noção do conceito de "marido e mulher", muito menos do de "pais". As referências que ele possuía vinham exclusivamente de livros e filmes. Seria no modo tentativa e erro. Mary, com a cabeça ainda recheada de medos e inseguranças, estava determinada a não repetir os erros da própria criação. Nada de vida social agitada para ela; nada de carreira. Ela seria uma boa esposa e mãe. Seus filhos se sentiriam amados, benquistos e cuidados; sua casa seria um lar. Juntos, Mary e Bob embarcaram em uma jornada *à la* Norman Rockwell em meados dos benevolentes anos 50, despreparados para o que os aguardava.

Eles alugaram um apartamento de um quarto no centro de Oakland. Com a ajuda de um tio, Bob conseguiu uma bolsa de estudos de quatro anos como aprendiz junto ao sindicato dos eletricistas. Ele passou a trabalhar como eletricista e depois entrou na Universidade Lane Trade. Mary continuou trabalhando na loja de departamento. Um ano depois, ela engravidou, mas sofreu um aborto espontâneo antes mesmo de descobrir que estava grávida. Mais um ano se passou e ela engravidou novamente. Era uma menina, que nasceu prematura aos sete meses de gestação.

Mary foi levada às pressas para a maternidade de Oakland. Sentindo muitas dores, precisou ser anestesiada para o parto. Bob estava ao seu lado quando ela acordou, dizendo que tinha dado tudo certo. Porém, um dia depois, a criança faleceu. A jovem Jennifer Ambria teve um funeral e foi enterrada. A perda traumatizou Mary. Ela guardou luto, tomada por uma mistura de dor, confusão e culpa. Novamente, sua mente se voltou para a ideia de um castigo divino raivoso. Ela estava convencida de que Deus os estava punindo por terem feito sexo antes do casamento.

Mary buscou conforto na igreja. Primeiro, na Batista Lakeside, em Oakland, confessando e orando com o pastor; depois, em uma igreja evangélica missionária na vizinhança. Mary orava e lia a Bíblia, tentando sair da depressão.

O mundo era, de fato, um lugar perigoso. Incapaz de confiar nas próprias escolhas, Mary voltou-se para a doutrina. Começou a espalhar pequenos símbolos cristãos pela casa e a colecionar versículos bíblicos.

Sua insegurança se estendeu para o casamento. Por muito tempo, ela teve dificuldade de chamar o marido pelo nome, geralmente substituindo-o por "querido" ou "meu bem". Ophelia havia colocado aquela ideia na cabeça dela.

— Não se chama ninguém pelo primeiro nome.

Ela sentia dificuldade de ser abertamente afetuosa fora da privacidade do quarto.

Por outro lado, Bob era atencioso e carinhoso. Mas Mary se preocupava com a metade vazia do copo. "E se ele, na realidade, não se importa tanto assim comigo?" "Como ele pode amar de verdade alguém como eu?"

Em um Natal, Bob comprou para ela um lindo colar de pérolas e brincos.

— Você estava bêbado quando comprou isso? — perguntou Mary.

Ela não conseguia acreditar que o presente era sincero. Nada que ele fizesse poderia apagar as dúvidas que ela tinha acerca de si mesma.

Ela começou a sentir-se profundamente enciumada. Entretanto, não havia nada concreto a temer. As ansiedades de Mary advinham da imagem distorcida que ela tinha de si mesma. Ela entrava em pânico e se sentia inadequada se Bob parecesse estar prestando atenção em outra mulher. Aos poucos, a mesma paranoia que controlava sua mãe passou a possuí-la também: "Ele pode encontrar outra pessoa. Um dia, vou acordar e tudo terá acabado". Esses pensamentos a enchiam de medo. Em suas fantasias infelizes, ela criara uma mulher fantasma, sempre à espreita, esperando para roubar seu marido para sempre.

Obviamente, Mary não compartilhava nada disso com Bob. Talvez ela estivesse errada e fosse tudo coisa da sua imaginação. Bob ficaria furioso. Isso poderia colocar o casamento em risco. Ela continuou calada, continuou orando, e tentou se manter em alerta.

Porém, externamente, a vida parecia tranquila. Bob conseguiu a bolsa de aprendiz e começou a ganhar um bom dinheiro. A primeira filha do casal, Joy, chegou em 1960. Quinze meses depois, Ed nasceu na casa que eles compraram por treze mil dólares em Danville, um subúrbio a leste de Oakland. Mary pôde parar de trabalhar e dedicar todo o seu tempo à maternidade.

Ela era uma mãe dedicada e amorosa. As crianças mandavam na casa. Quando os visitava, a avó reclamava que Mary era tolerante demais, mas ela não lhe dava ouvidos. Era mais suscetível às opiniões de suas amigas — as mães da vizinhança —, que rogavam a ela que tirasse a mamadeira dos filhos ou que começasse a ensiná-los a usar o vaso sanitário.

Apesar das preocupações com a maternidade, a agonia secreta de Mary por conta da traição imaginária de Bob estava mais forte do que nunca. A obsessão era como um espinho no peito, que ela associava ao espinho na carne do Apóstolo Paulo. Ela orava, implorando a Deus que tirasse aquilo de dentro dela. Ela escrevia nas margens da Bíblia: "Se não puder tirar isso de mim, Senhor, alivie meu fardo. Dói demais. Satanás enterra ainda mais fundo o espinho. Às vezes, sinto que vou morrer de tanto que dói".

Mas Deus não respondia. Mary começou a ter crises de ansiedade, além de depressão e perda de energia. Ela se sentia humilhada demais para contar a alguém o que estava acontecendo — jamais contaria para os conselheiros da igreja e, certamente, muito menos para sua família.

O médico havia receitado um remédio de controle de peso durante a gravidez de Joy. Depois que a menina nasceu, Mary descobriu que era fácil continuar renovando a receita. As drogas lhe davam energia, melhoravam a sua autoestima e tornavam a obsessão com o suposto caso de Bob mais tolerável. Em pouco tempo, ela teve de aumentar a dosagem para conseguir o efeito desejado. Sem se dar conta, Mary estava ficando viciada em anfetamina e outras substâncias, como analgésicos. Ela fez uso dessas drogas em quantidade cada vez maior pelos nove anos seguintes — que cobriram desde o nascimento do terceiro filho, Bobby, até a última gravidez, de Nancy, em 1970. Tudo em segredo. Certa vez, um farmacêutico amigo até vendeu as drogas para ela sem pedir a receita. Mary as escondia dentro do forno, sempre lembrando de removê-las antes de assar qualquer coisa.

CAPÍTULO 4
BICHINHA

1963 - 1979

Apesar da correnteza abaixo da superfície, o dia a dia da família Griffith correspondia surpreendentemente bem à imagem do comercial de margarina. Mary era uma pessoa gentil, discreta, bem-humorada e de fala suave. Bob era um pai bondoso, embora um pouco rígido, que trabalhava duro e não parava quieto em casa nos dias de folga. Todos os filhos se recordam dos anos 1960 e do final dos anos 1970 com muito carinho. Sentiam-se protegidos e amados, e viam os pais como um casal responsável e afetuoso. A vida era uma rotina agradável entre escola, brincadeiras à tarde, atividades da igreja e visitas aos avós durante o verão.

De fato, Mary se tornou a parente favorita de toda a família Harrison. Seus irmãos e irmãs tinham vidas tumultuadas, mas Bob e Mary representavam um oásis de sanidade e estabilidade. A família inventaria qualquer desculpa para aparecer por lá. Vovó e vovô Harrison, que depois da aposentadoria se mudaram para uma casa a três horas de distância, em Sonora, nas encostas da Sierra Nevada, apareciam algumas vezes por mês. Jeanette e Debbie, filhas de Jean, que moravam em Lafayette, adoravam ficar na casa da tia Mary, brincando com os primos. Com o nascimento de três bebês em sequência, os primeiros anos de Mary em Danville foram dedicados a cuidar dos filhos. Bobby chegou quatorze meses depois de Ed, em

24 de junho de 1963 (Nancy nasceu muito depois, em janeiro de 1970). Mary recebia as visitas de braços abertos, pois a mantinham ocupada e distraíam sua imaginação fértil.

A religião complementava o círculo perfeito da vida de Mary. Ela se juntou à Igreja Batista local. Havia reuniões de oração às quartas e cultos matutinos e noturnos aos domingos. Mary também era professora na escola dominical, que seus filhos frequentaram até chegarem ao ensino médio. Em casa, sempre faziam uma oração antes do jantar — quando ficavam mais velhas, as crianças eram chamadas a conduzir as rezas — e antes de dormir. Mary comandava uma rápida sessão de estudos bíblicos em casa todos os dias depois da escola. Nessas aulas, ela contava com uma pequena lousa, onde copiava versículos da Bíblia. Mary encorajava os filhos a "plantar sementes", incentivando Joy, a mais velha e primeira a ir para a escola, a "falar de Jesus para os amigos".

Suas crenças religiosas eram ecléticas, uma junção de várias vertentes, que incluíam as tradições batistas do Sul (com as quais teve contato em suas primeiras experiências na igreja), as admoestações a ferro e fogo de sua mãe, suas próprias experiências eclesiásticas e as vozes onipresentes dos evangelistas na estação religiosa de rádio que amava escutar. Ela se guiava apenas por livros cristãos para criar os filhos, e quase não lia outras coisas.

Ela encarava algumas crenças como sacrossantas: todos os humanos nascem pecadores; o pecado original só pode ser redimido por meio da aceitação transformadora de Jesus Cristo como salvador, geralmente a partir do batismo; a Bíblia é a palavra revelada de Deus e, como tal, a autoridade inquestionável quanto a crenças e condutas pecaminosas; Satanás é uma presença viva e de grande poder, capaz de convencer a vítima mais inesperada a pecar; o pecador que não se arrepende — incluindo qualquer pessoa que não aceite Jesus Cristo — está destinado à danação eterna. Porém, aqueles que aceitam Cristo e vivem em santidade se reencontrarão com seus entes queridos na vida eterna no Paraíso.

Esses elementos, que se aproximam da doutrina protestante ortodoxa tradicional, definiam os domínios em que Mary poderia garantir tanto a segurança quanto a imortalidade de sua família. De fato, para Mary, aceitar Cristo era um modo de encontrar autoaceitação. Ela usava a Bíblia e seus versículos — um para cada ocasião — como sentinelas contra os agentes incansáveis de Satanás, que, ela sabia, tentavam infiltrar-se em sua confortável bolha suburbana.

Assim como para sua mãe, a religião era uma arma de controle, mas Mary não a empunhava como um general, e sim como uma pastora zelosa.

Ela encontrava conforto na crença de que Deus e Seus anjos guardiões a manteriam a salvo de qualquer tormenta, assim como ao marido e os filhos. Porém, uma contradição sempre estava presente: ela alertava os filhos de que Deus não poderia protegê-los de Satanás se fossem desobedientes.

Certa noite, quando tinha cinco anos de idade, Joy se aproximou da mãe aos pratos.

— Quero ser salva — implorou a criança. — Tenho medo de não ir para o céu.

Já eram 19h30, mas Mary insistiu para que Bob as levasse até a igreja. Ela aprendera que uma criança não seria responsabilizada pelos próprios pecados antes dos doze anos de idade, mas não queria arriscar. Na igreja, Joy aceitou Jesus como salvador e foi batizada.

O elo perdido em toda essa história era Bob, que resistia a todos os esforços de Mary para batizá-lo. Ele via a religião como algo baseado na ignorância, fundamentado em intimidação e medo. Ele a tolerava, contanto que não afetasse sua vida, e encarava o envolvimento emocional de Mary com uma perplexidade distante. Não compreendia aquele nível de devoção, mas escolheu nunca discutir a respeito. E nunca interferiu quando os filhos começaram a se envolver também. Ele acreditava que as crianças eram inteligentes o bastante para tirarem suas próprias conclusões.

Mary temia que Bob fosse rejeitado no reino dos céus, mas, depois de importuná-lo bastante no começo, limitou-se a provocações mais sutis. No entanto, nunca desistiu. Quando Bob teve uma dolorosa crise de úlcera em 1980 e precisou ser operado, ela o acompanhou na sala pré-cirúrgica do Hospital Kaiser. Quando estava prestes a ser levado para a cirurgia, Mary se inclinou sobre ele e perguntou: "Bob, você aceita Jesus Cristo como seu salvador?". Bob rebateu na hora: "Nem pensar!".

Bobby Griffith nasceu em uma época marcada pela erupção de mudanças sociais. Era 1963. O Sul se via imerso em uma onda furiosa de protestos e monges budistas ateavam fogo em si mesmos no Vietnã. Quando Bobby completou cinco meses, o presidente norte-americano foi assassinado, e a era da inocência posterior à Segunda Guerra foi embora para sempre. As entranhas da cultura e da política nos Estados Unidos se agitavam, e o descontentamento começava a chegar à superfície.

Nada disso exerceu impacto imediato sobre o enclave da família Griffith. A infância de Bobby teve todas as características de um tempo idílico. Ele era amado e valorizado, uma criança feliz, de disposição iluminada e boas maneiras.

Mary, que não dirigia, e seus três filhos caminhavam por mais de três quilômetros até o centro de Danville para as compras. Quando precisavam ir ao dentista, Bobby ia no carrinho de bebê, Ed pendurado atrás e Joy caminhando ao lado. As crianças amavam comprar doces na cidade. Conforme cresciam, Bob e Mary os empilhavam no banco de trás do carro para uma noite de sexta-feira no *drive-in*.

Bobby era um espírito gentil, quase bom demais, obediente demais. Além disso, era carinhoso e amável. Foi também uma criança magra, com um pequeno espaço entre os dois dentes da frente que iluminava o seu rosto inteiro quando sorria. Essa característica, juntamente com seu cabelo loiro, dava a Bobby a aparência de um típico garoto norte-americano.

Mas não era preciso observar muito profundamente para se notar que ele era diferente da maioria dos garotos. Não era encrenqueiro e não gostava de bagunçar a casa. Preferia ficar em seu quarto colorindo ou brincando com animais de pelúcia e bonecas.

Amava a natureza e, quando saía, prestava mais atenção nos detalhes da paisagem do que qualquer outro menino. Certa vez, aos três ou quatro anos, ele disse:

— Mãe, acordei hoje de manhã e dei bom-dia para todas as árvores da floresta.

Nessa mesma época, Bobby vestiu uma saia da irmã e entrou escondido na casa ao lado. Lá, começou a brincar com os filhos dos vizinhos, beijando-os e abraçando-os. A mãe dos meninos ligou para Mary, perturbada pelo incidente. Mary ficou furiosa, e sentiu-se humilhada e apavorada ao mesmo tempo. Quando Bobby voltou para casa, alegre e sorrindo, com a saia levantada até o pescoço, Mary apanhou a peça de roupa e o alertou:

— Nunca mais mexa nas coisas da sua irmã!

Bobby não era como Ed, que amava brincar com seus tanques, soldadinhos e caminhões e gostava de ficar na garagem com o pai enquanto ele trabalhava. Ed era assertivo, às vezes agressivo. Bobby era quieto, tímido até. Ele não erguia a voz para se defender tão frequentemente quanto os outros. Ainda assim, era extrovertido de outras maneiras, e costumava falar com desconhecidos e até abraçá-los.

Bobby gostava de ficar na cozinha com Mary, de revirar a caixa de joias da mãe ou de brincar com as coisas de Joy. Mary pegou-se mais de uma vez formando a palavra *bichinha* na cabeça, antes de rapidamente reprimir o pensamento. A ideia de Bobby se tornar uma pessoa que a sociedade não aprovava a assustava, não apenas pelo filho mas também por si própria. Não ajudava em nada a avó, quando ia visitá-los, ralhar com Bobby por passar o batom da mãe ou por mexer nas coisas de Joy. Ela alertava a filha:

— Mary, se não tomar cuidado, esse garoto vai virar uma bichinha.

Mary passou a desencorajar o filho de brincar com qualquer coisa feminina. Certa vez, comprou para ele um kit de barbear de mentira para que ele pudesse fazer a barba ao lado do pai. Antes do Natal de 1968, Bobby, com cinco anos, encontrou um catálogo de uma loja de brinquedos. Ele se interessou por uma página cheia de bonecas lindas e perguntou para a mãe se podia ganhar uma de Natal.

Com rispidez, Mary disse:

— Bem, Bobby, eu não tenho dinheiro.

— Mas, se tivesse, você compraria? — insistiu Bobby.

Mary tentou encerrar o assunto. Não parecia certo para ela que um dos seus filhos quisesse ganhar uma boneca.

— Um dia, Bobby — disse ela —, você terá a sua esposa e poderá vesti-la com todas essas coisas lindas.

Ela se sentiu enojada ao mentir para um garoto de cinco anos. Nunca conseguira entender por quê. No fundo do coração, ela queria comprar uma boneca para ele. Mas, conhecendo Bobby, sabia que ele ia querer levar o brinquedo para a escola. Seria vergonhoso demais. E, pior, os outros garotos poderiam provocá-lo. A vaga sensação de ameaça à sua existência cuidadosamente organizada fez com que quisesse se livrar daquele problema.

Ed, o irmão mais velho, estava na segunda série quando começou a tentar ensinar o irmãozinho, ainda na primeira, a arremessar e receber uma bola de beisebol. Bobby nunca conseguiu pegar o jeito da coisa.

— Você arremessa como uma menina — Ed costumava gritar.

De fato, durante toda a sua infância, Bobby preferiu brincar com as meninas — um comportamento que fez Mary sentir-se intimidada quando apontado por um professor durante uma reunião de pais.

Mary se preocupou com Bobby durante boa parte da infância do filho. Ainda que admirasse seus dotes artísticos e suas habilidades cada vez maiores para desenhar e escrever, ela reagia com embaraço ao modo afeminado como ele empunhava o taco de beisebol, ao floreio nas mãos quando tirava uma mecha de cabelo comprido da testa, à boneca que fizera para ela no Natal, assim que entrou no ensino médio, usando materiais que encontrara no cesto de costura dela.

De início, ela não fazia a equivalência entre *bichinha* e *homossexual*. Ela simplesmente tinha medo do diferente. Os outros podiam ser diferentes — bom para eles. Aqueles *hippies* que ela via na TV, falando sobre paz e amor — bem, nada de errado. Mas ela estremecia ao imaginar os filhos se tornando aquilo.

Pamela (nome fictício), uma de suas vizinhas na época, era diferente. Desinibida e falante, ela contava para Mary histórias de sua vida sexual com o marido, às vezes na frente das crianças. Chegou a mencionar troca de esposas. Aquilo fazia Mary se contorcer, mas os filhos das duas se gostavam e as mães se ajudavam, então era conveniente. Em certo momento, Pamela se divorciou, o que tocou diretamente nos medos mais sombrios de Mary. Ela já sofria sua dose diária de agonia paranoica por causa de Bob, e agora, praticamente na casa ao lado, morava uma mulher disponível e sem nenhuma moral aparente!

Mary disse a Bob que era hora de se mudarem. A vizinhança estava decaindo. Com relutância, Bob procurou por um novo lugar, até que encontrou a casa de dois quartos em Walnut Creek, uma comunidade menor e mais cara do que Danville. Eles se mudaram no Dia das Bruxas de 1969, Mary com seis meses de gravidez e feliz por escapar da órbita da Pamela.

Não demorou para que se arrependessem, porém. As crianças — principalmente Joy — não se adaptaram bem à mudança repentina de escola, vizinhança e amigos. Bob estava infeliz também, e logo Mary se descobriu deprimida com a mudança. Eles tentaram, sem sucesso, cancelar o contrato, e tiveram de se contentar em tentar aproveitar a nova casa ao máximo. Bob fez planos para adicionar mais um quarto.

Mary, grávida de Nancy, voltou a tomar suas pílulas dietéticas. Como todas as pessoas que sofrem de dependência, ela imaginava ter tudo sob controle. Afinal de contas, houvera longos intervalos entre os períodos de uso nos últimos dez anos, geralmente causados pela falta de disponibilidade.

Agora, poucos meses depois do nascimento de Nancy, as pílulas tinham acabado e ela não tinha como renovar o estoque. Em questão de dias, começou a passar mal, como se estivesse com uma gripe forte, mas sem os sintomas de um resfriado. Ela tremia e vomitava. Assustada, Mary ligou para o médico. Ele receitou um sedativo e os sintomas passaram. Mas seu medo tinha motivo: ela sabia que estava passando por uma crise de abstinência das drogas. Nunca mais, prometeu a si mesma. Mary decidiu manter distância daquelas cápsulas de felicidade — um voto que cumpriu.

Porém, sua obsessão pela infidelidade do Bob, potencial ou real, se estenderia por mais dois anos. Em uma determinada ocasião, ela chegou a procurar por fios de cabelo nas roupas do marido. Certa vez, ousou confrontá-lo a respeito do assunto. Bob, bem ao seu estilo de internalizar tudo antes de estourar de uma vez, respondeu furioso:

— Se eu quisesse deixá-la, já teria ido embora há muito tempo — gritou.

A tormenta autoimposta de Mary dissipou-se de repente e curiosamente. Ela estava assistindo a um filme na TV sobre uma mulher infiel que, ainda assim, continuava amando o marido. Então, um pensamento a atingiu: "Suponha que duas coisas pudessem acontecer com o seu marido, ele ter outra mulher ou sofrer um acidente de carro que o tornasse inválido para o resto da vida. Qual você escolheria?".

Ela sabia a resposta óbvia, mas a severidade da escolha lançou uma luz reveladora sobre o problema. A ideia em si de haver uma escolha deu a Mary um senso de controle que ela não sentia desde o início do casamento. Não se tratava do fantasma de uma "outra mulher" e tampouco se tratava dela. Tratava-se de fazer escolhas que causassem o mínimo de dano possível para ela e o marido.

De repente, ela sentiu uma onda intensa de amor por Bob e um enorme senso de libertação. É claro que ela poderia conviver com qualquer coisa, contanto que Bob permanecesse vivo e saudável. Aos trinta e oito anos de idade, dezessete de casada, a nuvem cinzenta se dissipou. Ela se lembraria daquele instante como um dos momentos fundamentais da sua vida. O fantasma se fora. Para ela, era uma mensagem enviada por Deus, finalmente respondendo às suas orações. E serviu como reafirmação da sua fé.

*

Mary começou a frequentar a Igreja Presbiteriana de Walnut Creek, que ficava a cerca de cinco quilômetros de sua casa. A igreja de St. Luke, mais próxima, era moderna demais para ela: usava panfletos no culto, em vez do próprio livro sagrado. A Presbiteriana de Walnut Creek, como era conhecida, foi fundada em 1878, em meio ao debate acalorado sobre os méritos do darwinismo e a teoria de que o homem evoluíra dos primatas. Um século depois, a igreja ainda buscava se ater às tradições com um grupo de fiéis composto por expatriados urbanos abastados vivendo em exclusão semirrural. Mas a cidade ao redor estava literalmente se tornando uma minimetrópole, um crescimento simbolizado pelo enorme cruzamento rodoviário entre as rotas 24, 580 e 680, que ganhava forma nas imediações. Os anos 1970 trouxeram um crescimento rápido para a igreja, que contava mais de mil e duzentos membros, e uma série de questões que abalaram a congregação.

Em pouco tempo, Mary e as crianças já estavam tão envolvidas com a Presbiteriana quanto haviam sido com a Batista de Danville. Mary dava aulas na escola dominical e frequentava os estudos bíblicos para mulheres às terças-feiras. A igreja tinha um programa de educação social robusto para jovens, do qual os quatro filhos da família Griffith participavam.

A Presbiteriana de Walnut Creek era uma das três maiores Presbiterianas do Condado de Contra Costa. Como ocorreu com a maioria das denominações protestantes, o presbiterianismo enfrentou dificuldades durante o século vinte, com prolongados debates acerca do tradicionalismo *versus* modernismo. O ponto de vista tradicional, geralmente associado ao evangelismo, que consistia em resgatar almas para Cristo, atinha-se a uma interpretação literal da Bíblia, tida como a palavra sacramentada de Deus. Já a visão modernista tratava a Bíblia como um documento vivo, revelado por Deus na forma de escrituras santas, mas, ainda assim, sujeita a interpretações que levem em conta mudanças de tempo e hábitos.

Uma pesquisa realizada pelo conselho local de igrejas no Condado de Contra Costa no final dos anos 1960 situou os presbiterianos na ala "moderada" quando se tratava da interpretação literal da Bíblia.

Porém, a Presbiteriana de Walnut Creek estava mais próxima do extremo conservador no espectro. Fora, por exemplo, uma das últimas igrejas presbiterianas da Baía de São Francisco a aceitar mulheres como diaconisas e ministras (no fim dos anos 1980), e isso só aconteceu depois de a representação nacional da igreja ter autorizado, em 1982-83, a publicação de emendas no Livro de Ordem — a "constituição" dos presbiterianos —, o que forçou as congregações resistentes a modificar a doutrina. Uma crise interna causada por essa questão resultou no desligamento de mais de 220 fiéis da igreja de Walnut Creek, que fundaram sua própria congregação.

Os ensinamentos na Presbiteriana de Walnut Creek seguiam a tradição do evangelismo missionário: a Bíblia era a palavra de Deus. O homem nasceu do pecado. Por meio da graça de Deus, obtida mediante aceitação do Senhor Jesus, o homem poderia adentrar o reino da salvação. Nesse enredo, Satanás está vivo e recrutando almas, e o inferno é uma realidade.

A Presbiteriana de Walnut Creek era ortodoxa, mas não fundamentalista, no sentido agressivo e militante da palavra — nada de fogo e enxofre, menos ainda de pastores televisivos. Ela se apresentava com uma fachada benigna, ligeiramente liberal em certas questões sociais, e abrigava uma grande equipe que variava entre progressistas e doutrinários. Tolerava diferenças individuais, desde que não fossem descaradas nem perturbadoras. Até membros gays eram aceitos, contanto que permanecessem no armário.

*

Embora a religiosidade de Mary provavelmente fosse mais conservadora do que a professada pela Presbiteriana de Walnut Creek, as práticas da igreja eram suficientemente tradicionais para satisfazê-la.

Em casa, ela era a arquiteta de seu próprio universo religioso, que mesclava sua criação fundamentalista, a pregação de pastores radiofônicos e televisivos, ensinamentos cristãos e, no coração de tudo, sua Bíblia pessoal, que ocupava lugar de honra em um estande em forma de cruz na mesa da cozinha. Calendários com frases do pastor Norman Vincent Peale adornavam as paredes, santinhos com versículos da Bíblia ficavam pendurados na cozinha e no quarto dos meninos (junto com um retrato de Jesus). Também na cozinha, perto do telefone, havia uma caixa de madeira com citações bíblicas e, pendurada próxima à janela, uma cruz com um bebê de cerâmica repousando em paz.

Mary encorajava os filhos a participar do vasto menu de atividades da Presbiteriana de Walnut Creek. Eles o faziam sem pestanejar e se tornaram, em diversos graus, devotos ativos e empenhados. Ed era quem se dedicava mais agressivamente. Logo em seguida vinha Bobby. Eles foram batizados juntos. Pouco depois, Bobby comprou um anel com uma imagem de Jesus e falava com todo mundo sobre seu comprometimento, por ser cristão, de viver para Deus e não para si mesmo.

Joy, embora tenha se convertido antes deles, era mais ambivalente e hesitante em relação à religião, mas manteve uma fé profunda em Jesus até a vida adulta. A mais resistente, sem contar Bob, era Nancy, que desde muito nova via com certo ceticismo as organizações religiosas.

As crianças da família Griffith, assim como seus pais, passavam boa parte do tempo reunidas com o restante do círculo familiar. A constelação da família Griffith-Harrison era bastante provinciana. Ophelia e Alvin estavam sempre preparados para resgatar os filhos caso estivessem passando por um divórcio complicado, alguma doença ou problemas financeiros.

Os Griffiths sabiam muito pouco sobre o mundo — e sobre como navegar as instituições exteriores ao seu universo fechado. Eles não precisavam saber. A profissão do Bob, cujo sindicato era dos mais poderosos, supria as necessidades modestas da família. A vida suburbana que levavam era relativamente protegida. Embora Bob gostasse de ler, tendo se arriscando nas obras de Hemingway e até mesmo Faulkner, os Griffiths mantinham uma rotina simplória, que cobraria muito caro quando uma crise de verdade se abatesse sobre eles.

Durante a pré-adolescência, Bobby foi um garoto feliz e de espírito livre. Costumava organizar festas no quintal para as crianças da vizinhança. Amava animais e sempre quis ter um guaxinim de estimação. Gostava de escrever e ganhou um prêmio por um trabalho que fizera sobre John Muir. Era tímido, mas amava rir e tinha uma personalidade ligeiramente travessa.

Bobby queria e precisava se sentir aceito. Seu círculo familiar, um ambiente estreitamente fechado de amor e proteção, era o universo no qual ele se definia. Bobby raramente se rebelava, ficava nervoso ou fazia qualquer coisa que pudesse provocar raiva. Ele era tão bom que, certa vez, sua mãe lhe disse:

— Bobby, eu queria ter mais cinquenta filhos como você.

Em segredo, ela se preocupava com a possibilidade de o filho passar despercebido, um garoto tão bom que se tornava quase invisível, ignorado por todos. Se ele se sentia diferente dos outros, Bobby nunca demonstrou.

"Quando eu era pequeno, nunca pensei duas vezes antes de brincar de casinha, de boneca ou de usar as joias da minha mãe", escreveu no diário. Mesmo assim, ele lembra: "Sempre fui uma criança muito sensível, que chorava por qualquer coisa".

Ele adotava um tom nostálgico ao recordar os velhos tempos: "Que época boa da minha vida. Eu era um garotinho muito bonito antes de entrar no ensino médio. Foi no nono ano que meus problemas começaram".

Antes de os "problemas" começarem, alguns sinais de alerta apareceram. Aos treze anos, Bobby ficou fascinado pelo instrutor de ginástica televisivo Jack LaLanne, apresentador de um programa de sucesso nos primórdios da febre da prática de hábitos saudáveis. Bobby acordava cedo e ficava na sala por horas, assistindo ao musculoso LaLanne apresentar os exercícios, e depois acompanhava as reprises quando chegava da escola. Mary notava que Bobby apenas assistia ao programa, nunca se juntando ao treino. Aquilo a perturbava.

— Bobby — perguntou ela uma vez —, por que você nunca faz os exercícios?

Bobby reagiu com uma raiva incomum antes de sair da sala.

A homossexualidade estava muito presente na imprensa daquela época. O movimento de libertação gay havia se iniciado em 1969 e ganhou força nos anos 1970, tornando-se cada vez mais atuante e barulhento. São Francisco, a meros 25 quilômetros da Rudgear Road, era o coração do movimento. O distrito de Castro, uma região decadente nos arredores da Market Street, renascera ao tornar-se o principal destino dos Estados Unidos para gays e lésbicas, que se mudavam às centenas para a cidade tolerante, vindos de todos os cantos do país.

Alguns gays celebravam sua liberdade sexual e influência política recém-conquistadas com a intensidade e os excessos de um prisioneiro de longa data em uma saidinha de fim de semana. A Parada do Orgulho Gay, celebrada todo mês de junho, trazia aos telejornais imagens de pessoas extravagantes, seminuas, que desfilavam usando roupas e maquiagens bizarras, celebrando a mais pura alegria pela visibilidade.

Para Mary, a algumas milhas e anos-luz de distância, o espetáculo era aterrorizante. Ela sabia muito pouco sobre a homossexualidade, mas aquele pouco incluía noções enviesadas de segredos carnais ritualizados e decadentes — práticas de algum modo alinhadas com o satanismo e condenadas por sua Bíblia e por sua igreja. Quando um grupo de mães apareceu em frente às câmeras, durante a Parada do Orgulho Gay, carregando cartazes dizendo: "Nós amamos nossos filhos gays", Mary se questionou em voz alta:

— Como elas podem fazer uma coisa dessas? Como podem aceitar a ideia de terem filhos gays?

Bobby provavelmente ouviu o comentário. Senão aquele, certamente outros. Ao referir-se a pessoas gays, Vovó geralmente dizia:

— Deveriam enfileirar todos eles em um muro e abrir fogo.

O Canal 42, a estação religiosa que Mary assistia por horas, também tinha suas próprias narrativas de terror. Como a história da jovem que se tornara lésbica após ser tentada por Satanás, mas que havia conseguido se libertar e voltar para a família. Deus a estava ajudando a ser forte e a não cair em pecado de novo.

Também houve um episódio com uma namorada de Charles, um dos irmãos de Mary. Ela foi visitar a família em um certo fim de semana e, quando a temperatura caiu durante a noite, pegou um casaco de Mary emprestado. Mais tarde, Joy encontrou uma carta endereçada àquela mulher que deixava claro que ela já havia se envolvido sexualmente com outra.

Joy falou da carta para a mãe, que ficou horrorizada. Mary correu até o armário e pegou o casaco que a mulher havia usado. Ela jamais conseguiria usá-lo de novo. Doou-o para o Exército da Salvação. Quando a sobrinha de Mary, Debbie, ficou sabendo do ocorrido, perguntou:

— Mary, você não acha que deveria ter mais compaixão e ser mais compreensiva?

A resposta de Mary foi simples e direta:

— É impossível amar a Deus e ser homossexual.

A influência do movimento gay se estendia por todo o país, cada vez mais abertamente. Em São Francisco, George Moscone fez campanha abertamente pelos votos dos gays, que o ajudaram a ganhar a eleição para prefeito em 1977. Outros estados e municípios aprovavam leis contra a discriminação dia após dia.

Os eleitores do Condado de Dade, na Flórida (no qual se localiza a cidade de Miami), sancionaram, em 1977, a primeira legislação pelos direitos civis dos gays no Sul. Semanas depois, membros das igrejas batistas sulistas se organizaram para reverter a situação, elegendo como porta-voz Anyta Bryant, a musa dos comerciais de suco de laranja e ex-miss. A história repercutiu por todo o país. Bryant apareceu na TV para declarar que o objetivo dos gays era doutrinar as crianças estadunidenses.

— Homossexuais não podem se reproduzir, então eles precisam recrutar — dissera ela.

A Ku Klux Klan apoiou a campanha, cujo nome era *Salvem Nossas Crianças*. Os informativos da organização racista passaram a estampar manchetes falando sobre homens adultos molestando garotos.

Em Walnut Creek, Mary assistia aos pronunciamentos de Anyta Bryant com admiração sincera. Seu temor difuso da homossexualidade estava sendo articulado por uma cristã devota e poderosa, uma figura pública admirada. Então, quando a lei dos direitos gays no Condado de Dade foi revogada por dois votos a um, em junho de 1977, Mary naturalmente aprovou. O discurso de Bryant após essa vitória foi uma declaração de guerra contra os homossexuais, que, de acordo com ela, eram "perigosos para a santidade da família, perigosos para as nossas crianças, perigosos para a nossa sobrevivência como nação temente a Deus".

Depois desse episódio, o movimento pelos direitos dos gays arrefeceu. Outros projetos de lei foram derrubados. A organização política de direita Moral Majority ("Maioria Moral"), fundada por Jerry Falwell, entrou em cena. Na igreja de Mary, o pastor era veementemente contrário à consagração de gays, que havia sido recomendada por um grupo nacional presbiteriano de estudo. "Se a consagração dos homossexuais for permitida", escreveu ele no boletim da igreja, "eles passarão a ser um modelo passível de ser seguido por quem está abaixo, e isso não seria nada bom... Essa é uma questão explosiva — mas minha fé reside no Deus vivo que pode desarmar a bomba antes que ela seja detonada. Nosso inimigo, o Diabo, nunca dorme."

A fé do pastor foi recompensada quando a igreja nacional revisou o relatório do grupo de estudo e rejeitou sua recomendação (o debate sobre a consagração de homossexuais continuou até meados dos anos 1990).

Enquanto isso, na baía, os gays de São Francisco pareciam não temer o crescimento das forças da oposição. Em novembro de 1977, eles usaram sua influência política para ajudar a eleger Harvey Milk supervisor do conselho da cidade, o primeiro homem abertamente gay a ser eleito para um cargo público em uma grande cidade americana. No mês de junho do ano seguinte, 370 mil pessoas marcharam na

Parada do Dia da Liberdade Gay da cidade, a maior manifestação ocorrida no país desde o movimento antiguerra. Em novembro, os eleitores da Califórnia rejeitaram, por grande margem de votos, uma iniciativa que proibiria gays e lésbicas de lecionar em colégios públicos do estado.

Três semanas depois, os gays tiveram um choque de realidade. Harvey Milk foi baleado e morto em seu escritório por Dan White, um ex-supervisor transtornado que odiava gays. Minutos antes, o liberal prefeito da cidade, George Moscone, também fora atingido pelas balas de Dan White. Seis meses mais tarde, o júri condenou White a uma sentença de meros seis anos de prisão.

*

Sem dúvida, Bobby detectou todos esses sinais contraditórios e os guardou no cubículo de seus medos e anseios adolescentes. A puberdade deixou-o cara a cara com a realidade de que os desejos que vinha sentindo tinham um nome, um nome abominado por sua família, sua igreja, sua escola e boa parte do país. Aparentemente, ser gay poderia ser letal.

Olhando para trás, Mary, Joy e demais familiares se lembram de uma mudança repentina em Bobby durante a adolescência — uma perda de ânimo, um quê de melancolia. A ligação direta entre isso e sua sexualidade parece óbvia hoje. Porém, na época, as mudanças foram entendidas apenas como dilemas da juventude. O surgimento da acne, que o atormentaria até o fim da vida, também afetou o seu psicológico.

Bobby deixara pistas da tempestade que enfrentava dentro de si em um trabalho feito durante a aula de inglês no ensino médio. Ele escreveu sobre um sonho de infância recorrente, em que voava por cima das árvores — livre, vivo e feliz:

Conforme fui crescendo, por volta da época em que entrei no ensino médio, os sonhos cessaram e eu sinto falta deles. Acho que a última vez que sonhei que estava voando foi um tipo de alerta. O sonho começa na janela do quarto, mas me sinto ansioso. Enquanto voo, sinto medo. Há fios telefônicos, antenas e cabos da rede elétrica. Como seria doloroso esbarrar em qualquer um deles. Isso me deixa muito paranoico. Me pergunto por que não posso ser feliz e livre como antes...

Durante a minha infância (aos 11 ou 12 anos), fui de fato feliz e livre. Eu realmente gostava de mim mesmo. Sabia que era introvertido, talvez até um pouco diferente ao olhar dos meus amigos. Mas aquilo não me impedia de ser EU MESMO... *Porém, conforme fui crescendo e tomando cada vez mais consciência da presença dos outros e do que eles queriam, acho que comecei a enxergar minhas diferenças em relação a todos ao meu redor. Já havia me sentido rejeitado antes, mas, quando se é criança, por algum motivo, isso não magoa tanto. Agora, mais velho, sinto uma necessidade enorme de aceitação. Então, sem me dar conta e bem devagar, comecei a perder o contato com quem eu realmente sou. É aí que o sonho paranoico em que estou voando talvez tenha desempenhado algum papel.*

A professora, obviamente comovida com a confissão no texto, fez anotações na margem do papel: "Seu texto é maravilhoso... A mudança que você descreveu é bem comum. Almas puras, amáveis e jovens logo descobrem a negatividade e a insegurança ao serem expostas aos bombardeios da sociedade".

Os bombardeios o estavam afetando. Ele tinha quinze anos e seis meses, era segundanista no Colégio Las Lomas. Tomava antibióticos para controlar a acne. Na época, estava envolvido em um curso de teatro junto ao grupo de jovens da igreja. Bobby começou a registrar seus sentimentos no começo 1979, em meados de um inverno incomum, úmido e sombrio. A primeira tentativa, escrita em uma folha de caderno em 29 de janeiro de 1979, foi intitulada "Sobrevivência".

Vou sobreviver porque é da vontade de Deus. Ele deseja que todos nós sobrevivamos. Não, ele deseja que sobrevivamos e que sejamos felizes. Há uma grande diferença entre sobreviver e sobreviver sendo feliz. Mas sobreviver é a primeira etapa. Como fazemos isso? Acho que dentro de cada um de nós há um núcleo, e, neste núcleo, estão a nossa força e a nossa energia para sobreviver. Mas, quando pensamos que não somos mais capazes, uma decisão precisa ser tomada: afundar ou nadar. A segunda é a melhor escolha agora.

Nessa época, ele comprou um caderno espiralado e decidiu manter um diário. Em 30 de janeiro, começou a escrever. Em 5 de fevereiro, questionou:

E agora? Quem sabe qual força estranha e maligna está à espreita, aguardando nas sombras? Descobri que a vida é um desafio gigante, um desafio que irei enfrentar.

Os registros dos primeiros três meses lembram os de qualquer adolescente passando pelos percalços dessa fase da vida: o desânimo com o colégio, a dificuldade de tirar notas boas, impressões sobre filmes como *Um Foragido na Multidão* e *Despertar dos Mortos*, o acampamento cristão nos fins de semana, a construção do cenário para uma peça da igreja.

Entretanto, na primavera de 1979, perto do aniversário de dezesseis anos de Bobby, o tom do diário sofre uma mudança dramática.

Jamais posso deixar que descubram que não sou hétero. Seria tão humilhante. Meus amigos me odiariam. Talvez até quisessem me bater. E minha família? Eu escuto os comentários. Eles dizem que odeiam gays, e Deus odeia os gays também. Gays são maus, e Deus manda pessoas más para o inferno. Me assusta muito quando eles falam assim, porque agora estão falando de mim.

O mundo secreto de Bobby Griffith estava prestes a desmoronar.

CAPÍTULO 5
UMA CORDA SEM NÓ

Mary, 1983 - 1985

Nos dias e semanas que se seguiram ao velório de Bobby, os membros da família Griffith pareciam sobreviventes de um grande desastre natural. Todos se viram imersos em uma névoa de luto e culpa.

Joy chorava no carro todos os dias a caminho do trabalho. Ed decidiu não voltar para a universidade em Hayward no semestre seguinte, onde estudava Direito; ele passou a dormir por horas, às vezes permanecendo na cama por dois dias seguidos. Nancy, com apenas treze anos, estava abalada.

— Isso pode acontecer comigo também? — perguntava ela. — Eu posso virar gay?

— Não — a mãe a tranquilizava rapidamente.

Já Mary sentia como se tivesse sido sugada para um poço sem fundo de dor. A perda foi, ao mesmo tempo, inaceitável e inevitável. A contradição cruel e incessante a deixava tonta; era mais do que seu corpo conseguia aguentar.

Na noite seguinte ao velório, a família, finalmente a sós, reuniu-se na mesa da cozinha: Bob e Mary, Nancy, Joy e Ed.

Eles conversaram. Trocaram lembranças. Chegaram à conclusão de que, embora soubessem que Bobby se sentia infeliz, nenhum deles cogitava a possibilidade de ele tirar a própria vida. Mary disse que não se surpreendeu ao ouvir a notícia, mas, mesmo assim, não imaginou que aconteceria. A pergunta subentendida era: por que não? Se pelo menos eles tivessem sido mais atentos, mais sensíveis, talvez pudessem ter evitado.

Bob levantou-se com o rosto contorcido. Joy seguiu o pai e o encontrou no quarto, de cabeça baixa. Ela repousou a mão sobre o ombro dele e disse:

— Espero que saiba que nenhum de nós acha que foi algo que você fez ou deixou de fazer.

Os olhos de Bob estavam marejados.

— Eu não sabia que o Bobby estava passando por tanta tristeza. Eu não estava presente quando ele precisou de mim — disse o pai.

Nos dias seguintes, o diário de Bobby foi lido, primeiro por Mary e depois por Joy. As duas ficaram chocadas com a profundidade do desespero do rapaz. Conseguiram vislumbrar o dilema fatal de Bobby: ele sabia que não poderia mudar e sabia que jamais poderia se aceitar. Já Mary sempre acreditou que ele *poderia* mudar, que Deus *iria* mudá-lo.

Quando os conselheiros da Presbiteriana de Walnut Creek apareceram na casa, encontraram a família em choque. O pastor assistente, Cully Anderson, um homem extremamente compassivo, sentiu-se impotente diante de um luto tão profundo. Suicídio sempre foi um assunto delicado para um pastor, ainda mais quando uma vida tão jovem era privada de um futuro daquela forma...

Ele e família reuniram-se sob um silêncio desconfortável na pequena sala de estar. Uma foto de Bobby sorrindo estava no aparador e, ao lado, Mary acendera uma vela, prometendo mantê-la acesa para sempre. Por fim, ela deu voz a um sentimento que estava se formando em sua mente há um tempo:

— Deve haver outros como o Bobby por aí — disse ela. — Até onde eu sei, a igreja não tem nenhum programa espiritual que pudesse ter resgatado o meu filho. E quanto a outros jovens gays que podem estar pensando em tirar a própria vida?

— Não sei — respondeu Anderson, a voz fraca. De fato, não existia um programa daquele tipo na igreja. Não havia mais nada a ser dito.

Mary não tocou no assunto que a incomodava naquele momento: o estado atual da alma de Bobby. Ela sabia que a igreja a faria acreditar que ele estava a salvo no céu. Não fazia sentido discutir com sua crença pessoal, baseada no Apocalipse, o livro do Novo Testamento do qual deriva a profecia fundamentalista do iminente final dos tempos: "E, se alguém não foi achado inscrito no Livro da Vida, esse foi lançado para dentro do lago de fogo". Bobby no lago de fogo! Seu filho! Inimaginável, inaceitável! Parecia claro que a igreja não providenciaria as respostas de que ela precisava.

Ainda assim, ela foi à igreja com Joy alguns dias depois. Elas se sentaram, oraram e assinaram o livro de orações. Mas receberam pouco consolo. Mary se sentia engolida, inalcançável.

Ela não sabia como lidar com o luto. Em sua família, a morte era um assunto tratado aos sussurros, como se fora tabu. À exceção da morte do bebê prematuro anos antes, nada jamais a havia atingido de forma tão devastadora. Deixada à própria mercê, ela pensou em suicídio. Encontrou conforto temporário ao imaginar como o faria, por fim se contentando com uma imagem bizarra: se ela amarrasse dois ou três tijolos nos tornozelos e pulasse na parte mais profunda da piscina, afundaria para sempre, como nos assassinatos envolvendo gangues.

Como sempre, ela guardou esses pensamentos para si mesma, refletindo sobre a perspectiva por semanas. Aos poucos, a ideia de tirar a própria vida foi se tornando mais e mais assustadora do que a dor de continuar viva. Ela percebeu que queria viver — para si mesma, para os filhos e para Bob. O plano suicida esvaneceu-se.

Três semanas depois, ela voltou a trabalhar, quase que no piloto automático. Certo dia, ela estava bebendo café na copa da empresa com outra funcionária quando sentiu um grito subindo do peito até a garganta. Ela sabia que acabaria se levantando aos berros de "Meu filho está morto!".

De alguma forma, ela conseguiu se conter. Levantou-se e correu para o banheiro. Mas o incidente a assustou. Ela nunca perdera o controle daquela forma antes.

Em casa, o relacionamento com Bob era cada vez mais tenso. A vida sexual dos dois chegara a zero; Mary estava triste demais para tolerar qualquer tipo de contato. No começo, Bob aceitou, mesmo sem entender, mas conforme as semanas passavam, sua frustração ia crescendo.

Para piorar, Mary, ao buscar explicações, culpava Bob por não ter se esforçado para se aproximar de Bobby tanto quanto poderia. Se ele passasse mais tempo com o filho, ela argumentava, se tivessem sido mais próximos, talvez tivesse incutido em Bobby qualidades masculinas de força e autoestima. Mas Bob passava a maior parte do tempo no seu canto, compartilhando a contragosto apenas alguns momentos vazios e artificiais "junto" com o filho.

O papel de Bob Griffith na família não era muito claro para os filhos. Fechado e taciturno, embora amoroso e preocupado, ele tinha uma raiva interior, provavelmente enraizada desde a infância, que se manifestava em explosões verbais imprevisíveis. Para Nancy, os longos momentos de silêncio intercalados pelos estouros ocasionais do pai eram assustadores. Às vezes, imaginava se ele não estaria decepcionado com ela, e só descobriu depois de adulta que as mudanças de humor não tinham nada a ver com ela. Joy também sentia, quando jovem, que o pai ficava furioso com ela, por motivos que não conseguia imaginar.

Hoje, ao olhar para trás, Bob se permite acreditar que, em certos aspectos, pode ter falhado com Bobby. Mas, para ele, aproximar-se do filho significava atravessar uma montanha gigantesca de ignorância. Bob não tinha a menor ideia do que significava ser *gay*. Ouvira as piadas e as insinuações jocosas, mas nunca realmente as registrara. Nunca julgara ser *gay* como algo ruim, mas era desconhecido, irrelevante, incompreensível. Ele poderia ter tentado se aproximar de Bobby de diversas formas, mas é provável que nenhuma delas funcionasse para conectá-los. Ele e o filho viviam em frequências diferentes.

Conforme a tensão crescia, Mary se questionava se o casamento sobreviveria. Como sempre, ela escondia esses pensamentos do Bob. Porém, certo dia, diante de uma caneca de café na cozinha, ela conversou com Joy a respeito.

— Mãe, uma coisa é conversar, mas a senhora já parou para pensar direito? — protestou Joy. — O que a senhora faria? Botaria o papai para fora de casa? Para onde ele iria depois de vinte e oito anos? Para um hotel qualquer? Sejamos realistas.

O outono chegou com dias abafados e trazendo os feriados de fim de ano e as lembranças. Halloween era o favorito de Bobby. Mary costumava trabalhar como voluntária em alguma das barracas da feira de Halloween do colégio em que os filhos estudaram, mas, desta vez, ela só chegou até a porta, de onde podia ver as crianças fantasiadas. Virou as costas e voltou para casa. Aquilo a fazia lembrar-se demais de Bobby.

Mary queria desesperadamente um sinal, uma mensagem de outro mundo confirmando que o filho estava bem. Certa noite, ela, Ed e Joy decidiram ir ao quarto de Bobby e orar por um sinal — um anel, uma pena, qualquer coisa. Ficaram lá por um bom tempo, sentados sob a luz da luminária, orando em vão. Nenhum sinal. No Natal, notaram que um galho da árvore natalina começou a se mexer.

— Deve ser o Bobby. É a cara dele fazer uma pegadinha dessas — disse Mary, meio brincando.

Mas a ausência não era nada engraçada. Mary não conseguia aceitar que poderia perder contato com o filho por toda a eternidade. Não conseguia lidar com a noção de que teria de aceitar o julgamento de Deus, do qual ela jamais duvidara antes. Era um território arriscado: desafiar a ação divina poderia levá-la ao caminho da blasfêmia.

*

Três realidades incompreensíveis a atormentavam: 1) a possibilidade de nunca mais ver o filho; 2) o fato de Deus não ter curado Bobby e, em vez disso, permitir que ele morresse — um ato divino inexplicável; e 3) a obsessão cada vez maior de encontrar na Bíblia alguma citação, uma prova de que Bobby era parte da criação de Deus, de que sua vida era compatível com a lei divina e ele não estava queimando no fogo do inferno.

Os canais de TV religiosos a confrontavam com testemunhos de pessoas gays que haviam sido curadas. Os programas tinham um tom amargo: eis aqui esses rapazes afirmando que foram curados por Deus e estão no caminho certo agora. "Então, por que Deus ignorou Bobby?", ela pensava. Algo não estava correto.

Por instinto, ela sabia que precisava encontrar sentido naquilo tudo enquanto atravessava o caminho tortuoso do luto e da solidão. Durante toda a sua vida, ela recorrera à Bíblia e, na Palavra de Deus, encontrara respostas, conforto. Agora, ela recorria ao livro para ajudá-la a entender aquela que, provavelmente, seria a maior tragédia que enfrentaria em sua vida.

No começo de 1984, Mary pediu demissão do emprego. Deixou de ir à igreja. A Presbiteriana de Walnut Creek fizera muito pouco por ela. O pastor, recém-chegado de férias no Havaí, enviou para Mary uma carta de condolências. Alguém do ministério pastoral ligava uma vez por mês para ver como ela estava, mas aquelas pessoas estavam interessadas no bem-estar de Mary, e não em sua peculiar missão pessoal — que, é claro, ela não compartilhou com elas. A certa altura, alguém a removeu da lista de membros da igreja.

Então, Mary ficava em casa, folheando sua Bíblia antiga, batalhando contra uma enxurrada de pensamentos. O restante da família voltou à rotina normal. Ela apenas a contemplava. Nancy, desconcertada, começou a se referir à mãe como uma reclusa. Mary passou a usar a velha máquina de escrever que tinham em casa e a rabiscar anotações em uma escrivaninha improvisada na antiga garagem, agora transformada em depósito. Bob levava café para ela de vez em quando. Ela passava horas e horas anotando pensamentos que, no começo, era um pouco peculiares: "Eles dizem que nossos filhos não são nossos de verdade, são heranças de Deus. Bem, se eu soubesse que seria uma mãe temporária, jamais teria filhos, para começo de conversa. Egoísmo da minha parte, acredito".

Ela começou a estudar as passagens bíblicas que se referiam à sodomia. Notou pela primeira vez que a palavra *homossexualidade* não aparece na Bíblia — e a própria homossexualidade tampouco é tratada como conceito ou síndrome. A maioria das referências ao tema, ela percebeu, ocorria em menções ao estupro entre homens ou ao banimento de rituais pagãos.

Por outro lado, a Bíblia sem dúvida se referia em termos fortes aos atos sexuais praticados entre pessoas do mesmo gênero. No Antigo Testamento, a carta aos Levíticos declara: "Se também um homem se deitar com outro homem, como se fosse mulher, ambos praticaram coisa abominável; serão mortos; o seu sangue cairá sobre eles".

Paulo, no Novo Testamento, faz um alerta aos Coríntios: "Não vos enganeis: nem impuros, nem idólatras, nem adúlteros, nem afeminados, nem sodomitas, nem ladrões, nem avarentos, nem bêbados, nem maldizentes, nem roubadores herdarão o reino de Deus".

Na Carta aos Romanos, Paulo admoesta os idólatras de imagens que abandonaram o monoteísmo e levavam vidas vazias e decadentes, com homens e mulheres "se inflamando em sensualidade" por aqueles do mesmo gênero. "Semelhantemente, os homens também, deixando o contato natural da mulher, se inflamaram mutuamente em sua sensualidade, cometendo torpeza, homens com homens, e recebendo, em si mesmos, a merecida punição do seu erro."

Mary leu as passagens como se fosse a primeira vez. Ser gay equivalia a ser ladrão, idólatra ou criminoso. Era punível com a morte. "O seu sangue cairá sobre eles". O julgamento e suas consequências trouxeram uma clareza assustadora sobre o destino de Bobby.

Porém, o dilema definitivo se encontrava na história de Sodoma e Gomorra. Em nenhum outro momento da Bíblia, o castigo de Deus em consequência de desvios sexuais ganha contornos tão furiosamente apocalípticos. Para Mary, aquela história — assim como a do Dilúvio — sempre fora uma demonstração suprema da disposição de Deus de se vingar da humanidade rebelde.

O Senhor disse a Abraão, encarregado de fundar a nação hebraica, que Sodoma e Gomorra seriam destruídas em resposta ao "clamor" não especificado contra as duas cidades. Abraão tentou barganhar com Deus, que finalmente concordou em poupar ambas as cidades se os Seus anjos, disfarçados de dois homens, encontrassem dez pessoas justas vivendo nelas.

Os anjos chegam à casa de Ló, em Sodoma, e são bem recebidos. No entanto, a casa é rapidamente cercada por toda a população masculina da cidade, que exige que Ló apresente os visitantes para que eles possam "conhecê-los melhor" (algumas versões dizem "praticar coito com eles"). Ló oferece suas filhas no lugar, mas os homens recusam, invadindo a casa.

Os anjos cegam a multidão de homens e levam Ló e sua família para um lugar seguro, enquanto o Senhor faz chover "fogo e enxofre" sobre as duas cidades.

Para Mary, a passagem é taxativa. O Senhor libera Sua fúria quando os anjos se veem confrontados com a possibilidade de serem violentados pelos homens de Sodoma. Ao confirmar a suspeita de que a cidade era cruel, Deus a destruiu. Desta forma, o sexo homossexual é tão condenável que Deus é capaz de recorrer à fúria genocida para puni-lo.

Diante de tal cenário, que consolo possível haveria para Bobby? Mary continuou a estudar a Bíblia cada vez mais profundamente, com um desespero cada vez maior. Ela encontrou um antigo estudo a respeito da Bíblia, escrito no século dezessete por Matthew Henry, e pensou que aquilo talvez a ajudasse a decodificar o livro e a encontrar uma ponta de otimismo. Mas Henry, previsivelmente, reservou seus comentários mais eloquentes para os grupos mais condenados na Bíblia. Ela começou a pesquisar em sua coleção de livros cristãos de autoajuda: *Um homem chamado Pedro*; *Não relute, aconchegue-se: como pessoas de todas as idades podem servir a Deus e aproveitar a vida*; *Batalha contra Satanás* e *A psiquiatria de Deus*.

Ela se voltava cada vez mais para Ed como confidente de sua busca solitária. Ed estava no segundo semestre da faculdade de

Direito, mas continuava frequentando a Presbiteriana de Walnut Creek, voluntariando-se como conselheiro nos acampamentos, ensinando na Escola Dominical e participando de estudos bíblicos. Dos filhos sobreviventes, ele era o mais conectado com a religião, e Mary se sentia confortável em discutir aqueles assuntos com ele. Ed detectou uma mudança na mãe. Ela não estava mais interpretando os versículos bíblicos literalmente. Ela parecia agora uma estudiosa, uma seminarista, analisando a Bíblia com um espírito investigativo. Era algo estranho de se observar.

Em agosto de 1984, um ano depois da morte de Bobby, a epidemia de aids começou a impactar a consciência do país. Mais de sete mil norte-americanos já haviam morrido ou estavam morrendo, a maioria homens gays, e não se sabia quantos mais estavam infectados. Pastores conservadores declaravam que a aids era a vingança de Deus contra os gays, uma versão moderna da destruição de Sodoma e Gomorra. Para fugir das más notícias, a maioria dos norte-americanos escolhia voltar o olhar para as Olimpíadas em Los Angeles, para a convenção do Partido Republicano, que terminaria por indicar o presidente Ronald Reagan para a disputa de um segundo mandato, e para o fato de que o famoso "1984" da obra de George Orwell finalmente chegara.

Um ano havia se passado desde o suicídio e Mary não tinha encontrado nada que aliviasse a dor da ausência de Bobby. Ela não esperava que as coisas acontecessem daquela forma. Acreditava que, depois um certo tempo, encontraria conforto e paz, que Jesus aliviaria sua perda. Foi isso que ela aprendera: você aceita que os mortos estão "morando com o Senhor" e deixa tudo nas mãos do Pai gentil e amoroso.

Mas nada disso aconteceu. Não houve um dia sequer em que não sentisse a dor da lembrança, o vazio agonizante. Além do mais, ela se sentia culpada por querer privar Deus da presença do filho dela. "Senti, no meu espírito, a dor do nosso Senhor, porque eu não queria que Bobby estivesse com Ele", escreveu em uma carta para uma amiga. "Isso me fez sentir a dor de Jesus, em vez da minha própria dor."

Porém, esse compêndio de elucubrações que se enraizava em sua mente não era capaz de sufocar a impaciência cada dia maior, muito menos a amargura. Ela sentia dentro de si o borbulhar de uma raiva desconhecida, e começou a extravasá-la em uma série de cartas manuscritas para Deus.

"Amado Senhor. Não tenho conseguido retomar a minha vida desde que o Senhor permitiu que Bobby nos deixasse", ela escreveu.

Não tenho dúvidas de que Bobby está vivo. Acho que é isso que me perturba. Ele está vivo e eu não sou mais parte da vida dele.

Sinto que minha relação com o Senhor tem deixado muito a desejar. Seu Espírito Santo me ensinou de diversas formas, mas eu preciso de algo mais. Parece que ser cristã é, de certa forma, uma via de mão única. O Senhor me vê todos os dias. Quando eu poderei vê-Lo? Por que tudo é sempre tão vago? Parece que, se eu piscar do jeito errado, vou aborrecer o Espírito Santo e, então, sinto muito, Mary, nossa comunhão acabou. Foi mal! Será que me ensinaram errado? Minha natureza pecaminosa está sempre ocupada, então como posso ser Sua serva perfeitinha o tempo todo?

Fico feliz que o Senhor nos tenha dado livre-arbítrio de pensamento. Quando se trata do Senhor, tenho pensado em questionamentos um tanto peculiares. Mas ter uma mente questionadora é um privilégio... É uma jornada empolgante poder conhecê-Lo melhor, e tenho certeza de que valerá a pena!

Sua mente começava a usar engrenagens que nunca tinham sido acionadas. Questões para as quais não achava respostas começavam a vir à tona. No dia 13 de outubro, seu aniversário de 50 anos, Mary escreveu:

Tenho certeza de que o Senhor sabia, quando Bobby nos deixou, que eu não sucumbiria... Joy, Nancy, Ed e meu marido precisam de mim. Acho que não precisávamos do Bobby. Como podemos ajudar as pessoas a se sentirem necessárias para que elas não queiram deixar este mundo? Senhor, como podemos nos reencontrar com nosso querido e amado Bobby?

Quando Jesus morreu na cruz, Sua mãe assistiu ao sofrimento... Mas Jesus ressuscitou e ela O viu e soube que estava tudo bem com Ele. Eu não pude nem me despedir do Bobby. Nada. Acho que isso foi muito rude da Sua parte, muito mal-educado, para não dizer outra coisa!

De fato, Mary estava muito chateada. Sua fé sempre lhe passara segurança: Deus removera sua agonia paranoica acerca da fidelidade do marido. Porém, Ele havia deixado Bobby escapar, e agora ela queria — precisava ter, em meio ao luto — alguma prova de que o filho estava seguro. Jesus não havia ressuscitado Lázaro dos mortos? E, depois da crucificação, Jesus aparecera para uma multidão, confirmando que havia ascendido aos céus. Consideremos Tomé, o Incrédulo, por exemplo. Um dos doze discípulos, ele se recusara a acreditar no retorno de Jesus e disse aos outros que só acreditaria se visse "a marca dos pregos em Suas mãos" e pusesse os dedos nela. Finalmente, uma semana depois, Jesus reapareceu e permitiu que Tomé tocasse as cicatrizes. Sem questionar, Tomé exclamou: "Meu Senhor e meu Deus!".

Outros, menos afamados, tinham recebido sinais. Catherine Marshall, viúva do pastor Peter Marshall, escreveu que vira o marido em um sonho. Sentado em um lindo jardim, ele a encarou e perguntou: "O que você está fazendo aqui?".

Havia registros de muitas experiências parecidas, nas quais a fé fora recompensada com uma intercessão divina. É claro que pessoas amadas se revelariam se houvesse algo não resolvido em suas vidas.

Quando pede algo com fé, você sabe que, o que quer que aconteça, será da vontade de Deus. Diz-se que Deus responde às orações dos fiéis com três tipos de respostas: *sim*, *não* ou *espere*. E é necessário que desenvolvamos consciência espiritual para saber qual é qual. Bem, no caso de Mary, ela não tinha a menor ideia.

"Sei que Bobby não se encaixava aqui desde que nascera, então, por que o Senhor o enviou para nós?", ela questionava.

Por que o Senhor permitiu que ele se odiasse tanto? O Senhor sabia o que precisava ser feito pelo Bobby, assim como por qualquer um pendurado em uma corda sem nó no final. O Senhor poderia ter concedido a ele algo ou alguém para se segurar, mas não o fez, e não o faz para muitas outras pessoas. Para outras o Senhor concede, e elas vivem felizes para sempre. Como são tomadas essas decisões tão incríveis? O Senhor não queria que Bobby fosse feliz... Então, por que mandar alguém para este mundo para viver em tristeza?

Dê-nos algo para seguirmos com a vida, Senhor, assim como para outros que nunca mais serão os mesmos depois da morte de um ente querido, especialmente se a pessoa que se foi era muito jovem.

Quando descobrimos que ele era gay, foi como se a vida dele tivesse acabado, e eu não ajudei a torná-la melhor... Então, o Senhor é o único com as respostas para a vida de Bobby, e eu adoraria saber Sua posição quanto a essa situação, especialmente porque existem muitos Bobbys e Janes perambulando por aí... Qual foi a mensagem que Bobby deixou? Eu poderia dizer: "Bem, a vida é passageira mesmo e ele está mais feliz com o Senhor". Mas isso não recupera os corações partidos nem atenua a solidão. O tempo vai fazer minha dor passar ou será o Senhor a fazê-lo? Como pôde permitir que Bobby fizesse aquilo? Sou muito egoísta. Deixe para lá. Eu não sou ninguém!

*

Natal de 1984. O aniversário do Senhor e o segundo Natal sem Bobby. A família comemorou com uma alegria ensaiada, evitando qualquer alusão ao passado. Mary preparou um peru. Trocaram presentes. Ela se pegou pensando no menino Jesus. Deus o enviara para livrar a humanidade do pecado, a maior missão na história do mundo, e até mesmo Ele, por vezes, perdeu de vista o verdadeiro motivo pelo qual fora enviado. Como meros mortais, sem um milionésimo da consciência de Jesus, seriam capazes de entender por que são colocados aqui e as razões pelas quais morrem?

Mas Deus é justo, pensou ela. Onde estava a justiça na morte de Bobby? Ou nas mortes de outros jovens gays, por assim dizer?

Pela primeira vez, suas ideias a levaram a pensar em uma congregação para jovens gays em situação de vulnerabilidade emocional.

"Amado Senhor", escreveu ela no caderno alguns dias depois.

Escutei no rádio que, de acordo com a Palavra de Deus, Bobby está no inferno — ou, pelo menos, esperando a sua vez de chegar lá. Sei disso, Senhor, mas e quanto aos outros jovens que acreditam que vão para o inferno porque são gays?

Não escolhi ter olhos castanhos. Bobby não escolheu ser gay... Se a Sua Palavra estipulasse que não ter braços é cruel e perverso, o que uma criança que nasceu sem os membros pensaria? Quando uma pessoa descobre que vai para o inferno por algo que não pode controlar, é colocada sob estresse máximo e se sente a escória da humanidade.

O Senhor já sabe disso, mas a igreja daqui está mandando pessoas para o inferno aos montes — ou levando-as a usar drogas e álcool, a praticar sexo ou, como no caso do Bobby, suicidar-se. Como posso reverter minha ignorância? Fiz tudo errado com Bobby, e eu sei que o Senhor sabe disso!

Aqui ela incorreu em uma reflexão importante, provavelmente sem nem perceber. Se ser gay não é uma escolha que alguém possa fazer, assim como não podemos escolher a cor dos nossos olhos, fazer disso um pecado é irracional. Porém, Deus disse que é pecado. Está na Bíblia. E a Bíblia é a palavra de Deus. Então, Bobby — e ela — eram apenas peões em um jogo de xadrez impossível de vencer; peões cujos movimentos estão fadados a resultar em desastre. Ela fez tudo errado, mas qual teria sido a atitude certa?

*

Mary ainda tentava resolver essa questão durante o inverno ameno da Califórnia. Em 8 de fevereiro, Bob Griffith completou cinquenta e um anos. Mary presenteou-o com uma manta de crochê que ela mesma fizera. As coisas estavam melhorando entre os dois, conforme Mary mudava sua visão a respeito do cosmos. Joy presenteou o pai com um par de tênis; Nancy, com uma camisa; e Ed, com um pacote de pé de moleque e meias. Foi um dia agradável, mas Mary se sentia exausta e insatisfeita. Sentia que estava perdendo tanto a paciência quanto a esperança. Naquele que talvez tenha sido seu momento mais difícil, ela apanhou o caderno e, na mesma noite, em um impulso de frustração e raiva, escreveu.

"Senhor", ela começou.

Continuo esperando pela confirmação absoluta de que está tudo bem com o nosso filho! Já se passaram 16 meses! O Bobby nem sequer pensa na gente? Parece-me falta de educação ignorar as pessoas que amamos e que sentem nossa falta... Se podemos nos comunicar com o Senhor, por que não podemos fazer o mesmo com quem está aí ao Seu lado? Não acho muito amoroso da Sua parte. Achei que fosse um Pai Amoroso. Não tenho mais tanta certeza. Preciso dizer, Senhor, que o Seu método de comunicação deixa muito a desejar!

Acho que vocês aí em cima não dão a mínima para quem ficou pra trás! Então, por que eu deveria me importar com o Senhor? E você também, Bobby, conseguiu o que queria e que se dane o resto de nós... Senhor, não acredito que o Senhor e o Bobby tenham nos deixado aqui assim, abandonados. Mas é assim que tenho me sentido por todos esses anos... É uma porcaria, e estou cansada dessa relação de mão única.

Foi um último apelo frustrado. No dia seguinte, ela pediu um sinal para que pudesse *seguir com a vida e parar de implorar. É o que eu faria pelos meus filhos se eles me pedissem. Eu não os separaria para sempre de um irmão ou irmã de quem sentem falta, ou de qualquer outro parente. Então, vou parar de escrever!*

E ela parou. Mary nunca mais escreveu aquelas missivas coloquiais e suplicantes endereçadas a Deus. Ela havia atravessado o Rubicão. Vislumbrara uma realidade nova e assustadora, na qual não dependeria nem da Bíblia nem da fé para se sustentar. Jesus dissera: "O Reino de Deus vive em você". E ela teria que encontrar a resposta por conta própria.

CAPÍTULO 6
SAINDO DO ARMÁRIO

1979 - 1982

O segredo de Bobby o sufocava. Ele precisava desesperadamente contar para alguém. O diário não era o bastante. Ajudava, mas ele desejava desabafar com outra pessoa, alguém que pudesse ajudá-lo a entender aquele barril de pólvora prestes a explodir que eram seus sentimentos. Mas quem? Ele não podia contar para os pais, com certeza não para a mãe. Ele não tinha amigos em quem confiasse o suficiente. Joy? Ed?

Recorreu a Ed, desencadeando uma sequência de eventos que talvez tenha feito com que desejasse ter mantido o segredo apenas entre si e o diário.

Ed Griffith completou dezessete anos em um dia chuvoso no fim de abril de 1979. Ele cursava o segundo ano do ensino médio e era um atleta talentoso, que sonhava tornar-se jogador profissional de beisebol. Ed era um jovem forte e musculoso, de cabelo claro e maxilar quadrado e esculpido. Um rapaz sincero e confiável, destituído de qualquer maldade. Acreditava veementemente na Palavra e nos ensinamentos da igreja. Durante a infância, ele associava ser cristão a ser um soldado. Ele amava filmes de guerra, soldadinhos de brinquedo e brincar de exército. Porém, por trás da fachada belicosa, havia uma pessoa carinhosa e livre de preconceitos.

Talvez tenham sido essas características que levaram Bobby a escolher o irmão mais velho como a pessoa com quem desabafaria em uma tarde quente de primavera em maio. Os dois estavam descansando sob o damasqueiro no quintal de casa. Bobby, a um mês de completar dezesseis anos, parecia muito nervoso. Por fim, ele disse:

— Preciso contar uma coisa horrível. Você vai me odiar e nunca mais vai falar comigo de novo.

O coração de Ed se encheu de preocupação. Ele imaginou de tudo, incluindo atividades criminais e drogas.

— Bobby, não importa o que seja, eu nunca vou deixar de te amar — respondeu ele.

Era verdade. Eles haviam crescido juntos, compartilhando o mesmo quarto pequeno. Conversaram muito ao longo dos anos. Eram diferentes, claro, e às vezes se comportavam como idiotas um com o outro. Mas o amor que sentiam mutuamente era palpável. E, mais do que tudo, Bobby confiava em Ed.

— Eu sou gay — disse Bobby, com a voz embargada.

Ed soltou um suspiro de alívio momentâneo. Poderia ser coisa pior.

— Bobby, como você descobriu isso? — perguntou Ed.

— Eu já sei há um bom tempo — respondeu Bobby.

— Mas como você pode ter certeza?

— Tenho certeza, Ed. Acredite em mim, eu tenho certeza — Bobby abaixou a cabeça, como se estivesse sentindo dor. Eles conversaram mais um pouco e Ed pôde ver que Bobby considerava a própria sexualidade um defeito terrível.

— Você vai contar pra mamãe e pro papai ou conversar com algum conselheiro? — perguntou ele.

Bobby ficou vermelho.

— Não! Quero que você me prometa que não vai contar a ninguém, principalmente para os nossos pais!

Nada na vida de Ed o havia preparado para um fardo tão pesado. Homossexualidade. Era como algo de outro planeta. Só tinha visto aquilo na TV. E escutara vários religiosos dizendo que era uma escolha, e das mais pecaminosas. Preocupou-se com outras coisas enquanto tentava convencer a si mesmo de que aquela crise se resolveria com o tempo. Ele tinha uma namorada nova e a temporada de beisebol tinha acabado de começar. Havia muita coisa para distraí-lo daquela situação desagradável. Ed ajudou a guardar o segredo de Bobby, mantendo um silêncio ansioso.

Curiosamente, depois da revelação inicial, Bobby não tratou mais da sua homossexualidade com Ed. Ele continuou a direcionar sua agonia para o diário.

11 de maio de 1979. Às vezes me sinto na beira de um abismo, olhando para as ondas lá embaixo, sem ter para onde ir senão para as pedras abaixo delas... Poderia me perguntar por que essa merda toda está acontecendo comigo, mas mudaria alguma coisa? Não. Eu preciso mudar antes que as circunstâncias mudem. Mas, porra, agora não tenho nem vontade nem energia para mudar meu jeito de pensar.

18 de maio. Querido Deus: o Senhor está aí? Estou perguntando porque quero muito saber... Às vezes dói tanto, e eu me sinto apavorado e sozinho. Me pergunto por que o Senhor ou qualquer outra pessoa não me ajuda. Estou tão bravo e frustrado, parece que estou no fim da linha. Por que o Senhor continua em silêncio?

30 de maio. O clima ameno da primavera me cerca, mas há uma tempestade implacável dentro de mim. Quanto mais posso aguentar? Só o tempo e um milhão de lágrimas amargas poderão me dizer... Acho que estou afundando lentamente na areia movediça; uma piscina de morte sem fundo. Queria poder me esconder embaixo de uma pedra e dormir pelo resto da vida.

1 de junho. Tenho medo da pessoa que posso me tornar quando crescer. Nossa, como eu espero que as mudanças que me aguardam no futuro sejam positivas.

Ele escreveu um poema:

Me tranquei do lado de fora
e não tenho a chave
Apaguei a luz
E agora não vejo nada...
Temo as respostas que não tenho
e que talvez nunca descubra
Me pergunto para qual direção minha vida está indo.

No dia 24 de junho, Bobby comemorou seu aniversário de dezesseis anos.

*

Conforme as semanas se passavam, Ed ia ficando cada vez mais alarmado com a melancolia de Bobby.

Bobby arranjara um emprego de meio período como ajudante em uma casa de repouso. Ele confidenciara a Ed que odiava o trabalho — que incluía limpar os aposentos das pessoas idosas que morriam. Mas continuava trabalhando, dizia ele, como um tipo de penitência.

A situação ficou mais séria em uma noite de verão, quando Bobby revelou a Ed que tinha engolido metade de um frasco de aspirina recentemente. Nada de muito grave acontecera, à exceção de uma dor de cabeça muito forte, mas a firmeza de Ed viu-se abalada por um medo terrível. Ele não conseguiria manter aquele segredo só para si por muito mais tempo.

E se Bobby tentasse se machucar de novo? Como ele explicaria aos pais que sabia de algo tão sério assim e não contou nada?

Ed conviveu com o dilema agoniante até que um dia, no começo de julho, quando voltava de carro com a mãe da loja de conveniência local, perguntou:

— Mãe, se a senhora descobrisse que o Bobby ou eu somos gays, deixaria de nos amar? Seríamos expulsos de casa?

Mary sentiu uma pontada de pânico.

— Bem, não, é claro que não — respondeu ela.

— Bobby me contou que é gay — Ed soltou. Ele relatou a história completa, deixando de fora apenas o incidente da aspirina.

Algo desabou dentro dela. Suspeitar era uma coisa. Mas ter certeza... Porém, ela simplesmente afirmou:

— Bom, Ed, eu não tenho dúvidas de que Deus pode dar um jeito nisso. O Senhor vai nos ajudar, Ele vai curar o Bobby.

Um versículo conhecido veio à sua cabeça e ela o recitou:

— Sabemos que todas as coisas cooperam para o bem daqueles que amam a Deus.

Ela acreditava naquilo. Tudo daria certo. Se Bobby fosse mesmo gay, Deus iria curá-lo.

Mary contou para o marido quando ele chegou do trabalho. Eles sabiam que precisavam conversar com Bobby o mais rápido possível, mas não tinham ideia de como abordar o assunto. Estavam perdidos. Como se um míssil tivesse atravessado o telhado.

Eles esperaram até tarde da noite, quando os outros filhos já estavam recolhidos a seus respectivos quartos. Mary pediu a Bobby que se sentasse com ela à mesa da cozinha. Bob se juntou aos dois. O garoto devia saber que algo estava acontecendo, já que aquele era o lugar oficial das discussões familiares importantes.

Por um momento, eles mantiveram um silêncio desconfortável. Por fim, Mary começou, em uma tentativa desengonçada de fazer o filho se abrir.

— Bobby, tem algum problema que você queira nos contar?

Bobby enrijeceu.

— Não — respondeu ele. — Que tipo de problema?

Mary insistiu.

— Bobby, você sabe que há algo errado e precisa conversar com a gente.

Bobby se contorceu. Ele estava começando a entrar em pânico. Encolheu-se.

Bob interveio.

— Filho, você sabe que, se não se abrir conosco, pode acabar afetando a família inteira.

Bobby ficou sem palavras, horrorizado. Ele baixou os olhos e encolheu o corpo, como se estivesse se preparando para um estouro.

Finalmente, Mary tomou a palavra.

— Bobby, está tudo bem. Nós sempre o amaremos, não importa o que aconteça. Ed conversou comigo e ele estava muito preocupado com você. Ele me disse que você contou a ele que é gay.

Bobby explodiu em uma mistura de fúria e lágrimas.

— Por que você não nos contou? — perguntou Mary.

— Porque eu sinto muita vergonha! — ele gritou, fugindo da cozinha.

Bob e Mary o seguiram, tentando acalmá-lo. Mary passou os braços ao redor do filho.

— Bobby — disse ela —, vamos para o seu quarto.

Eles continuaram a conversar. Bobby disse que se sentia daquele jeito desde que era capaz de se lembrar.

— Quando eu sonho, sonho com outros homens — disse ele, desesperado. — Outros garotos sonham com garotas. Eu sonho com homens. E gosto disso.

— Bobby, nós podemos superar isso — anunciou Mary. — Se confiarmos em Deus. A homossexualidade tem cura com a ajuda de Deus. Nós vimos na televisão, lembra? Não é algo natural. Deus vai ajudá-lo a se livrar disso. A cura pela oração. Essa é a boa notícia, Bobby.

Ela acreditava com toda a sua fé que um Deus que rejeitava de tal maneira a homossexualidade faria questão de curar o filho dela.

Eles conversaram até às quatro horas da manhã. Bobby queria desesperadamente acreditar que poderia mudar. Bob, que não acreditava na solução religiosa, tinha pouco a dizer, como sempre. Ele não sabia nada sobre gays, a não ser que eram rejeitados pela maioria das pessoas, e se preocupava com o fato de Bobby ter de enfrentar muitas dificuldades no futuro. Bob se sentia impotente, mas sugeriu ao filho que tentasse sair com mais garotas; talvez aquilo o ajudasse a superar.

— Vamos procurar aconselhamento, Bobby — disse Mary. — Talvez comprar alguns livros. Vou perguntar na igreja.

— Não, eu não quero que ninguém de fora desta casa saiba — exigiu Bobby. Já era suficientemente ruim ter sido dedurado por Ed (mais adiante, Bobby escreveria em seu diário que a indiscrição de Ed havia abalado a relação entre eles).

Mary concordou prontamente. Ela também não queria que outras pessoas soubessem, nem na igreja, nem Vovó e Vovô, nem mais ninguém. Bobby tinha razão. Era humilhante. Ela não queria que sua família virasse assunto por causa daquilo.

— É claro — disse ela. — Não vou contar a ninguém, apenas perguntar sobre aconselhamento de maneira geral.

Por fim, já exaustos, todos foram dormir, sabendo que suas vidas haviam mudado para sempre. Bobby, muito sensível, com o ego frágil ainda em desenvolvimento, deve ter se dado conta de que teria um desafio monumental pela frente. Em um momento em que seu corpo produzia doses cavalares de estímulo hormonal, ele teria de conter seus desejos sexuais. Seu impulso por prazer envolvia uma inclinação tida como proibida e depravada. E, para piorar, a revelação destruíra sua intimidade com a família; apesar de todas as alegações de amor imutável, a bolha tinha se rompido e Bobby agora observava do lado de fora.

Mary se sentia invadida por uma força desconhecida e imprevisível. De todos as perversões que a religião condenava, a homossexualidade era uma das mais desprezíveis. Em sua mente, ela jazia nos domínios de Satanás, associada a bestialismo e outras coisas horríveis. E, agora, aquela coisa habitava seu próprio filho! Dentre todos os perigos que ela enfrentara na vida — a solidão na infância, o medo de perder o marido, o vício em medicamentos —, aquele parecia o mais ameaçador. E ela estava determinada a vencê-lo.

Ela arregaçou as mangas. Pediu a Ed que fosse à biblioteca e à livraria da igreja buscar livros sobre a homossexualidade. Procurou na Bíblia os versículos apropriados. Ed só encontrou três livros sobre o tema na livraria e na pequena biblioteca de Walnut Creek. Um deles fora escrito por Tim LaHaye, um dos oficiais da Maioria Moral, e seguia uma linha claramente fundamentalista, confirmando que a homossexualidade era um desvio dos planos de Deus para a humanidade. Os demais discorriam sobre teorias populares de que a homossexualidade era causada por mães permissivas e pais indiferentes e ausentes.

Mary começou a procurar um conselheiro. Seu senso de urgência chegou a um nível ainda mais alarmante quando Ed finalmente contou que Bobby havia tomado uma dose excessiva de aspirina. Mary implorou para Bobby:

— Por favor, nunca mais faça isso. Prefiro ter um filho homossexual a ter um filho morto!

Ela ligou para um ex-pastor assistente da Presbiteriana de Walnut Creek e perguntou se ele conhecia algum conselheiro cristão que soubesse "lidar com questões familiares". Sim, havia Del Jones, um psicólogo local bastante religioso que já tinha até feito seminários na igreja. Ele tinha um consultório na cidade e Mary marcou por telefone uma consulta para Bobby.

Quando o dia chegou, Joy levou Mary e Bobby ao consultório de Jones em Walnut Creek. Na sala de espera, pediram a Bobby que preenchesse um formulário. Havia um ou dois pacientes esperando também, e Mary sentiu em seus olhares sobre ela que eles sabiam do que se tratava. O formulário perguntava o "motivo da procura pelo aconselhamento" e Bobby hesitou.

— O que eu escrevo? — perguntou ele.

Mary pensou por um instante e disse:

— Escreva assim: "Estou aqui porque quero ser o tipo de pessoa que Deus quer que eu seja".

Bobby escreveu.

Del Jones era um homem careca de rosto redondo e cerca de trinta anos de idade. Tinha uma personalidade amistosa e fala mansa. Bobby o visitou uma vez por mês (cinquenta dólares por sessão) durante quatro meses, mas não dava muitos detalhes a respeito disso em casa, exceto que Jones sentia que pai e filho precisavam desenvolver um relacionamento mais firme.

Mary levou a sério e, em uma sessão em grupo com Jones, Bob e Bobby, descontou tudo no marido.

— Eu sempre levei as crianças para a igreja... Sou eu quem está carregando este fardo. Às vezes me sinto uma mãe solo!

Sem alterar a expressão, Bob respondeu:

— Sim, talvez nós possamos fazer mais coisas juntos. Podemos tentar. Não sei o quanto isso pode ajudar.

As sessões de Bobby com Jones foram rareando até, por fim, terminarem. Ele contou para a mãe que não estava fazendo muito progresso para justificar o tempo e o dinheiro. Mary não insistiu mais.

Mas Bobby não estava desistindo. Foi um período intenso de autoajuda, durante o qual ele buscou superar as forças que pareciam controlar a sua vida. Inscreveu-se em uma oficina de comunicação no Centro de Habilidades de Vida em Walnut Creek. E, depois de encerrar as sessões com Jones, matriculou-se em um experimento de trinta e um dias de "vivência cristã dinâmica", na igreja.

A oficina de comunicação apresentava uma série de áreas problemáticas e objetivos que, com esforço doloroso, Bobby anotava em um caderno.

"Áreas problemáticas: pedir desculpas. Conter a raiva. Evitar pessoas de que não gosto. Dizer o que sinto de verdade."

O pai ideal, conforme ele escreveu, era compreensivo, não agia como se soubesse de tudo, era fácil de conversar e "não tenta moldar minha vida com base na vida dos outros".

"Acho que meus pais confiam nos filhos", escreveu ele em um trabalho. "Podemos falar abertamente sobre coisas que estão nos chateando... Não penso neles como 'pais', mas como dois adultos que nós amamos e com quem tentamos resolver nossos problemas. Às vezes, conseguimos; às vezes, não."

Bobby abandonou a oficina antes de concluí-la devido a problemas financeiros. Pouco depois, mergulhou de cabeça no rigoroso experimento de vida cristã, coordenado pelo ministério jovem da Presbiteriana e liderado por Dave Daubenspeck (que, mais tarde, presidiria os serviços funerários de Bobby). O experimento envolvia orações diárias e estudos guiados da Bíblia. Daubenspeck explicava a premissa em um guia de estudos:

Por 31 dias eu buscarei cultivar a mente de Cristo que quero aplicar em mim e na supervida que Ele afirma ser possível. Começo a experiência hoje ao me ajoelhar e fazer esta oração:

Senhor Deus, sou tão egoísta, pensando só em mim, sonhando só comigo... Enquanto EU for o centro da minha vida, não poderei aproveitar a abundância que existe em viver... O único jeito de me tornar uma pessoa completa é ter o SENHOR no centro da minha vida. Portanto, com confiança e amor eu me entrego a Ti... E agora, Senhor Jesus, use a Tua Palavra para revolucionar a minha vida... Me transforme na pessoa que o Senhor quer que eu seja.

Não bastasse o exercício já ser difícil, Bobby tornou-o ainda mais espartano. Ele acordava às seis e meia da manhã e seguia uma rotina que incluía exercícios físicos rigorosos, alimentação saudável e a promessa de não espremer as espinhas no rosto, que ele chamava de "acidentes adolescentes".

Em um cronograma de seis páginas datilografadas com entrelinhamento simples — um documento que proporciona um raro vislumbre do lado mais caprichoso de Bobby —, ele expandiu a duração do regime para três meses (de outubro até dezembro) e jurou "pelo próprio sangue" cumpri-lo à risca, anotando que, "se por algum motivo eu falhar em completar a experiência, haverá graves consequências".

"Esta experiência deve ser mantida em segredo até ser concluída", acrescentou ele. "Depois, e apenas depois, você terá o direito de vender os direitos exclusivos para a editora de sua escolha."

Ele chamou a missão de *Operação Alter Ego* e, obviamente, passou muitas horas pensando nela.

"Meu objetivo é alcançar um senso de orgulho e validação enquanto ser humano", escreveu Bobby. "Apesar de perfeição ser algo inalcançável para mim ou para qualquer outra pessoa no mundo, acredito que tenho o direito de descobrir que sou um indivíduo único e especial, digno do amor de Deus e merecedor de ver meus sonhos se realizando."

Ele se preocupava com a persistência, encorajando a si mesmo com frases como: "É quando se foge da rotina preestabelecida que o problema começa... Ninguém gosta de fazer esforço. Sei que eu não gosto, e sou um americano comum em uma cidade pequena comum... Mas, se o objetivo é importante, você pode e vai se esforçar. Mantenha o foco, e não caia nos golpes que você pode estar aplicando em si mesmo. Se conseguir, o pote de ouro será todo seu. Se perder, é só ladeira abaixo, *baby*".

No começo, Bobby manteve registros diários, baseados no versículo bíblico do dia ensinado por Daubenspeck. O programa também exigia que uma boa ação fosse feita todos os dias. Um dos versículos estudados, Romanos 12:1-2, falava sobre a urgência de entregarmos nosso corpo para Deus como sacrifício vivo.

"Aplico esse ensinamento em minha vida ao pensar que, quando entregar meu corpo para Deus, Ele será o dono, e não eu", escreveu Bobby. "Se o Senhor guardar o meu corpo, ele permanecerá limpo." A boa ação altruísta daquele dia, 5 de outubro de 1979, foi "preparar biscoitos de chocolate para a minha mãe".

6 de outubro. "Em Salmos 119:9-11, diz-se que uma pessoa pode se manter pura ao ler a palavra de Deus e seguir as regras nela contidas. Não é tão fácil assim... Se guardarmos a Palavra em nossos corações, ela nos impedirá de pecar. Mas não funciona comigo. Guardo a Palavra no meu coração e peco mesmo assim." Boa ação do dia: "Dar água para as galinhas no lugar de Joy".

8 de outubro, dia 7. "Não deixe ninguém acusá-lo de: cobiça, impureza, maledicência, piadas grosseiras etc. O engraçado nessa passagem é que eles não explicam *como* não fazer essas coisas, apenas dizem para não fazê-las, ou não veremos o reino de Deus. Eles não

parecem refletir muito sobre o amor ou o perdão de Deus." Boa ação do dia: "Não consigo pensar em nenhuma".

O experimento bíblico não passou da primeira semana e a *Operação Alter Ego* não chegou ao final de outubro. Bobby se distraiu com outras coisas, como um adolescente típico. Mas aquilo era parte de um padrão que se repetiria pelo resto de sua breve vida. Ele lutava para encontrar forças em si mesmo e ser capaz de deter a onda de negatividade que ameaçava sobrecarregá-lo. De novo e de novo, seus planos falhavam. De novo e de novo, ele sofria, literalmente, para sobreviver.

*

Enquanto isso, Mary continuava no ataque. Ela começara a espalhar pela casa versículos bíblicos relacionados à "condição" de Bobby, pendurando-os até mesmo no espelho do banheiro. "Filho meu, se deixas de ouvir a instrução, desviar-te-ás das palavras do conhecimento" (Provérbios 19:27). "Filhinhos, não vos deixeis enganar por ninguém; aquele que pratica a justiça é justo (...). Aquele que pratica o pecado procede do diabo (...). Para isto se manifestou o Filho de Deus: para destruir as obras do diabo" (1 João 3:7-8).

Repetidamente, ela se voltava ao ensinamento de que os homossexuais não são aceitos no reino de Deus.

Quando não estava anotando os versículos, ouvia a rádio cristã em volume alto para que Bobby pudesse escutar do seu quarto também. À noite, ela ia na ponta dos pés ao quarto que ele dividia com Ed e orava enquanto os filhos dormiam. Certa vez, ela colocou a mão sobre o peito de Bobby. Ele acordou e, ainda grogue, perguntou:

— A senhora acha que isso vai me curar?

Ed, também arrancado do sono, murmurou de mau humor:

— E por que não?

Bobby apenas riu.

Ele não era escancaradamente efeminado, mas tinha um jeito de afastar o cabelo da testa que irritava Mary. Certa vez, ela viu o filho fazer aquilo enquanto se arrumava na frente do espelho do banheiro.

— Sabe, Bobby, talvez fosse melhor se você parasse de jogar o cabelo desse jeito — disse Mary.

Ela dizia que Bobby precisava acreditar que Deus o curaria e que Satanás tentaria desencorajá-lo. Também dizia que ele deveria tomar cuidado com as companhias e não sair na companhia de pessoas gays.

Ela sobrecarregava o filho com livros: *O que os pais precisam saber sobre a homossexualidade*, de Tim LaHaye; as obras cristãs de Eugenia Price, como *Deixe-se em paz*. LaHaye apresentava a questão da homossexualidade nos termos de uma batalha gigantesca entre o bem e o mal. Ele falava sobre as garras fatais de Satanás e sobre como ele pode tomar a forma de "anjo de luz" e estabelecer vínculos mentais e emocionais com crianças. O livro reproduzia muitas matérias jornalísticas sobre os excessos de pessoas gays. Como uma doença que se agrava, ele alertava, a homossexualidade afunda cada vez mais as suas vítimas em um poço de pecado.

Aterrorizado com essa possibilidade, Bobby lutava para fugir de Satanás. Em obediência, ele lia, acreditava e orava. Mergulhou de corpo e alma nas atividades da igreja, principalmente no grupo de teatro dos jovens, liderado por uma mulher carinhosa e sensível chamada Teri Miller, uma cristã progressista que também era musicista. A visão que Miller tinha de Deus enfatizava o amor e a aceitação. Ela via a retidão como um presente oferecido pela graça de Deus, não como um porrete que deveria ser usado para punir a humanidade em direção à salvação.

Bobby sentiu-se imediatamente atraído por Teri Miller, como um viajante perdido que encontrava um porto seguro. Ele e outra jovem, uma garota chamada Terrie Tate, passavam horas, às vezes madrugada adentro, ajudando a construir os cenários para as peças de Miller, que eram divertidas e traziam mensagens morais sutis. *O Toque da Mão do Mestre*, escrita por Miller, era uma paródia da

Criação e da Queda que se utilizava de muitas figuras da cultura pop para ilustrar o vazio da humanidade depois de se separar de Deus.

Miller, na época com vinte e poucos anos, via Bobby como um adolescente em busca de um lugar para se encaixar. Desengonçado, com aparelhos nos dentes e geralmente vestindo macacões, Bobby possuía uma alma gentil e um temperamento artístico bastante diferente da personalidade de um garotinho perfeito. Em um gesto de confiança que a alegrou muito, ele a convidou para ir à sua casa e ver os cadernos de poesia que ele escrevia. Bobby parecia sedento por afirmação.

Mas não revelava nada a respeito de suas angústias internas, nem mesmo para Miller. Ele não conseguia. Ela o via como um rapaz tímido, carente de aprovação, mas não disfuncional ou autodestrutivo. Certamente, ela nunca imaginou que Bobby fosse gay. Só veio a saber quando Terrie Tate, mais de três anos depois, ligou para ela contando que Bobby havia se matado.

Terrie Tate tinha trejeitos de menino e era também muito tímida, embora um pouco mais insolente, cortesia de sua criação em um lar violento. Ela se sentia próxima de Bobby, que via como outra alma perdida. Eles se conheceram durante uma produção de Miller para *O Mágico de Oz*. Ambos trabalharam nos cenários e Bobby interpretou o Munchkin que mostra a estrada para Dorothy.

A melancolia sensível de Bobby a atraía. Eles jogavam futebol e vôlei juntos, conversavam sobre vários assuntos e saíam para tomar sorvete. Ele contou a ela que queria ser enfermeiro e falou da sensação que tinha de não se encaixar no mundo — uma revelação que os uniu ainda mais. Disse para ela que via o irmão atleta como o sucesso da família (Tate conhecia Ed e era melhor amiga da namorada dele na época, Jeanine). Quando a igreja bancou um passeio de barco para os formandos do ensino médio, Tate chamou Bobby para acompanhá-la, como em um encontro. Ela ficou decepcionada porque, durante o evento, Bobby parecia desconfortável, encabulado de ficar de mãos dadas com ela. Tate se sentiu inadequada, receosa de que ele não gostasse dela no sentido *garoto-garota*. Ela falou sobre o assunto com Jeanine, que disse:

— Fica tranquila. Ele gosta de homem.

Aquilo acabou sendo um dilema para Tate, que também não estava resolvida com a própria sexualidade (ela se aceitaria como lésbica anos mais tarde, depois de uma longa batalha contra as drogas e o álcool). Ela não conseguia tocar no assunto com Bobby. Na época, ela era bastante homofóbica e religiosa, e a Presbiteriana de Walnut Creek não encorajava aquele tipo de conversa. Havia pouco tempo, ela participara de um curso no qual um pastor do grupo de jovens explicara sobre imoralidade sexual, destacando a homossexualidade e o bestialismo como principais exemplos.

Orientação sexual era a questão moral mais desconfortável nas igrejas presbiterianas — e na maioria das outras denominações —, mais até do que aborto, direitos sexuais e reprodutivos ou discriminação racial. A homossexualidade, em particular, segue sendo um tabu nas igrejas até hoje. A Igreja Presbiteriana Unida, que determina os rumos das congregações presbiterianas, vem minimizando a questão desde 1976. Uma petição apresentada na assembleia geral da igreja, em 1978, demandava que houvesse uma grande reforma, e outra solicitação semelhante foi feita quinze anos depois, mas sempre ficavam em aberto questões como a consagração de gays e lésbicas e a plena aceitação de homossexuais como membros.

Bobby provavelmente não sabia que, embora tenha se recusado a permitir a consagração de gays e lésbicas em 1978, a assembleia repassara aos ministros a orientação de que deveriam apoiar a aprovação dos direitos civis para gays e lésbicas e pensar em maneiras de fazer com que eles participassem da rotina na igreja. Ser gay ainda era considerado pecado, mas os homossexuais poderiam ser encorajados a aderir ao celibato ou, por meio da oração, voltar à ordem natural da heterossexualidade.

Na Presbiteriana de Walnut Creek, então comandada por um ministro conservador, essas questões não tinham visibilidade. Quando vinham à tona — como no caso da devota que fora demitida sem cerimônia do seu cargo no comitê de eventos quando se soube que ela era lésbica —, eram resolvidas em silêncio e rapidamente. Não havia pressão externa por mudanças nessa área, como havia, por exemplo, pela consagração de mulheres. Uma pressão real por mudança de atitude em relação a gays e lésbicas só ocorria nas congregações urbanas de Oakland, Berkeley, São Francisco e Los Angeles.

Portanto, não havia nenhum incentivo para que pessoas como Bobby (ou Terrie Tate) procurassem ajuda, muito menos um projeto institucional que acomodasse suas necessidades (ainda não existia, em 1994, aconselhamento pastoral na Presbiteriana de Walnut Creek especificamente para gays). Muito pelo contrário, ser visto como gay em um ambiente do qual ele não desejava nada além de aceitação seria a humilhação máxima para Bobby.

E ele sabia que o potencial de humilhação estava à espreita em todos os cantos das imediações. Ele certamente viu, por exemplo, as matérias no jornal local, em 1980, sobre um jovem mais ou menos da sua idade que fora demitido do cargo de orientador dos Escoteiros de Berkeley porque era gay (o jovem recorreu à Justiça e, no começo de 1995, o caso ainda continuava se arrastando, com um recurso após o outro).

Então, ele escondia a raiva e a tristeza, assumindo uma fachada pública de pura neutralidade, assim como o homem invisível de Ralph Ellison. Foi o que sua querida prima Jeanette viu quando visitou os Griffiths em fevereiro de 1980. Filha da irmã mais velha de Mary, Jean, Jeanette era vários anos mais velha do que Bobby, mas de idade próxima o bastante para que tivessem brincado juntos durante a infância. Jeanette e a irmã Debbie acabaram se mudando para Portland, no Oregon, mas Bobby e Jeanette sempre se deram bem. Os dois mantiveram uma amizade cheia de amor até o fim.

A visita da prima foi um interlúdio glorioso para os dois. Eles massageavam as costas um do outro, saíam para longas caminhadas, comiam quiche, assistiam à TV e conversavam, conversavam, conversavam. Jeanette sentia compaixão pelo primo diferente e ingênuo, admirava sua inclinação artística e entendia suas angústias adolescentes.

Durante a visita, Jeanette presenciou uma discussão acalorada sobre a homossexualidade do primo, que aconteceu na sala de estar dos Griffiths. Ela e Bobby estavam no sofá e o resto da família, espalhado pela sala, o tio Bob assistindo a tudo em silêncio. Mary ficou no centro, como uma professora, gesticulando com as mãos.

— É o que a Bíblia diz — exortou ela, antes de recitar as escrituras.

— A senhora não cansa, né? — disse Bobby, irritado.

— Bobby, não posso apagar o que está na Bíblia — respondeu Mary.

Jeanette, que questionava a própria sexualidade na época, pensou: "A família deve ser um lugar de amor, e eles estão crucificando o Bobby com palavras".

Para ela, a sexualidade de alguém não deveria ser motivo de tanta tensão e rejeição. Ela conseguia enxergar a parede invisível entre Bobby e eles. Quanto mais ele sofria, mais os Griffiths brigavam com ele. Isso era estranho, principalmente porque, de todos os tios e tias, os Griffiths sempre foram os mais respeitosos e amáveis, os mais solidários. Aquele foi o único problema que os desestabilizou.

Em maio de 1980, um ano depois de se abrir para Ed, Bobby — tendo passado por um ano intenso de esforços, desistências e recomeços — fez sua única anotação de 1980 no diário. Estranhamente profético, o texto apresentava o tema que se tornaria recorrente nos três anos seguintes.

16 de maio. Escrevo na esperança de que um dia, daqui a muitos anos, eu possa reler e me lembrar de como era a minha vida durante minha adolescência confusa, tentando desesperadamente entender a mim mesmo e o mundo onde vivo. Pelo andar da carruagem, me pergunto seriamente se chegarei à velhice um dia, se vou deixar de ser adolescente.

Outro motivo que me faz escrever aqui é proporcionar a outros, depois da minha morte, a chance de ler sobre mim e ver como foi minha vida durante a juventude...

À exceção do incidente com a aspirina, Bobby passou três anos sem tentar cumprir a profecia. Porém, essa passagem deixa claro que o suicídio tinha sido uma opção de fuga que ele considerara durante a adolescência. Ele não ter agido impulsivamente por tanto tempo sugere fortemente que ter aquela opção dava a ele uma espécie de permissão para continuar lutando contra a própria homossexualidade. E como ele lutou, usando o diário como uma espécie de válvula de segurança e despejando fúria, desespero, ódio, esperanças e sonhos em suas páginas, com uma eloquência não forçada, xingamentos e violência.

O Bobby de verdade vivia naqueles diários, embora até mesmo em suas páginas ele tentasse ser mais reservado, com medo de que a família estivesse bisbilhotando. E estavam. Mary, desesperada para conhecer melhor os pensamentos do filho ou saber se ele estava seguindo na direção certa, espiava os diários com frequência, principalmente porque a comunicação entre os dois estava abalada. Joy, preocupada com o irmão, também olhava de vez em quando.

A homossexualidade de Bobby virou uma obsessão da família. Mas a vida seguiu. Joy, também uma adolescente, teve de lidar com uma paixão não correspondida de quatro anos por um vizinho chamado George. Seu próprio diário da época faz inúmeras referências às vezes que o vira, às breves conversas que tiveram, aos presentes anônimos e às vezes que ela seguia o garoto com sua caminhonete branca para encontrá-lo "por acaso". As amigas de Joy, assim como seus irmãos e irmã, também se envolveram na conspiração inofensiva e, aparentemente, inútil. Para comemorar o aniversário de vinte e um anos de George, Joy e Bobby encheram vinte e um balões com gás hélio e os amarraram a uma árvore, planejando fotografá-los para fazer um cartão de aniversário personalizado. Infelizmente, descobriram mais tarde que haviam inserido o rolo do filme ao contrário na câmera. Era um drama adolescente e tanto, mas a indiferença de George (com exceção das interações educadas que tinha com ela em poucos encontros sociais) era uma fonte de dor e frustração para Joy.

Ela era uma garota bonita. Tinha olhos castanhos, um rosto oval e delicado e cabelos castanhos lisos e compridos. Ria com facilidade — uma risada rouca e contagiante, que emprestava ao seu rosto feições de um entusiasmo que denunciava falta de preocupação e até mesmo certa vulnerabilidade.

Ela tinha dificuldade de controlar o peso. Seu diário de adolescente é cheio de promessas quebradas de começar mais uma dieta drástica. Joy tinha uma personalidade cuidadora. Ela crescera com um senso forte e desenvolvido de responsabilidade a respeito do bem-estar dos outros, especialmente da família. Assim que aprendeu a dirigir, tornou-se a motorista da casa, não apenas para a mãe mas também para os irmãos, inclusive quando eles já tinham habilitação e seus próprios carros.

Por ser uma pessoa que gostava de presentear, ficava magoada quando seus presentes não eram retribuídos. Ela tinha uma rixa de irmãos com Ed, que se interessava mais por esportes e pelos amigos fora de casa. Certa vez, quando toda a família foi a um show musical, ela ficou magoada porque, assim que chegaram lá, Ed desapareceu com os amigos. Ela escreveu no diário: "Mamãe chamou o Ed de canto e disse alguma coisa sobre ele ser mal-educado. Daí eu disse: 'Bom, Ed, por que você se importa? Já tem seu ingresso mesmo'. Ele disse alguma coisa debochada e foi embora com os amigos de novo".

*

As preocupações de Joy em relação a Bobby eram mais sérias. Em algum momento após seu aniversário de dezessete anos, em junho de 1980, Bobby começou a ter contato com outros homens gays. Sua primeira experiência sexual foi com um homem que conhecera em um supermercado de Walnut Creek. Conforme Bobby contou depois para sua amiga Andrea, ele foi até a casa do homem e os dois transaram no chão da sala de estar. Então, Bobby começou a receber ligações dos seus amigos homens. Ele desaparecia aos fins de semana e ia a festas que viravam a noite. Geralmente, para evitar os sermões da mãe, mentia sobre os lugares onde estivera.

Para Joy, a orientação sexual de Bobby era menos preocupante do que a noção da promiscuidade gay, que ela enxergava como suja, imoral e, o pior de tudo, potencialmente perigosa. Ela se preocupava com a segurança do irmão. E, assim como a mãe, Joy lutava com seus julgamentos religiosos e morais.

Para Mary, essa nova fase de Bobby era ameaçadora ao extremo. Enquanto eles estivessem dividindo o mesmo teto, a situação poderia ser controlada, com medidas apropriadas sendo tomadas. Mas agora ele tinha um carro — um Nash Metropolitan ano 1950, que ele apelidara de "Pequena Joia". Os pais o tinham ajudado a comprar e Bob, a reformar. E agora os garotos estavam ligando, ocasionalmente aparecendo na porta para buscar Bobby. Mary era educada com quem ligava, não queria afastar o filho. Mas, por dentro, ela estremecia: não era para ser assim. Bobby precisava *querer* mudar para que a mudança acontecesse.

"O que Deus está fazendo?", ela pensava. "Por que Bobby quer sair com outros gays?"

Aqueles encontros com homossexuais não demonstravam desejo de mudança. Era obra de Satanás, ela estava convencida disso.

— Bobby, você não está se esforçando o bastante — ela costumava dizer. — Não está orando o bastante. Precisa ter mais fé.

— Tem razão, mãe — Bobby respondia. — Estou condenado a ser um marshmallow chamuscado na próxima vida.

— Não diga uma coisa dessas, Bobby.

— Bom, é isso que a sua maldita Bíblia diz!

— Isso é blasfêmia! A Bíblia também diz que as pessoas podem mudar.

— Mas e se elas não quiserem mudar?

— Para Deus, nada é impossível — Mary gritou.

Bobby grunhiu.

— Bobby, você pode até *pensar* que está fazendo o que é certo, mas isso não passa de mais uma obra de Satanás — disse Mary. — Sei que você não acredita de verdade que Deus criou o homem para se deitar com outros homens...

— Eu não sei mais por que Deus criou qualquer pessoa! — interrompeu Bobby. — E eu queria que as pessoas parassem de ficar de olho em tudo o que eu faço só para garantir que o pervertido da família vai passar mais uma noite trancado em casa.

Joy, já farta daquilo, interferiu.

— Tá bom, Bobby, pode sair por aí e perder a cabeça.

*

Bobby tinha uma partidária em Andrea Hernadez, uma amiga de escola da Joy que se apegara à família Griffith para afastar-se de sua própria família tóxica. Andrea passava a maior parte da semana na casa dos Griffiths, tendo chegado a morar com eles durante vários meses de 1981. Aspirante a artista, emocionalmente frágil e sujeita a sentir-se rejeitada e excluída, não demorou muito para que se aproximasse de Bobby, dois anos mais novo do que ela. Bobby contou a ela sobre sua sexualidade pouco tempo depois de a família descobrir.

Andrea presenciara inúmeras discussões. Em retrospecto, ela via Mary e Joy como uma "força de ataque religioso. Elas argumentavam com Bobby usando premissas pretensamente filosóficas, mas o que eu via era fanatismo, digressões religiosas e pregações que invadiam noite. Era como se elas estivessem arrancando a alma do corpo dele".

Bobby as enfrentava, mas Andrea podia ver que, lá no fundo, ele estava sucumbindo, pois acreditava em tudo que elas diziam. Ele não era páreo para a combinação entre os poderes de Deus e os da família, concluíra ela. Além de tudo isso, havia a sensação extenuante de que ele falhara com a família e consigo mesmo. Bobby estava se autodoutrinando, se tornando um soldado de infantaria, e aquilo a deixava furiosa. Ainda assim, e confusa com a própria sexualidade na época (anos depois, Andrea aceitou-se como mulher lésbica), ela era muito dependente da boa vontade dos Griffiths para sair em defesa de Bobby.

A raiva de Bobby ressoava em seu diário.

Ninguém me entende. Ninguém nessa casa quer aceitar meu lado da história. Cada um tem uma teoria diferente sobre mim, incluindo a solução para os meus "problemas".

Eu odeio tanto ser condenado. E é sempre pelo mesmo motivo, minha sexualidade. "Até os animais sabem como fazer certo", é a lógica da minha mãe. Bom, mamãezinha querida, você não sabe nem da metade. Por que eu sou do jeito que sou? Quem me dera saber. "Você pode mudar se quiser muito", eles dizem. "Não subestime o poder do Senhor". Caramba, como eles podem saber de qualquer coisa? O que dá a eles o direito de me dizer que vou queimar no fogo do inferno e estou condenado à danação eterna? Eles atribuem o meu "desvio" a uma natureza pecaminosa inerente. Bem, se é assim e foi Deus quem a me deu, não vou devolver! Eles acham que sou cego e idiota, mas eles estão errados. Eu me sinto bem com a minha rebeldia.

*

Aos dezessete anos, aluno do último ano do ensino médio no Colégio Las Lomas, Bobby, em seu modo rebelde, voltou-se contra a sua mãe e se tornou um garoto cada vez mais quieto e distante. No começo de 1981, ele pintou o cabelo de loiro ("para ver se loiros realmente se divertem mais") e se mudou do quarto que dividia com Ed. Organizou um quarto novo para si no sótão, construído pelo pai em um espaço minúsculo no topo da escada, entre os quartos de Joy, Nancy e Ed. Lá, ele passava muitas horas sozinho, acordado até tarde, só aparecendo para assistir na TV a filmes de Marilyn Monroe (uma alma machucada e infeliz com a qual ele se identificava).

Na noite passada, por volta das 2h da manhã, ouvi uma boca familiar cantando "That Old Black Magic". Era a Marilyn. Pulei da cama, corri para a sala e lá estava ela, tão grandiosa como a própria vida, em cores vivas. Ai, meu Deus, ela é tão deslumbrante. O filme era "Nunca Fui Santa". Um bom filme... Eu pude sentir exatamente a mesma frustração que ela sentia.

O colégio oferecia pouco alívio. Bobby se sentia excluído em Las Lomas também. Era um colégio suburbano típico, em uma área agradável de Walnut Creek, com boa reputação de ensino. Mas Bobby fez poucos amigos lá, e estava quase sempre sozinho. Obviamente, ele não tinha interesse em participar dos mesmos rituais de galanteio dos seus colegas de classe heterossexuais, mas morria de medo de ser exposto. A estratégia era tentar ser o mais invisível possível, embora ele expressasse sua individualidade de formas mais sutis, como em suas roupas, por exemplo.

"Tenho uma relação agridoce com Las Lomas", ele escreveu no começo de 1981, o último ano de ensino médio.

Às vezes eu o odeio e às vezes gosto de verdade. Hoje, eu gostei. Usei meu sapato de mocassim e vesti jeans de cintura alta, com uma camisa de mecânico — ERNIE era o nome no crachá bordado. E, além disso tudo, fui com meu novo/velho casacão que se parece com aqueles que o Sherlock Holmes costumava usar. Sei que as pessoas me acham esquisito, esquisito, esquisito! Mas é exatamente isso que eu quero.

Estou no segundo período agora. "Literatura Mundial". Óbvio que fico sentado sozinho no canto. Ninguém nem ousa chegar perto de um esquisito como eu! Esses alunos idiotas! Às vezes eu simplesmente não entendo. Ah, bom, posso sempre me manter entretido com fantasias sobre a Marylin.

Uma secretária do colégio, Grace Lewis, fez amizade com Bobby e sempre se dispunha a escutá-lo. Ela o via como uma alma atormentada, profundamente infeliz. Bonito, quase lindo, nada atlético e solitário, Bobby se encaixava no padrão de garoto estranho, uma posição mortal no sistema social implacável do ensino médio. Embora não fosse descaradamente efeminado, ele evidentemente contrastava com seu irmão mais velho, que aproveitava todos os benefícios da posição de atleta. Bobby se tornou alvo de comentários agressivos de alguns colegas de classe; comentários que questionavam sua masculinidade.

Ou Bobby se revelou para Grace Lewis ou ela descobriu de outra forma; seja como for, ela estava tão preocupada com o rapaz que arranjou aconselhamento para ele junto a um professor que ela sabia ser gay. Não havia (e ainda não há) aconselhamento formal para alunos gays em Las Lomas. O professor se esforçou, até mesmo apresentando Bobby para outro aluno gay, mas o estrago no relacionamento de Bobby com o colégio já não tinha mais conserto.

Suas notas caíram, suas redações ficaram mais desleixadas, e Bobby se voltava cada vez mais para o diário.

A raiva nunca entra em erupção... Minha natureza tímida nunca permite que uma tempestade aconteça, mas ela está lá, assombrando o horizonte em silêncio... Às vezes o sono é meu único refúgio, e ainda assim é invadido por pesadelos que interrompem o único tempo de paz e silêncio que eu tenho.

Posso sentir os olhos de Deus sobre mim, cheios de pena. Só que Ele não pode me ajudar, porque eu escolhi uma vida de pecado em vez de uma vida correta.

Seu humor vacilava entre depressão e grandiloquência. "É muito estranho, mas, apesar da minha aparência sombria, ainda sinto que um dia, talvez muito em breve, eu possa ter sucesso", escreveu ele no começo de março.

Menos de um mês depois, a semanas da formatura, Bobby saiu do colégio e só contou para os pais dias depois.

— Bobby, você não pode ser um desistente — protestou a mãe.

— Bom, eu serei, porque acabei de sair da minha última aula.

Os pais decidiram que seria inútil tentar forçá-lo a voltar para o colégio.

"Não vou me formar em junho", ele escreveu no diário, embora o anuário já estivesse pago e a beca de formatura, reservada. De fato, sua foto apareceu junto com as demais da turma de formandos, com uma citação de George Bernard Shaw que, aparentemente, fora escolhida pelo próprio Bobby: "Não siga na direção para a qual leva o caminho. Em vez disso, vá para onde não há caminho e abra uma trilha".

No diário, ele contou: "Estou triste com isso... Me demiti do trabalho e, basicamente, desisti da vida comum de suburbano. Nesses últimos dias, tenho esperado as horas passarem, sonhando acordado e me sentindo cada vez mais e mais solitário". Na verdade, ele não estava tão ocioso assim. Começara a correr diversas vezes por semana até Alamo, uma cidadezinha a oito quilômetros de distância. "Sinto uma certa realização quando corro. Como se minha vida valesse de alguma coisa". Ele se pegava acordado até as primeiras horas da manhã, assaltando a geladeira depois que todos já estavam dormindo. Então, ficava na cama até as dez ou onze horas do dia seguinte.

O Bob normalmente plácido — classificado pelos especialistas que Mary consultara como exemplo masculino essencial e incentivado pelas admoestações constantes da esposa — fez um esforço especial para desenvolver algum tipo de relação pai-filho, com resultados ridículos.

Bob foi com Bobby a uma exposição de arte. Eles tentaram desenvolver um interesse mútuo por fotografia. Escalaram juntos o Monte Diablo, uma colina adorável não muito longe de casa. Esse passeio foi um desastre, marcado pelo silêncio ou por conversas engessadas na maior parte do tempo. Bobby falou sobre querer ser escritor. Bob, com sua ética de trabalho tradicional, tentou traçar planos de carreira mais promissores para o filho. Bobby se distraiu, desinteressado em pensar a longo prazo. Bob se sentia brincando de ser pai. Bobby, aparentemente, sentia o mesmo. Os dois ficaram em silêncio, concordando sem dizer palavras que todo aquele esforço era inútil.

Daí em diante, o abismo entre os dois só cresceu: as interações se tornaram formais, inconstantes, constrangedoras. Para Joy, hipersensível às tensões familiares, foi horrível. "Bobby não suporta (às vezes) ficar perto do meu pai", escreveu ela no diário. "Vou jejuar até que Bobby e papai consigam demonstrar amor um pelo outro... Sei que consigo porque vou fazer pelo Senhor, por Bobby e por papai. Não vou parar até que o relacionamento deles esteja 'renascido', consertado, inteiro".

Aquilo não parecia provável. Bobby se sentia cada vez mais desconfortável na presença do pai e, na verdade, confidenciou no diário que aquela condição já existia há muitos anos.

Hoje de manhã eu ia sair da cama e ouvi meu pai no andar de baixo, então fiquei quieto até ele ir embora. Me lembrou de quando eu era pequeno e, na mesa do café da manhã, eu construía uma barreira entre meu pai e eu com a caixa de cereal e a garrafa de leite, depois fingindo que ele não estava lá.

Enquanto procurava sem sucesso por um emprego, Bobby chegou a cogitar alistar-se na Força Aérea ou até mesmo nos Corpos da Paz. Mary desencorajou tal ideia, preocupada em segredo que ele seria desmascarado como gay. Bobby preenchia suas horas com meditação e fantasias.

Se eu pudesse ter uma única coisa neste mundo, qualquer coisa, eu escolheria um homem lindo que me amasse. Só para ter um homem bonito me abraçando, me beijando com delicadeza... Sonho acordado com o dia em que estarei passeando pelo mercado ou em um parque e, do nada, esse homem dos sonhos vai aparecer, nossos olhos irão se encontrar e seremos felizes para sempre. Uma pena eu ser um romântico incorrigível. Nunca vai acontecer desse jeito. Nem sei se quero tanto assim, pra começo de conversa.

Apesar dos seus desejos, os relacionamentos românticos de Bobby eram geralmente breves e passageiros. As chamas eram intensas, mas se apagavam muito rápido. Ele perdia o interesse ou desistia quando as coisas ficavam sérias por parte do outro. Os relacionamentos eram condenados ou pela culpa de Bobby ou pelo ódio que nutria por si mesmo, que ele expressava ao tratar com indiferença qualquer pessoa que fosse estúpida o bastante para se importar com ele.

Domingo, 2 de maio. O que aconteceu foi muito inocente e ainda assim me sinto culpado por tudo. Fui a uma festa ontem à noite. Menti para todo mundo e disse que era em Orinda, quando na verdade era em Berkeley. Também disse que a festa seria dada por um dos meus amigos héteros. Ah, as mentiras ardilosas que eu conto! Enfim, conheci muitas pessoas interessantes, uma em particular. Ele era alto e as feições de garoto, fofas. Então ele me levou a todas as boates de São Francisco, o que, por si só, já é uma experiência inesquecível. Nossa primeira parada foi no "Cavalo Branco", um barzinho decadente em Berkeley. Depois, fomos ao I-Beam (em São Francisco). Uma discoteca enorme e reluzente, com chão escorregadio... S. é uma pessoa legal. Depois de dançarmos a noite inteira, paramos no píer. Estava tudo tranquilo e silencioso. Só o som das ondas quebrando e das gaivotas piando. Mas eu não estava no clima nem com cabeça para aproveitar o momento, porque já eram cinco da manhã. Sabia que tinha cometido um erro ao ficar fora até tão tarde. Eu sinto muito, pois sei o quanto minha mãe e os outros se preocupam comigo. Não deveria fazer isso com eles. Eles não merecem.

Enfim, estacionamos e fizemos o que a maioria dos casais faz em carros estacionados. Nada demais, coisa inocente de criancinha, mas ainda assim me senti tão imoral. Finalmente cheguei em casa às 8h da manhã e, para minha surpresa, não houve tantos problemas. Mas acho melhor dizer que "ainda" não houve. Eles devem estar tramando alguma coisa. Especialmente a Joy. Ela sabe de cada passo que eu dou. Consegue enxergar por trás das minhas mentiras esfarrapadas. Mas o que eu quero dizer é: por que eu preciso mentir, afinal?

Joy, sempre a cuidadora, ficava de olho e nutria sentimentos conflitantes. Ela odiava quando Bobby mentia e, ao mesmo tempo, se perguntava por que ele sentia necessidade de mentir.

— Vocês me obrigam a mentir — ele dizia.

— Não diga besteiras! — ela respondia. — Se nós o levamos para as festas, não há motivo para você mentir e ir para outro lugar. Não é como se eu e a mamãe disséssemos "não faça isso" ou "não faça aquilo". Só que, quando você não volta para casa, morremos de preocupação.

Suas convicções nunca foram tão severamente cristãs quanto as da mãe, mas ela temia que Bobby estivesse condenado a ser infeliz. Ela tinha dificuldade de enxergar como aquele estilo de vida poderia se encaixar nos padrões a que ela estava acostumada. Às vezes, ela deixava escapar comentários de ódio.

— Espero que você encontre um cara legal, Bobby — disse ela certa vez, com toda a sinceridade. — Mas sua vida será muito solitária. Você não poderá vir com o seu namorado para o Natal nem para o Dia de Ação de Graças nem nada do tipo. Já imaginou o que a Vovó diria?

Joy conseguia irritar Bobby. "Eu odeio a Joy", ele escreveu no diário, em um tom pitorescamente melodramático.

Quero arrancar os olhos dela com um bisturi afiado. Espero que ela morra gorda e sozinha. Ela me machuca tanto. Odeio todo mundo, mas, no momento, odeio muito mais a Joy. Quando ela vem com aqueles comentários dela, abre feridas sangrentas muito, muito profundas em mim. Nunca vão sarar... Se qualquer pessoa disser qualquer coisa para mim daqui em diante, vou tentar ao máximo acabar com a conversa usando minha voz e escolhendo as palavras certas.

Aqueles momentos passavam, deixando a essência do afeto entre os irmãos intacta. Mas, para Bobby, o contraste com os dias do passado era palpável; os dias em que irmãos, irmãs e pais pareciam unidos por um laço indestrutível. Algo havia mudado irrevogavelmente. Bobby era amado, mas simplesmente não estava bem. Para ser aceito e aceitável, ele precisaria mudar. Na época, ninguém percebeu que talvez a mudança devesse partir da família, e não de Bobby.

Outra ironia que passava despercebida por todos era o contraste entre o modo como eles reagiam aos esforços sem fim de Joy para ficar com o jovem George e as reações de desaprovação em relação às explorações adolescentes de Bobby.

Mary, de fato, sentia vergonha de ter um filho gay. Certa vez, ele chegou no lugar de Joy para buscá-la em um almoço com as amigas. Mary o viu entrando e praticamente saiu correndo com ele porta afora. Ela morria de medo de que a orientação sexual de Bobby pudesse, de alguma forma, ser percebida.

Apesar das diferenças entre Bobby e Joy, eles conviviam harmoniosamente. Com Joy, ele não precisava esconder que era gay e, de sua parte, ela não ficava o tempo todo passando sermão no irmão por causa disso. Na verdade, Bobby podia desabafar com ela, conversar sobre suas inseguranças e comparar seus relacionamentos com a perseguição a George, o garoto dos sonhos da irmã.

Eles se divertiam quando passeavam juntos. Não havia nada de que Joy gostasse mais do que tomar o volante da caminhonete e sair estrada afora com algum irmão ou a irmã ao seu lado. A avenida principal de Walnut Creek era parada obrigatória nos fins de semana para os jovens da cidade, uma versão do filme *Loucuras de Verão* na vida real. Certa noite, em um fim de semana, Bobby vestiu Joy com algumas das joias da Vovó, inclusive várias zirconitas grandes, um vestido de época e um turbante amarrado no cabelo. Eles pegaram a "Pequena Joia" vermelha de Bobby e dirigiram até o centro. Lá, Joy esticou a cabeça para fora da janela, chamando a atenção e cumprimentando a todos com um "boa-noite" pomposo. Eles se divertiram demais.

Joy amava os animas. A família tinha galinhas, gatos, cachorros — e cabras. Ela comprou três cabras e bodes para iniciar uma criação, aumentando a família que vivia no quintal: Esther, Sweepea e Clyde e, mais tarde, Bucky e Bud. Bobby a ajudava a alimentar os animais, ou saía para passear com Joy, levando Esther na coleira (Joy até treinou Sweepea para usar a caixa de areia).

Em um dia típico, eles assistiam a reprises de *A Família Brady*, jantavam e depois iam até o centro da cidade ou ver o Ed jogar beisebol. Apesar de sua melancolia, Bobby tinha momentos de entusiasmo. Quando estava com Joy, ele amava personificar estrelas do cinema, imitando exageradamente as falas de Crawford ou Davis, divertindo-se com a atitude extravagante das atrizes. "Apertem os cintos, meus amores. Esta será uma noite agitada". A frase o fazia gargalhar e jogar a cabeça para trás em um êxtase momentâneo.

Às vezes, Bobby acompanhava Joy em suas perseguições de carro a George (ele também achava George atraente); em algumas ocasiões, ela ia com ele a bares gays. Certa vez, eles vasculharam Berkeley e partes de São Francisco atrás de um rapaz por quem Bobby se interessara. Na Polk Street, em São Francisco, uma via popular e meio decadente onde os gays se reuniam, Joy viu casais do mesmo sexo se tocando pela primeira vez, beijando-se até. A visão de duas lésbicas trocando carícias abertamente foi particularmente chocante para ela.

Joy encarava aquelas saídas como uma aventura similar a qualquer outra, mas se sentia triste ao ver o lado que ela considerava decadente da cena gay. Ela desejava que seu irmão conhecesse pessoas jovens com educação similar à sua, interessadas em artes e outras atividades culturais.

Na primavera de 1981, ela escreveu em seu diário:

Nancy, Wesley e Bobby estão aqui no meu quarto. Estamos ouvindo a música "Bette Davis Eyes", de Kim Carnes. Bobby está procurando emprego. Ele diz que as suas escolhas de vida variam de um dia para o outro. Na noite passada, ele foi a Berkeley para ver "Alice no País das Maravilhas". Ele chegou à meia-noite. Saiu entre 6h30 e 7h vestindo uma camisa de boliche, aquela azul clara com o nome dele estampado: Bob. Ele a comprou em um brechó do Exército da Salvação, em Pleasant Hill, junto com uma gravata preta bem fina, jeans da Levi's e um par de tênis da Nike.

A vida do Bobby parece estar indo bem. Quando lembro de fazer minhas orações, ele está SEMPRE no topo da lista. Bobby é um bom garoto, só um pouco confuso e, provavelmente, desviado do caminho do Senhor. E quando ele começa a falar com os amigos, eles o fazem acreditar que nós temos a cabeça pequena, a mente limitada. Que palhaçada.

Isso fora escrito um mês antes do aniversário de dezoito anos de Bobby. As passagens daquele período no diário dele deixam claro que sua vida não estava indo nada bem. Suas observações refletiam o estado emocional de alguém sem rumo. Ele tinha uma mente sagaz; era inteligente o bastante para compreender a ironia do próprio dilema e para juntar toda a força de vontade possível para sair daquela situação. Mas a garra e determinação de Bobby eram sabotadas por sentimentos sufocantes de culpa, pecado e autocrítica. A combinação desses fatores o mantinha em um estado depressivo muito mais intenso do que sua mãe, ou qualquer outra pessoa, imaginava. Assim estavam as coisas na vida de Bobby entre pouco tempo antes de seu décimo oitavo aniversário e a primeira metade após o décimo nono:

1 de maio. Você realmente sabe o que fazer para se sentir infeliz, sabia? Uma metade de você despreza o mundo e a outra tenta com todas as forças ser parte dele... Você deve sentir uma necessidade de se autopunir. É por isso que faz as coisas do jeito que faz? Pergunte a si mesmo o seguinte: eu mereço mesmo ser punido? E a pior parte é que você sabe exatamente como punir a si mesmo... Quando vai ficar satisfeito? Por que você não se mata e acaba com tudo isso logo? Porque é isso que você está fazendo, no fim das contas. Só que de um jeito mais lento e mais doloroso.

5 de maio. Preciso sair da cama às 6h30 e cá estou eu assistindo a um filme da Ethel Kerman, comendo biscoito e bebendo Pepsi. Meu Deus, que combinação! É 1h30, e por volta deste horário na madrugada eu sempre fico muito filosófico. Estava me perguntando se a humanidade não seria mais feliz se não sentíssemos atração sexual. Os bebês seriam cultivados em estufas, como se fossem tulipas; alguns com olhos azuis, outros com verdes, castanhos. Os homens não precisariam matar uns aos outros por causa das mulheres e as mulheres não precisariam matar umas às outras por causa dos homens. Ah, e vice-versa, se é que me entende.

As pessoas gostariam de outras pessoas por causa da beleza interior e de qualidades admiráveis, como honestidade e lealdade... Por que Deus não inventou um jeito mais simples para a humanidade se reproduzir?

23 de julho. Acho que só escrevo quando estou deprimido. Agora, eu só queria... Só queria morrer... Fico aqui sentado, ruminando e me perguntando quem está lá em cima observando essa porra toda. Será que tem alguém? Duvido muito. Às vezes fico tão furioso que tenho vontade de gritar alto o bastante para Deus me ouvir: "Mas que porra você acha que está fazendo com a bunda sentada aí em cima, só observando essa bagunça maldita que você mesmo criou aqui embaixo?". Mas acho que o grito só ecoaria no vazio por aí, quicando de uma nuvem para outra sem ninguém para escutar.

27 de setembro. Ontem à noite fui a uma festa em Berkeley. Tudo estava indo maravilhosamente bem, até uma outra bicha começar a dar em cima de mim. Nossa! Eu nunca, nunca sei como reagir... Enfim, como sempre, não consegui dizer não, e o resto não é história... Acho que na hora eu racionalizei que ele me queria de verdade. Quer dizer, ele não parava de insistir, então eu pensei: "Dá só uma casquinha pra ele". E talvez ele o deixe em paz. Meu Deus, ele era nojento, e a pior coisa é que garotos não conseguem fingir tão bem quanto as garotas.

27 de setembro. Ed está infeliz com a minha situação. Ah, ele tenta esconder, mas consigo ver que por dentro ele se rasga ao ver meu lado "carnal" se desenvolvendo. Mas o que eu posso fazer? Sei lá.

29 de setembro. Não fui trabalhar hoje porque minha garganta está inflamada. Li em um livro que é possível pegar gonorreia pela garganta. Espero que não seja isso. Seria horrível, de verdade. Estou com medo, e não há ninguém a quem eu possa recorrer.

13 de outubro. Hoje é aniversário da "mamãezinha". No bolo dela está escrito: "Feliz Aniversário, Mamãezinha Querida". Uma piadinha. Ha ha (a piada incluía a imagem de um cabide desenhada no bolo).

14 de dezembro. Sou muito azarado com garotos. Até agora só conheci caras enrolados. Mas não deveria reclamar, porque também sou muito enrolão. Enfim, teve o Jose, com quem eu não consegui me empolgar. Depois o Enri, que eu acho ser o tipo de cara que diz que te ama e vai embora. Ele se cansou de mim depois do nosso terceiro "encontro". Na real, eu nem ligo, porque no terceiro encontro eu já estava começando a ver como ele era babaca. Meu Deus, por que não consigo encontrar um garoto fofo e sensível? É só isso que eu quero.

20 de dezembro. O Natal está quase chegando. Mas eu nem percebi. Parece mais o Dia da Marmota ou qualquer outro feriado com o qual ninguém se importa.

3 de janeiro, 1982. Às vezes, durante a noite, fico nervoso e não consigo dormir. Sinto que meu cérebro está se revirando no meu estômago. Estou confuso e, como resultado, não consigo identificar meus sentimentos. É como se todos eles estivessem aqui, porém vendados. Eles esbarram uns nos outros dentro da minha cabeça e eu vou ficando cada vez mais confuso. Queria que a vida fosse em preto e branco, como nos filmes antigos. Tudo nítido e focado. Às vezes sinto que minha vida é muito frágil e a qualquer momento pode se apagar, como a chama de uma vela soprada de repente. Só queria alguém que me protegesse.

Na maior parte do tempo, me sinto muito deslocado... Odeio me sentir assim. Alguma vez você já se sentiu como uma pessoa intelectual que, por ter um lado idiota, perdeu os óculos e por causa disso passa pela vida tropeçando? Acho que essa é uma pergunta bem esquisita. Você me ama? Me ama mesmo? Me diz o quanto. Eu te amo.

CAPÍTULO 7
A CURA

Mary, 1985

Mary sabia que havia embarcado em uma jornada sem destino certo. Tudo em que ela sempre acreditara estava desordenado, como uma série de *post-its* que deveriam ser reorganizados de uma maneira nova. Ela não fazia ideia para onde o caminho a levaria, só sabia que estava indo, motivada pelo desejo de entender.

Ela estava incomodada por ter notado que a Bíblia não dizia nada que confirmasse o lugar de seu filho na criação de Deus. Por toda a vida, ela considerara a Bíblia a própria palavra de Deus. Agir em conformidade com ela trazia segurança e conforto; fugir da palavra trazia castigo — uma verdade tão certa quanto o passar dos dias. Mais de um ano depois da morte do filho, ficou claro para ela que, se quisesse encontrar significado para a vida de Bobby, teria de procurar além.

Nervosa, ela se voltou para um livro que ganhara do próprio Bobby, *Amando alguém gay*, escrito por um psicólogo da Califórnia chamado Don Clark. Ela tinha começado a lê-lo na época, mas rapidamente largou-o, como se fosse uma batata quente. Pareceu-lhe repulsivo, uma apologia satânica a um pecado mortal.

Agora, ela sentou-se com o livro, e o que leu a atingiu em cheio.

Antigamente, em algumas culturas, as pessoas selecionavam os jovens mais bonitos e talentosos da comunidade e, em uma cerimônia, atiravam-nos dentro de vulcões ativos como oferendas para agradar aos deuses furiosos... Ainda hoje, há pais dispostos a sacrificar seus lindos filhos gays para apaziguar o deus da conformidade... Sinto-me compadecido por esses pais que quebram a ligação sagrada e se afastam dos braços abertos de um filho ou uma filha...

Alguns jovens submergem na religião, dispondo-se a ser boas pessoas 24 horas por dia, e sofrem de surtos emocionais inexplicáveis... Não são poucos os que cometem suicídio. Quando sua autoestima já ferida pela autocrítica é atingida duramente por rótulos terríveis autoaplicados, uma parte do indivíduo que era anteriormente valorizada é assassinada... A fúria se volta para dentro. Essa fúria mal dirigida oferece energia para que uma pessoa emocionalmente esgotada finalmente puxe o gatilho ou faça o nó na corda. Esse suicídio é uma vergonha que nós, que representamos a sociedade em que ocorreu, devemos aguentar.

Para sobreviver, uma pessoa gay deve aprender que não pode aceitar permissivamente quaisquer noções preconcebidas, mesmo que sejam oferecidas por autoridades respeitáveis, como pais, igreja, governo ou grupos políticos revolucionários... Para uma pessoa gay, confiar em qualquer conjunto de valores culturalmente apresentados é suicídio — com frequência, literalmente.

Sob essa perspectiva, os papéis de Mary e Bobby se invertiam: se Clark tivesse razão, sua imposição dos valores bíblicos como única retidão verdadeira estava totalmente, tragicamente errada, e os esforços de Bobby para se aceitar como gay — incluindo o gesto de dar aquele livro para a mãe — poderiam estar desesperadamente certos. As implicações causaram calafrios em Mary. Ela se perguntava se aquele livro havia ajudado Bobby. Talvez fosse tarde demais. *Ele queria que ela o tivesse lido.*

Pouco tempo depois, ela sonhou com Bobby. Ele estava no canto esquerdo do campo de visão do sonho, parecendo atormentado. Bobby não parava de apontar para um livro velho e desgastado.

Ele pedia a ela que encontrasse uma página, e depois de procurar por um tempo Mary a encontrou. Tudo o que a página dizia era: "Deus é bom". Mary acordou com o pensamento de que, se Deus fosse bom, não faria todas aquelas coisas terríveis que a Bíblia dizia. Ele não poderia ser um Deus de fúria e vingança. Não poderia dar as costas para Bobby. No sonho, Bobby não conseguia entender por que Deus queria causar tanta dor.

Ela pensou sobre o sonho e analisou o livro sagrado com um olhar crítico desta vez. Releu Deuteronômio 21:18-21. "Se alguém tiver um filho contumaz e rebelde, que não obedece à voz de seu pai e à de sua mãe e, ainda castigado, não lhes dá ouvidos, seu pai e sua mãe o pegarão, e o levarão aos anciãos da cidade, (...) e lhes dirão: Este nosso filho é rebelde e contumaz, não dá ouvidos à nossa voz. (...) Então, todos os homens da sua cidade o apedrejarão até que morra; assim, eliminarás o mal do meio de ti."

Apedrejar um filho rebelde até a morte? Mary pensou muito sobre essa ideia conflituosa, lembrando-se de que Moisés subira o monte, conversara com Deus e retornara para o povo portando as Leis, que incluíam aquela diretriz. Porém, quando Deus falou diretamente com Moisés, ele certamente lhe deu o benefício total de sua sabedoria e conhecimento infinitos. E o profeta seguramente conhecia melhor a natureza humana do que aquele versículo mostrava. Crianças têm suas vontades, que tentarão impor à vontade dos pais. Mas pensar que Deus mandaria matar uma criança que fizesse isso? Mary se viu dizendo em voz alta:

— Eu não acredito nisso.

A partir de seu novo modo de agir, agora mais analítico, Mary começou a notar outros trechos em que a Bíblia parecia bárbara e desumana. Na história de Eliseu, conta-se que alguns garotos provocaram o profeta por ele ser careca. Eliseu, então, ordenou que duas ursas devorassem quarenta e duas crianças. Atos como esse, agora ela percebia, eram dignos de um sociopata. Ainda assim, Matthew Henry, em sua versão anotada da Bíblia, absolve Eliseu, chamando o ato de "impulso divino".

Ela sentia que a beira de um precipício se desmanchava sob seus pés, sentia que estava prestes a cometer alguma heresia. Ela ansiava pelo conforto da fé incondicional, mas não tinha como voltar atrás. Isso a apavorava.

Em especial, a história de Sodoma e Gomorra a assombrava, devido à condenação taxativa e à vingança selvagem envolvidas. Aquele era o Deus com o qual ela crescera. O Deus que matava sodomitas. O Deus sem misericórdia. O Deus que não só podia permitir como permitiu que Bobby morresse.

Mary percebeu que chegara tão longe quanto seria possível sozinha. Ela precisava de auxílio teológico especializado. Mas a quem ela poderia recorrer? A igreja tradicional não era mais uma opção. Havia uma pontada de ironia naquilo tudo: alguns anos antes, ela estava desesperada para fazer com que Bobby se moldasse a um padrão rígido. Agora, com a mesma determinação, ela buscava um contexto que validasse seu filho exatamente como ele era.

Ela se lembrou da Igreja Comunitária Metropolitana, a igreja gay. Havia uma filial em Concord, a cidade mais próxima ao norte. Bobby chegou a ir até lá algumas vezes, o que a deixara desconcertada. A ideia de supostos pastores usarem o nome de Deus para justificar a homossexualidade a atormentava: era obra do diabo.

Mas agora ela precisava de ajuda, e a ICM, no fim das contas, era uma igreja. Se pessoas gays haviam encontrado um modo de conciliar sexualidade e religião, ela queria saber como foi isso. Buscou na lista telefônica até encontrar o número. Discou, com as mãos trêmulas, e desligou logo depois do primeiro toque. Ligou mais uma vez, entrou em pânico e desligou de novo. Então, pela terceira vez.

— ICM. Posso ajudar?

— Eu... eu gostaria de falar com o ministro.

— Um momento, por gentileza. O reverendo Whitsell a atenderá em instantes.

Quando Larry Whitsell atendeu, Mary disse:

— Sou mãe de um filho gay — ela hesitou. — Ele se matou.

— Sinto muito por isso — respondeu Whitsell. — Infelizmente, há muitos casos dessa natureza.

— Sim. Eu... Queria saber se posso ir até aí para conversar. Tenho pensado muito e...

— Mas é claro — ele interrompeu.

Os dois marcaram um horário e Mary soltou um suspiro aliviado.

Larry Whitssel era ativista gay há dezoito anos, doze deles junto à IMC, na qual era pastor há sete. Ele presidia uma congregação composta, em sua maioria, por profissionais gays e lésbicas ainda enrustidos, que viviam discretamente no tranquilo ambiente suburbano dos arredores de Concord. Aquela paz estava prestes a acabar.

Quando Mary ligou para Whitsell, ele estava concentrado em uma polêmica envolvendo o suicídio de um jovem gay negro no estacionamento da rodoviária local. Concord estava prestes a se tornar um campo de batalha improvável entre religiosos conservadores de extrema direta e centristas moderados por causa da questão dos direitos civis para gays — uma luta que se espalharia pelo país inteiro ao longo da década seguinte.

Ed levou Mary à Igreja Comunitária Metropolitana, cuja sede ficava em um antigo chalé de madeira na avenida principal de Concord. A igreja consistia em uma sala de estar, onde havia sido erguido o púlpito, e dois ou três escritórios pequenos nos fundos. Ela entrou tremendo. Mary esperava que Whitsell parecesse ou agisse de maneira diferente das pessoas "normais", e aquilo a deixava desconfortável. Mas quando apareceu para cumprimentá-la, vestindo roupas casuais, pareceu-lhe bem normal: esguio, estatura mediana, cabelo castanho e barba. Sua aparência tranquilizou-a. Eles se sentaram no escritório e beberam café. Durante a maior parte do tempo, ele apenas escutou, enquanto Mary contava sua história.

A conversa durou três horas. Ela reconhecia que tinha feito algo de errado. Mas o que era o certo?

Ela não contava com orientação alguma. A igreja de Mary não oferecia ajuda nenhuma sobre o assunto. Ela só possuía, a bem da verdade, seu conhecimento limitado.

— Eu fiz muita coisa errada — disse ela, chorando. — E olha o que aconteceu com o meu menino!

Whitsell tentou confortá-la, mas Mary buscava mais informação do que empatia. Ela queria saber mais sobre Sodoma e Gomorra. Como ele, na posição de pastor, podia justificar a homossexualidade tendo em vista o que acontecera naquelas cidades? Como ela poderia ficar em paz com as lembranças do filho, sabendo que havia tanta condenação sobre ele?

Whitsell falou sobre a visão moderna da história de Sodoma e Gomorra, uma história que, conforme ele apontou, fora repassada de forma oral antes de ser registrada no livro de Gênesis. Estudantes progressistas da Bíblia interpretavam que o pecado das cidades era a falta de hospitalidade, e não a sodomia. Nos tempos bíblicos, recusar acolhimento era um rompimento extremo do contrato social. O fato de os moradores locais terem ameaçado os anjos — de estupro, assassinato ou qualquer outro ato violento — foi, de acordo com essa visão, o pecado essencial de Sodoma, o estopim para a ação de Deus. Naquela época, em que a atividade homossexual consensual não existia como uma "condição", qualquer tipo de estupro teria sido visto como um desvio ameaçador para a sociedade — uma abominação, o ato mais extremo da falta de hospitalidade.

Só depois da era de Cristo que o pecado de Sodoma foi relacionado à prática homossexual, explicou Whitsell. Os historiadores romanos Fílon e Josefo, escrevendo no século I d.C. — um período de grande turbulência moral —, foram responsáveis por ligar a história de Sodoma (que ocorrera dois mil anos antes) aos excessos dionisíacos da época em que viveram. Essa interpretação acabou por ser adotada pelos padres da igreja católica, fixando-se a tradição dali em diante.

Mary ficou impressionada. A existência de uma interpretação alternativa da Bíblia era, por si só, uma grande revelação. Por que, então, essa interpretação não era conhecida por ela e seus colegas de igreja? Sim, tal visão não seria aceita pelos tradicionalistas, mas por que a esconder? Ela se sentiu traída, achava que a igreja deveria ter obrigação de falar sobre aquilo. Que outras coisas mais poderiam existir sem que ela tivesse conhecimento algum a respeito delas?

Ela marcou uma segunda reunião com Whitsell, e uma terceira. E, depois, concordou em ir a um dos cultos.

A experiência a animou, pois lhe dava permissão para questionar a infalibilidade das Escrituras. Considere isto, ela pensou: esses homens, esses profetas, Moisés e os demais citados na Bíblia, eram mediadores. Os profetas não eram Deus; eles eram pessoas comuns que viveram em tempo e espaço diferentes.

Por exemplo, ela pensou, ninguém leva Deuteronômio 21 a sério hoje em dia. Ninguém em sã consciência condenaria uma criança rebelde a ser apedrejada até a morte. Há outras admoestações bíblicas que também não são mais observadas. Afinal, ninguém mais considera razoável, por exemplo, que os leprosos devam vestir roupas rasgadas e gritar "imundo, imundo!"; que o adultério com a esposa do vizinho seja punido com morte; que ter relações com uma mulher menstruada seja uma ofensa capital; que nenhuma roupa feita com fios de tecidos diferentes possa ser usada; que filhos ilegítimos não possam frequentar sinagogas; que um irmão deva se casar com a esposa de outro, caso este morra.

Portanto, a igreja não via mais muitas coisas como pecaminosas ou merecedoras da morte. Se era assim, por que a homossexualidade não estava entre aquelas coisas? De fato, a Bíblia impõe pena de morte para "homens que se deitam com outros homens", mas ela podia visualizar Moisés instituindo tal lei em nome da procriação — de modo a fazer a nação judaica crescer. Se a Bíblia for examinada no contexto do período em que foi escrita, como um documento escrito por homens *interpretando* a vontade de Deus, há margem para erro. O quanto Moisés realmente sabia sobre a sexualidade humana?

Aquilo era empolgante — e assustador. Ela estava indo muito rápido. Em um domingo, Joy levou Mary ao culto da ICM e esperou pela mãe do lado de fora. Ela não nutria interesse algum por uma igreja gay. Além do mais, ela não interpretaria as coisas a seu próprio favor, assim como as outras faziam? Joy estava começando a questionar as abordagens organizadas da espiritualidade. Porém, uma coisa boa vinha daquilo tudo: o ânimo de sua mãe estava voltando.

No templo, Mary percebeu de imediato que a maioria das pessoas ali tinha uma aparência totalmente "normal". Eram cerca de quarenta homens e mulheres reunidos naquele espaço pequeno. Todos bem-vestidos, provavelmente profissionais com boas ocupações. A congregação mesclada de homens e mulheres poderia se passar por qualquer igreja tradicional, não fosse pela presença de alguns casais do mesmo gênero de mãos dadas ou abraçados. A igreja usava a versão do Rei Jaime da Bíblia e Whitsell fazia a comunhão. Mary caminhou até o pequeno altar para receber pão e vinho.

Ela identificou um quê de camaradagem naquele espaço pequeno, um senso de unidade com o Espírito de Deus que a surpreendeu e comoveu. Precisou de mais algumas visitas para se dar conta de que aquelas pessoas estavam felizes naquele lugar por poderem conciliar sua natureza espiritual com sua orientação sexual, sem medo nem vergonha.

Ela destacou o fato para Larry Whitsell em uma das conversas que tiveram:

— Sabe, nunca senti com tanta força o espírito de amor em uma igreja antes.

— Muitas pessoas me dizem isso — respondeu ele. — As pessoas chegam aqui com o espírito sedento, desejosas de se conectar com o Divino. Elas tiveram de ser muito determinadas para manter esse desejo, considerando a hostilidade e a rejeição que a maioria enfrentou em suas igrejas anteriores. Então, o que acontece aqui é uma mistura de alegria e gratidão, uma redescoberta de que nós merecemos o amor de Deus, assim como todo mundo.

— Sabe, Bobby esteve aqui algumas vezes — Mary confidenciou. — Eu o aconselhava a não vir. Mas acho que ele parou mesmo de vir porque nunca se sentiu merecedor do amor de Deus. E nós não o ajudamos.

Conforme as conversas progrediam, Whitsell pôde perceber que Mary precisava de ajuda constante para lidar com aquela mudança turbulenta que estava enfrentando.

— Você já ouviu falar do P-FLAG? — perguntou ele.

Ela não sabia do que se tratava.

— É um grupo de atuação nacional — explicou ele. — A sigla significa "Parents and Friends of Lesbians and Gays" (Pais e Amigos de Lésbicas e Gays), e eles têm tido muito sucesso em reconciliar pais com seus filhos gays e vice-versa. Estão tentando organizar uma filial local. Acho que você aprenderia bastante com eles. Há uma mulher de Concord envolvida, ela se chama Betty Lambert.

Whitsell mediou um encontro entre Mary e Betty em meados de 1985. Betty Lambert, na época na casa dos sessenta anos, era uma viúva comunicativa e inteligente, baixinha e um pouco acima do peso, com dedos nodosos por causa da artrite. Tinha um filho gay de quarenta anos que estava com aids.

— Ele tinha catorze anos quando se assumiu para nós — ela contou para Mary. — Mas eu já sabia. Nós, mães, sempre sabemos, não é mesmo? Eu sabia que havia algo diferente naquele garoto tão especial. Naquele tempo, os anos sessenta, não havia ninguém para conversar sobre homossexualidade. O pai dele não queria nem ouvir falar a respeito. Mike finalmente encontrou um livro para mim, *Questão de família: um guia da homossexualidade para pais*. Ele e minha irmã foram comigo até o médico. O doutor olhou para mim e disse: "Sim, seu filho tem um problema emocional, é melhor procurar um psiquiatra". Mike ficou furioso. Por que ele precisaria de um psiquiatra?

Mary sentiu uma pontada de inveja. O filho de Betty tinha aids, mas estava vivo. "Ela aceita completamente o filho. Na verdade, parece ter orgulho dele", Mary pensou. "O que eu fiz pelo Bobby quando tive a oportunidade?".

Betty perguntou se Mary gostaria de participar de uma reunião do P-FLAG. Mary respondeu que sim. Elas dirigiram até a Igreja Luterana de Saint Francis, em São Francisco. "As reuniões são em uma igreja!", pensou Mary, maravilhada. No caminho até o local, Betty disse:

— Não se preocupe se estiver nervosa. Você tinha que ter visto a minha primeira vez. Olhei para a escadaria e pensei: "Não consigo!". Saí de lá, entrei no carro e fui embora. Então, dei meia-volta e retornei. E conheci pessoas maravilhosas.

Havia mais de vinte pessoas na reunião, pais e filhos. Os filhos, em sua maioria, eram adolescentes, no máximo chegando à casa dos vinte anos. Normalmente, vinham acompanhados das mães. A quantidade de pais era bem baixa. Pela primeira vez, Mary se viu em um grupo de pais que aceitavam, amavam e até mesmo honravam seus filhos gays e lésbicas. Ela ouviu uma família após a outra contando histórias sobre filhos saindo do armário, o choque da revelação, a rejeição inicial, a compulsão subsequente por mais informações e, por fim, a reconciliação.

— Finalmente me dei conta de que Sam continuava sendo a mesma pessoa de sempre: um garoto maravilhoso, talentoso e cheio de amor — uma mãe afirmou.

Outra, em meio às lágrimas, disse:

— Meu maior arrependimento é saber que ela precisou esconder de mim por tantos anos uma parte tão importante da vida dela. E ela tinha razão! Eu não estava pronta para ouvir.

Um rapaz jovem, de vinte e poucos anos, descreveu com voz embargada a emoção de marchar ao lado da família na Parada do Orgulho Gay.

— Nunca, nem nos meus sonhos mais absurdos, imaginei que esse dia chegaria: desfilar pela Rua do Comércio com meus pais e meu parceiro, de mãos dadas e acenando.

Mary escutava com uma mistura de admiração, empolgação e arrependimento. Aquelas pessoas tinham as mesmas experiências de vida que ela tivera, eram pessoas com as quais ela podia conversar. E, no entanto, elas ainda tinham seus filhos. Haviam achado um jeito de superar o medo e a hostilidade e unir-se a eles. Para ela, era tarde demais.

Ela contou a própria história, tímida e brevemente.

— Para mim, nunca houve dúvida. Era uma questão clara e simples. Não tive de lidar com toda essa coisa de "meu mundo acabou; não tenho mais filho". Eu só precisava acreditar em Deus e Ele resgataria o Bobby. Mas não foi isso que aconteceu. E agora estou tentando entender por quê.

A experiência no P-FLAG abriu mais uma porta. Pouco tempo depois, com Betty ao volante do seu Ford azul, ela e Mary percorriam o itinerário das reuniões locais do P-FLAG — Oakland, San Jose, a reunião regional do norte da Califórnia, no condado de Marin. Mary lia os panfletos do P-FLAG. Descobriu que a organização havia sido fundada em 1972, como um grupo de apoiou pequeno, por um casal de Nova York, Jules e Jeanne Manford, depois que seu filho gay, Morty, sofreu um ataque homofóbico nas ruas da cidade. Quatro anos depois, um grupo se formou em Los Angeles, sob o comando de Adele e Larry Starr, e, em pouco tempo, outros grupos se formaram em outras cidades. Depois da Marcha pelos Direitos Civis dos Gays de 1979, em Washington, vinte e seis pais se reuniram e formaram uma federação nacional já com o nome atual; a primeira convenção nacional aconteceu em Los Angeles, em 1982.

O P-FLAG, que na sigla em inglês significa Pais, Família e Amigos de Lésbicas e Adolescentes, mantém um escritório nacional em Washington, D.C., e conta com trinta e cinco mil membros. A entidade evoluiu de um grupo de apoio familiar para uma organização poderosa que luta pela igualdade de direitos para pessoas gays. Há hoje mais de trezentas sucursais, um crescimento gigantesco em relação às cerca das quarenta que havia quando Mary foi apresentada a ela, em 1985.

Para se familiarizar com a organização, ela escutou uma história atrás da outra de mães cujos filhos pareciam diferentes durante a infância. Ela ouviu depoimentos dos filhos também, que falavam sobre como se sentiam. Ela presenciou cenas de partir o coração, com pais inexperientes implorando por ajuda para que conseguissem aceitar seus filhos e não mais se sentirem culpados.

— Estou aprendendo — disse uma mãe. — Já li todos os livros da biblioteca sobre o tema. Mas não consigo largar essa sensação horrível de que se eu tivesse feito algo diferente... Sei que não é racional. Sei que Tony é um jovem perfeitamente feliz e bem-resolvido. Estou começando a achar que a anormal sou eu.

Mary voltava para casa e processava o que havia escutado e presenciado. Ela debatia frequentemente com Ed, que estava começando a questionar a própria ortodoxia. A morte do irmão o abalara demais, e as novas experiências da mãe eram como sementes plantadas em solo fértil. Aquelas ideias faziam sentido, mas, quando ele falava a respeito delas com as pessoas na igreja, diziam que eram apenas manifestações do luto e da culpa. Um ministro teorizara que Mary estava reinterpretando as Escrituras a fim de encontrar paz e redimir-se da culpa que surge quando um familiar tira a própria vida.

Ed sentia cada vez mais intensamente que os argumentos que ouvia na igreja eram interpretações tendenciosas da Bíblia, geralmente associadas ao ego de quem a estivesse interpretando. Por outro lado, sentia que as coisas que a mãe vinha dizendo soavam como verdadeiras.

A vida de Ed estava tomando outros rumos. A esperança que nutrira a vida inteira de seguir carreira profissional no beisebol dissipou-se depois de um teste desastroso junto aos Lodi Dodgers (o time de garotos associado aos Los Angeles Dodgers). Ele percebeu que tinha uma imagem distorcida das suas verdadeiras habilidades atléticas. Era hora de cair na real. Ele terminou o curso de estudos policiais na Universidade de Los Medanos e obteve um estágio no Departamento de Polícia de Concord. E se afastou da Presbiteriana de Walnut Creek.

Para Mary, as reuniões do P-FLAG cristalizaram uma verdade que ela não conseguia mais ignorar. Os testemunhos de pais e filhos repetidamente pintavam as crianças gays como sendo diferentes desde um estágio muito inicial de suas vidas, talvez desde o nascimento.

Aquilo trouxe à tona a lembrança de outro sonho que ela teve pouco depois da morte de Bobby — um sonho que, na época, não parecia ter feito muito sentido. Nele, Mary escutava Bobby gargalhando de alegria.

— Bobby, é você? — perguntava ela, incrédula.
— Por que não seria? — a voz do filho respondia.

Ela ficou em êxtase. Bobby estava vivo! Quando se virou para olhar, encontrou Bobby como uma criança, na cozinha da casa de Danville, como na vida real. Sua atenção se voltou para a cabeça da criança. Bobby parecia lindo para ela, mas, ainda assim, havia algo diferente na cabeça do filho. Não estava deformada, apenas diferente. Ela não conseguia entender.

Agora, quase três anos depois, ela finalmente compreendeu. O sonho dizia que Bobby nascera com a semente da sua sexualidade. Ele era diferente. Não era um pecador, nem cruel, nem doente. Apenas diferente.

Se aquele fosse mesmo o caso, ela finalmente encontrara a razão de Deus não ter curado Bobby. Ele não o tinha curado porque não havia nada de errado com ele.

CAPÍTULO 8
O LEPROSO

Bobby, 1981 - 1983

Joy começou a trabalhar como gerente em uma empresa de molduras, a California Frame Company, em Walnut Creek, em meados de 1981. Logo depois, conseguiu para Bobby um emprego de montador de molduras, que pagava 3,50 dólares por hora. Ele trabalharia lá por dezoito meses, embora achasse o emprego chato e repetitivo. "O trabalho não é pesado", escreveu ele no diário, "mas é tão repetitivo que se torna exaustivo. Minhas unhas estão escuras de tanto pintar madeira. É difícil deixá-las limpas".

Em parte devido à rotina tediosa, os funcionários da fábrica formavam uma equipe dada a fanfarronices. Todos faziam o seu trabalho, mas quebravam a monotonia promovendo lutas de elásticos, guerras de grampeadores e outras modalidades. Um funcionário engoliu uma minhoca e ganhou uma aposta valendo cinco dólares.

Bobby logo descobriu, entusiasmado, que havia diversas lésbicas entre os treze funcionários da linha de montagem. Assim que se assumiram entre si, Bobby formou com elas um grupinho unido, que conversava em código, cantarolava os sucessos mais recentes junto ao rádio e, de vez em quando, bebia escondido no turno da noite.

Bobby se aproximou de Alice Hamilton, da parceira de Alice, Diane Haines, e de duas outras funcionárias. A presença delas na empresa, conforme ele escreveu, "é a única coisa que me faz continuar lá. Não me sinto tão sozinho no mundo".

Havia uma sensação de clandestinidade no grupinho gay. O dono da CalFrame era mórmon, assim como muitos dos funcionários, especialmente os da divisão de pintura, que ficava do outro lado da rua — em sua maioria, homens atléticos dirigindo empilhadeiras. Embora fosse sabido que Alice e Diane eram um casal, o grupo gay mantinha certa discrição para evitar provocações óbvias.

O termo secreto do grupo para gays era "de bicicleta". Quando algum homem atraente aparecia, Alice, vinte e um anos, quase um metro e oitenta de altura, corpulenta e brava, perguntava em um sussurro audível:

— Ei, Bobby, ele está de bicicleta?

Bobby respondia:

— Não sei, mas adoraria descobrir!

O rádio ficava ligado durante todos os turnos, repetindo constantemente os mesmos sucessos do começo dos anos 1980: Blondie com "Eat to the Beat", a banda feminina Go-Go's, Human League, The Cars (o grupo favorito de Bobby, com seu *hit* "Shake It Up").

Eles brincavam de "Qual é a Música?", atribuindo pontos à primeira pessoa que adivinhasse. Em especial, eles amavam "Whip It", do Devo. Quando o rádio a tocava, o grupo inteiro se reunia e se deitava no chão, girando de um lado para o outro, fazendo a "dança do bacon" e morrendo de rir.

Adoravam abusar do sistema. Com frequência, esticavam o horário de almoço ou saíam mais cedo. Certa noite, planejaram contrabandear uma garrafa de bebida para a equipe da noite. Bobby participou da ação entusiasmadamente.

Ele tinha um lado travesso. Porém, para as mulheres, a sensação era de que, embora Bobby lutasse para se soltar, não sabia como aproveitar a vida completamente. Alice reparava nos olhos tristes por trás das risadas, na necessidade de ser um "bom garoto". Fazia parte de Bobby estar sempre observando, analisando as reações dos outros. Ela o comparava a um dançarino de sapateado, sempre na ponta dos pés.

Certa vez, voltando do almoço em um *food truck* que estacionava diariamente na região, Bobby perguntou a Diane:

— Eles disseram alguma coisa sobre mim?

— Claro que não — respondeu ela.

Mas nem tudo era paranoia. Os funcionários mórmons costumavam murmurar ofensas quando Bobby ou as lésbicas do grupo passavam por eles. Normalmente, Bobby sofria em silêncio, deixando para expressar a fúria em seu diário:

Odeio aqueles cuzões do outro lado da rua... Por mim, eles podem queimar no inferno... São cruéis e insensíveis. Qualquer hora dessas vou lhes dizer o que penso, quando me pegarem em um desses dias em que estou pouco me fodendo para o que os outros pensam.

O fardo de ser diferente pesava. Alice e a loira e curvilínea Diana, também de vinte e um anos — eram dois anos mais velhas do que Bobby —, já se aceitavam e eram muito mais eloquentes do que ele. Podiam assumir o papel de mentoras. Durante uma de suas longas conversas sobre a vida gay, ele falou para Alice na linha de produção:

— Se ao menos eu soubesse que fica mais fácil mais adiante... Por enquanto, é muito difícil.

Alice tranquilizou-o.

— Leva tempo, mas as coisas melhoram.

Porém, ela e Diane não tinham certeza se ele assimilaria a mensagem. A imagem que Bobby tinha de si mesmo parecia incoerente. Ele sonhava em ser modelo, mas se preocupava o tempo todo com sua crônica acne facial. Nunca falava muito sobre sua família, mas deixara claro que eles não aprovavam seu comportamento.

A impressão de Alice e Diane foi confirmada por Joy, que, para as duas, parecia amar muito o irmão, embora questionasse o estilo de vida dele. O diário de Joy naquele verão dizia: "Bobby é uma pessoa tão doce. Todo mundo o ama. E seu talento, sua intensidade, sua compaixão. Sei que ele adoraria amar, cuidar, ser cuidado e ser amado por alguma garota com as mesmas características maravilhosas, mas as dúvidas e o medo o levaram para onde ele está agora. Ele desgosta de si mesmo cada vez mais intensamente. Está perdido. Ele deseja ter uma relação de amor com Cristo, mas é muito impaciente. Ele quer Cristo, mas não quer abrir mão de nada para tê-Lo. Ele quer fazer o bolo e comê-lo ao mesmo tempo".

Diane sentia que Bobby precisava de amigos, de um grupo para sair com ele por aí. Certa noite, ele chegou a ir com ela e Alice a um bar gay em Sacramento chamado Bojangles. Mas a vida social entre eles nunca funcionou fora do ambiente de trabalho. Ele queria fazer parte de uma turma, mas parecia hesitar.

Mesmo assim, elas se apaixonaram pela natureza gentil de Bobby. Diane o achava adorável — um homem muito delicado e caloroso. Alice sentia amor e compaixão por ele. Bobby estava em um ponto de virada, segundo ela acreditava. Lutava com a decisão de aceitar sua orientação sexual e, com isso, arriscar perder a aceitação daqueles que amava. Para ela, Bobby queria ser bom, e era genuinamente bom, mas levava uma vida que se chocava com tudo que ele havia aprendido.

Alice acreditava que Bobby tinha uma jornada difícil diante de si.

*

Enquanto isso, Bobby e Joy flertavam com uma ideia nova. Joy, cuja paixão maior na vida era dirigir, viu o anúncio de uma autoescola para motoristas de caminhão e convenceu Bobby a se inscrever com ela no curso de três meses. Imagine só! Eles teriam habilitação para dirigir caminhões — um passaporte para viajarem a qualquer lugar do país. Liberdade! Flexibilidade! Dinheiro!

Então, eles viajavam, todas as noites, os quarenta quilômetros até a autoescola em Hayward. No início, Bobby mostrou-se incrédulo. Ele registrou em seu diário:

Às vezes, quando estou no volante de uma daquelas máquinas enormes, me pego pensando: "Mas que porra estou fazendo aqui?". Meu Deus, acho que sou louco. A última coisa que me imagino ser é um motorista de caminhão machão.

Porém, aos poucos, ele começou a gostar da experiência: "Me diverti muito dirigindo ontem à noite. Tirei uma nota C+, o que, para mim, acho que não é nada mal". A prova final foi marcada para a véspera de Natal. Joy observou nervosamente Bobby executar uma manobra difícil de ré, esterçando o caminhão sem esforço, mas calculando errado e subindo com a roda de trás em cima da grama. Ele ganhou a chance de tentar de novo. Joy prendeu a respiração. "Ele precisa passar", ela pensou. "Ele precisa dessa confiança."

Bobby conseguiu. "Joy tirou 93 e eu passei raspando com 75... Se não tivesse passado, eu provavelmente teria me matado."

Os dois caminhoneiros recém-habilitados começaram a procurar emprego nos classificados. Mas as vagas disponíveis exigiam motoristas experientes e abrangiam escalas rigorosas em cidades remotas. Joy e Bobby abandonaram a ideia tão rápido quanto a abraçaram — um flerte passageiro e dispendioso. Bobby pegara um empréstimo de mil e quinhentos dólares para pagar pelas aulas.

Nessa mesma época, ele fez uma visita ao seu antigo colégio, Las Lomas. Seu amigo gay e professor caminhou com ele até a quadra de tênis para apresentá-lo a Mark Guyere, um formando. Mark, que estudava em uma série abaixo de Bobby quando este ainda frequentava as aulas, se lembrava dele, embora nunca tivessem conversado. Suas primeiras impressões de Bobby foram de alguém tímido, de fala suave, "como um cordeirinho", ele recordaria depois. Mark pediu o número de telefone do Bobby e, mais tarde, ligou para ele. Os dois marcaram um encontro.

Eles foram a uma sessão vespertina de *Num Lago Dourado*, filme melodramático estrelado por Henry Fonda e Katherine Hepburn no papel de um casal de idosos. Bobby teve de segurar o choro praticamente do começo ao fim. Ele desejou em segredo ter alguém com quem compartilhar a vida até envelhecer.

Depois, os dois foram ao Parque Heather Farms no carro vermelho de Bobby e caminharam ao redor do lago. Era uma tarde de neblina. Eles brincaram nos balanços, no escorregador e no gira-gira enquanto conversavam. Mark, esguio e baixinho, de cabelo castanho e feições afinadas, era fisicamente muito diferente de Bobby, com suas madeixas loiras bagunçadas. Mark falou sobre sua vida doméstica, sobre os pais fanáticos e adeptos do sobrevivencialismo, sobre a rejeição que manifestavam à sua sexualidade e sobre a sua luta para conquistar a independência.

Algo naquele momento — a doçura de Mark, o impacto emocional do filme, a beleza do dia enevoado — incentivou Bobby a abrir a cortina e se mostrar. Ele falou para Mark sobre seu dilema religioso, sobre o moralismo bíblico da mãe e, se Mark bem se lembrava, sobre uma ocasião em que Mary mandou Bobby queimar a própria Bíblia.

Para Mark, um agnóstico, a história de Bobby parecia terrivelmente triste e incompreensível. Ele não se lembrava de ter visto alguém tão magoado. A mágoa transparecia no rosto de Bobby enquanto eles conversavam. Era evidente que a coisa mais importante para Bobby era ser amado por Deus. No entanto, Deus estava lhe dando as costas, e sua mãe dizia que ele estava fadado a ir para o inferno caso não mudasse. Para piorar, Bobby parecia querer agradar à mãe tão desesperadamente como queria agradar a Deus.

Mark sentiu-se furioso. Lá estava aquele rapaz gentil, tímido, complexado e bonito, incapaz de fazer mal a uma mosca. E alguém estava dizendo que ele iria para o inferno por causa do que sentia em seu coração. Não fazia sentido.

Eles marcaram um segundo encontro. Desta vez, ficaram no carro mesmo, no estacionamento de uma loja de departamento, e conversaram por tanto tempo que as janelas embaçaram. Mark, que estava em busca de um envolvimento sério, achava Bobby muito atraente. Ele nunca conhecera alguém tão gentil, tão desprovido de ódio.

Porém, os dois só ficaram no carro, cada um encostado em uma porta, sem toques ou troca de carícias. Bobby parecia distante, apesar da intimidade verbal, inalcançável, consumido por seus problemas sem solução. E ele parecia não se importar com o fato de que havia alguém para conversar. Para Mark, a sensação era de que Bobby não absorvia nada do que ele estava dizendo. Pior, Bobby parecia incapaz de se aproveitar dos conselhos que recebia. Bobby, Mark concluíra com pesar, era um caso perdido.

Bobby não estava interessado em Mark "daquele jeito", no fim das contas. No diário, ele se refere ao rapaz como um amigo, e eles continuaram a se encontrar ocasionalmente. Bobby, com dezenove anos no começo de 1982, não estava disposto a se envolver seriamente com ninguém, embora manifestasse repetidamente seu desejo por um relacionamento duradouro. Ele fora capturado pelo furor erótico da vida noturna de São Francisco. Foi nessa época que ele começou a frequentar academias para desenvolver os músculos que ele achava que deveria desenvolver para incrementar sua vida sexual. Em pouco tempo, adquiriu a aparência típica de um garoto de praia da Califórnia.

*

A cena gay de São Francisco naquele período era um espetáculo carnal em seus derradeiros momentos de excesso, antes das mudanças dramáticas causadas pela epidemia de aids. No final de 1981, as revistas *Time* e *Newsweek* publicaram as primeiras matérias sobre uma doença desconhecida e fatal que afetava homens gays. Em março de 1982, os médicos do Centro de Controle de Doenças Infecciosas registraram 285 casos nacionais do que chamaram de "Deficiência Imunológica Relacionada aos Gays" (*Gay-Related Immune Deficiency*), ou GRID, setenta deles na Califórnia. Poucas pessoas deram importância.

A cidade tinha algo a oferecer para todos os gostos. Suas ruas, becos, bares, saunas, parques, banheiros e danceterias eram o pano de fundo para um bacanal de proporções épicas. Milhares de gays e lésbicas de cidades pequenas se mudaram para São Francisco para se unirem à mais ousada, audaciosa, aberta e tenaz expressão de liberdade sexual desde o Império Romano.

Para Bobby, era como um banquete de comida envenenada. Ele participava, movido pelo apetite sexual e pela solidão, mas depois passava mal devido à culpa e à autorrecriminação. "Tenho esses desejos e os alimento, apesar de sua origem suja", escreveu ele. "Acho que sou capaz de transformar qualquer coisa em algo perverso... Sinto pontadas de culpa toda vez que faço algo que me dá prazer de verdade".

Ele logo aprendeu a se virar como um veterano nas ruas, nos bares, nas saunas e nos *glory holes*. Ele explicou o que eram os "glory holes" — compartimentos adjacentes que acomodam uma pessoa cada e em cujas paredes é feita uma abertura circular, destinada a acomodar órgãos genitais anônimo — para uma incrédula Diane um dia no trabalho.

— É sério — disse Bobby. — Posso mostrar como é. Quer ir comigo?

— Ecaaaa! — foi o que ela conseguiu responder.

Certa noite, ele pegou o carro de Joy emprestado para ir à I-Beam, uma danceteria na Haight Street, e o estacionou em um McDonald's sem perceber a placa de "Sujeito a guincho". Mais tarde, quando voltou, o carro havia sido guinchado.

Tentei ligar para o número [da empresa do guincho], mas só dava engano, então decidi ir à delegacia. Chamei um táxi e disse: "Para a delegacia!". Porém, o motorista tinha outros planos, e eu acabei chupando o pau dele para pagar a corrida, o que nem foi tão ruim, mas o fato é que, para chegar à delegacia basicamente bastava virarmos na esquina seguinte. Pode-se dizer que acabei pegando um boquetáxi. Ha ha.

O pequeno prazer que ele pudesse extrair desses eventos, todavia, eram subvertidos pela autocomiseração. Se estava condenado à decadência, Bobby parecia pensar, então ele a abraçaria com todas as forças. Mas, no fundo, ele não era realmente apto a ser um devasso. Não era da sua personalidade. Ele era inocente demais, ingênuo demais. Alguns até poderiam abraçar aquele estilo de vida como forma de autoafirmação. Mas, para Bobby, inoculado com o soro da aversão e do nojo, não havia nada naquilo que o fizesse realmente feliz.

Ele escreveu:

Querido Senhor. Eu gostaria que o único objetivo da minha vida fosse fazê-Lo feliz. Infelizmente, como nós bem sabemos, não é assim. Às vezes, parece que o Senhor já desistiu de mim e de todas essas coisas podres que acontecem comigo, então eu não ligo mais para o que faço, porque não importa.

Outras vezes, tenho a sensação de que o Senhor me ama tanto que eu não consigo enxergar isso nem quando está bem na minha cara. Como se o Seu amor por mim fosse tão grande que não seria possível enxergar nada além dele, mas eu sou ignorante demais para ver.

Me perdoe por ser tão inadequado. O Senhor é tão bom para mim, e eu faço essas coisas. Eu poderia ser bom e obediente se quisesse, mas não quero. Quero as coisas do meu jeito. Me pergunto se serei mandado para o Inferno por causa disso.

Sua natureza sexual se expressava na forma de desejo, e ele se sentia envergonhado por isso. Sentindo-se incapaz de ser amado, não percebia que o amor podia transcender o desejo, que sua sexualidade podia ser saudável, embora ele fosse gay. Ele estava à deriva, incapaz de expressar sua vontade de encontrar amor e afeto em relacionamentos que transcendessem a casualidade.

Em casa, Bobby encontrava pouco alívio. Quanto mais profunda a sua melancolia, mais profundamente Mary acreditava que ele estava sendo curado. Afinal, a igreja não ensinava que a infelicidade é o sinal mais certeiro de que Deus está "punindo" o pecador pelo seu pecado? Como água chegando ao ponto de ebulição, o pecador infeliz apresentava sintomas que indicavam com clareza que ele passava pela limpeza de Deus. Se ele conseguisse manter a firmeza, orando sem parar, a liberdade chegaria a qualquer momento.

Sendo assim, Mary interpretou de forma equivocada o que se passava com Bobby: o agravamento de uma depressão profunda. Convencendo-se de que o sucesso estava ao alcance, embora cada vez mais se sentisse desconfortável com as saídas do filho às escondidas durante a noite e aos finais de semana, ela se mantinha fiel ao mantra incômodo de sempre: "Bobby, você está orando o bastante?"; "Bobby, não subestime o poder que Deus possui para mudar a vida das pessoas. Quando tudo parece sombrio e desesperador, Ele trabalha de forma gloriosa"; "Não desista de Deus. Ele testa a nossa fé o tempo todo. Olhe para a Joy. Deus sabe quem tem fé e quem não tem. Mas, sem fé, estamos perdidos".

Joy, que começava a questionar a veracidade absoluta da doutrina que aprendera, desafiava a mãe.

— Mãe, a senhora não é Deus. Fale apenas por si própria.

Mas o diário de Bobby ecoava a crença da mãe.

Por que você fez isso comigo, Deus? Eu vou para o Inferno? Essa é a pergunta perturbadora que segue cavando buracos na minha mente. Eu não sou tão mau assim, sou? Senhor, me odeio tanto por ser tão fraco… Senhor, eu quero ser bom. Quero conquistar alguma coisa. Preciso do Seu selo de aprovação. Se eu o tivesse, seria feliz… Onde está a minha fé? Preciso saber que este mundo não está girando e girando à toa. Preciso saber que o Senhor fez tudo por um bom motivo… Não quero que ninguém leia isso, nunca. Eles iriam me odiar. Sou podre por dentro, e todos ficariam sabendo… Tenho nojo de mim mesmo. Sou uma piada.

Com certa frequência, ele se recuperava dessa desesperança, escrevendo no diário no dia seguinte: "Hoje me sinto melhor. Na noite passada eu só estava colocando alguns pensamentos ruins para fora". Como ele mesmo já tinha notado, ele recorria ao diário nos momentos mais depressivos. Mas aquilo começou a acontecer cada vez mais.

Bobby buscou alívio na companhia de novos amigos. Começou a andar com um grupo de deslocados assumidos de Walnut Creek e Concord que se compraziam em se vestir e agir de forma provocativa. Eles se juntaram, como uma seita, durante as exibições aos finais de semana de *The Rocky Horror Picture Show*, na sessão da meia-noite do cinema El Rey, situado na avenida principal de Walnut Creek.

Dora Arnold, Justin Nagy, o líder Starr Pauley (pseudônimo) e alguns outros integrantes menos assíduos operavam como uma fraternidade divertida de renegados, reproduzindo em suas vestimentas e maneirismos a atitude exagerada que jazia no âmago dos personagens do *Rocky Horror Show*. Era uma peraltice inocente e boba, mas que oferecia um senso de pertencimento àqueles adolescentes que não se encaixavam nos moldes preestabelecidos da vida no subúrbio. Alguns eram gordos, outros muito magros, *nerds*, sem aptidão para os esportes e tinham espinhas. Todos eles.

— Aquele foi o primeiro grupo de pessoas que eu conheci que não se importavam com a sua aparência. Elas o aceitavam como você era — relembrou Dora recentemente. Na época, ela era gorda e muito sem graça.

Em vez de viverem às escondidas, eles escolheram a estratégia oposta. Faziam qualquer coisa para chamar a atenção. Justin pintava o cabelo de verde ou vermelho, amarrando um coque no topo e um rabo curto atrás. Eles cravejavam com pedras brilhantes suas roupas, a maioria adquirida em brechós. Gostavam de gravatas extravagantes dos anos 1960, que combinavam com jaquetas estampadas horrorosas. Muitas vezes, tentavam se vestir como os integrantes do B-52s, uma banda de rock famosa da época.

Eles competiam para ver quem propunha a ideia mais insana: sair de carro para conversar com as prostitutas de Oakland, vestir-se de Laverne e Shirley, perseguir homens mais velhos em supermercados, entrar de ré em um Jack in the Box ou simplesmente ir a São Francisco e tentar entrar nos bares sem mostrar as identidades.

E, nos finais de semana, o evento principal: *The Rocky Horror Show*. As sessões à meia-noite do musical (tanto em Walnut Creek como em outras cidades ao redor do país) se tornaram um evento cultuado. O grupo fazia uma entrada triunfal vestindo a fantasia da semana e recebendo aplausos da plateia. Ali, eles adquiriram um inusitado *status* de celebridade que compensava, por exemplo, nunca terem feito parte da equipe de líderes de torcida no colégio. Qualquer mágoa que carregassem do passado submergia nos esforços de parecerem descolados, de se acharem um grupo diferenciado do qual só os mais merecedores e afortunados podiam fazer parte.

Starr, que nutria uma paixão não correspondida por Bobby, foi quem o apresentou para os demais. Bobby orbitava ao redor daquele bando de excêntricos como um *voyeur*, um observador fascinado que admirava o desprendimento de todos, mas sem conseguir participar ativamente. Ele saía com o grupo, mas participava com cuidado das aventuras, como quem anda sobre um lago congelado.

Todos achavam Bobby tímido e charmoso. Com seu físico recém-esculpido e o rosto angelical, ele era de longe o membro mais chamativo do grupo. Justin, ele também alto e loiro, e um tanto atraente, apaixonou-se silenciosamente por Bobby (embora receoso de arrumar confusão com Starr). Bobby, por sua vez, parecia fascinado pela ousadia dos novos amigos. Eles caminhavam de queixo erguido pelas ruas, praticamente desafiando as pessoas a criticar seu visual e comportamentos estranhos (e algumas o faziam; muitos membros do grupo sofreram ataques ao longo do tempo).

Como uma criança na noite de Natal, Bobby se deleitava com a espontaneidade e o jeito teatral dos amigos.

— Isso é demais! É cruel! — ele exclamava. — E é disso que eu gosto!

Ele queria muito se soltar. Certa vez, na casa de Starr, eles abriram um baú cheio de bugigangas e alguém pôs um colar de pérolas no pescoço de Bobby, além de brincos também de pérolas em suas orelhas.

— Ah, eu te odeio! — disse Starr, que era gordinho. — Até com pérolas você fica lindo!

Todos riram e Bobby começou a desfilar, com as pérolas, sua camisa justa da Izod e jeans da Gap, sentindo-se incrível. Foi um momento radiante.

Momentos como esse eram raros, todavia. Dora percebia que, na maioria das vezes, Bobby se preocupava demais com o que os outros pensariam. Ele ficava incomodado quando recebia um olhar maldoso ou de canto de olho. Ela tentava inspirar Bobby a adotar uma nova atitude.

— Se alguém não gosta de você — explicou ela —, que se foda! Se as pessoas não têm bom gosto, quem se importa? Vida que segue.

Era um conceito radical. Se Bobby tivesse seguido o conselho, talvez tivesse encontrado uma saída. Ele desejava se libertar da tirania representada pela aprovação externa.

Em seus momentos de grandiloquência, ele não se importava: "Quando me sinto como estou me sentindo agora, não me importo com a opinião de ninguém, e sinto vontade de chocar os outros. Geralmente com as minhas roupas ou algum penteado".

Mas ele raramente se sentia assim. Na maioria das vezes, sentia que sua vida fugia ao seu controle. Bobby preservava uma certa sanidade ao tentar minimizar sua exposição e esconder seu eu verdadeiro. Ele dividia os seus mundos em compartimentos diferentes. Por exemplo, Dora e Justin não sabiam de nada referente à sua vida familiar, apenas que o assunto não deveria ser mencionado. Também não sabiam da amizade com Diane e Alice no trabalho, e vice-versa. Em casa, ele foi ficando cada vez mais misterioso. Ninguém conhecia os detalhes da parte mais decadente de sua rotina.

Sendo assim, ele saltava de um mundo para o outro — do trabalho para casa, de *Rocky Horror Show* para a academia, da noite gay na pista de patinação em Hayward para os inferninhos de São Francisco (e, no outono de 1982, para a Universidade de Diablo Valley, como aluno de meio-período), raramente fazendo conexões entre todos esses lugares, mantendo uma identidade fracionada para se proteger.

No geral, sou uma entidade invisível neste planeta. Gosto de poder andar por aí e me confundir com o papel de parede. As pessoas tendem a me deixar em paz, o que, na maior parte do tempo, é legal... Ser introvertido tem suas vantagens. As pessoas, de certo modo, o veem como alguém misterioso quando você não sai por aí tagarelando o tempo todo.

Em 24 de junho, seu aniversário de dezenove anos, ele escreveu:

Dezenove anos e perdido. Isso não é verdade. Só não estou onde eu acho que deveria estar, o que não está muito claro na minha mente no momento... Esse sentimento de desgaste vem me seguindo desde sempre. Quando ele me deixará em paz?

Dois dias depois, ele anotou no diário, sem muitas explicações, que deixara o emprego na CalFrame.

O dia seguinte foi o Dia do Orgulho e da Liberdade Gay. Milhares de pessoas desfilaram em São Francisco. Bobby não escreveu nada a respeito no diário, e não há motivo para acreditar que ele tenha participado. Ele tinha pouquíssimo orgulho de ser gay.

Uma semana depois, ele passou um fim de semana perfeito na casa da tia Jean, em Chico, a noroeste de Sacramento, comemorando o feriado de quatro de julho. Sua prima favorita, Jeanette, tinha vindo do Oregon e é evidente, pelo diário de Bobby, que, em algum momento, ela revelou para ele que era lésbica: "Eu e Jeanette nos divertimos muito lendo as revistas de sacanagem na loja de bebidas (revistas de sapatão [sic] em particular). Também fomos correr no Parque Bidwell. Eu amo a Jeanette. Foi difícil me despedir". Jeanette escreveu para ele quase imediatamente depois, expressando grande afeto: "Eu o surpreenderia se dissesse que te amo? Você se tornou muito especial para mim, e eu me importo contigo... Seja feliz, meu pesseguinho, meu narciso, meu gerânio, minha planta de gelo".

Na mesma semana, Bobby revelou em seu diário um novo plano misterioso para ganhar dinheiro: "Amanhã tenho horário marcado para um trabalho de modelo em São Francisco. É o tipo de trabalho de modelo que envolve muito mais do que apenas posar para a câmera, se é que me entende".

Seis dias depois, ele deixou mais pistas.

Estou começando a perceber que as únicas pessoas que valorizam rapazes jovens e decentes são as senhorinhas de idade, mas isso só me garante $3,50 por hora para limpar a cristaleira e polir a prataria [um trabalho casual que ele fizera para uma senhora conhecida]. *Então, preciso tentar algo um pouquinho mais indecente, e que se danem as consequências.*

Na quarta-feira, 15 de julho, escreveu:

Consegui aquele trabalho de modelo que comentei... Estou morrendo de medo porque não faço ideia de onde estou me metendo. Mas vou ganhar muita grana. Estou com medo.

No domingo, ele detalhou tudo:

Fiz 200 dólares em 3 dias — do jeito fácil. É difícil descrever em poucas palavras o que é ser prostituto (puto, garoto de programa, seja lá como se queira chamar). Eu poderia escrever um livro inteiro sobre isso, e só faz 3 dias.

Primeiramente, não me sinto nem um pouco diferente do que me sentia há uma semana. Só mais rico. É muito lisonjeiro porque, além de estar sendo pago, você fica o tempo todo ouvindo o quanto é lindo, maravilhoso, belo, fantástico etc. etc. Finjo que estou interpretando uma puta em um filme antigo, e isso torna tudo mais fácil, porque aí não é como se estivesse acontecendo comigo... O que mais me agrada é ouvir como eu sou lindo... Não vou deixar esse trabalho me destruir. Vou fazer valer a pena de todas as formas possíveis. Não vale a pena arruinar minha saúde por conta disso... Preciso pensar e tomar boas decisões daqui em diante. Preciso. Estou muito empolgado com as possibilidades... Quero viajar, ver e fazer coisas em outros lugares, conhecer pessoas famosas e interessantes, e ficar famoso também. Por qual motivo, eu não sei.

Mais adiante, a humanidade de Bobby se apresenta, e ele escreve uma de suas passagens mais eloquentes.

O velho gordo de óculos e dentadura. O gosto de Efferdent; o prédio imundo com escadas velhas rangentes. Sempre sorrindo, com mãos carinhosas e trêmulas. Cuspindo na calçada depois para se livrar daquele gosto horrível que perdura na memória. Sempre empurrando a culpa cada vez mais fundo, onde ela poderá se tornar um parasita que se alimenta do tecido cerebral saudável. Fingindo ser um ator interpretando um papel num filme esquecido. Nunca entendendo o impacto verdadeiro do que está se desdobrando. Isso não está acontecendo. Odiando meus pais e minha família. Odiando. Sempre odiando. Contando o dinheiro e querendo mais. Amedrontado, momentos antes. Amedrontado quando a porta se abre. Coração acelerado. Amedrontado, porém fingindo e sorrindo...

Olho para mim mesmo e não consigo acreditar que estou fazendo isso. Como pude? Será que é um sonho? Ou é a realidade? E, mais importante, por quê? Agora tenho algo a esconder, como uma cicatriz. Sou um renegado, imundo. Leproso. Doente.

Apesar da repulsa, ele continuou por vários meses, ganhando dinheiro e deixando uma parte para a mãe. "Acho que ela vai descobrir a qualquer momento. Vai ser horrível quando isso acontecer. Queria que eles me deixassem em paz e parassem de fazer tantas perguntas." Ao longo do mês seguinte, ele conseguiu ganhar dinheiro suficiente para quitar, meses antes do prazo expirar, o empréstimo que fizera para bancar as aulas de direção.

*

Em uma de suas idas a São Francisco, Bobby avistou um rosto familiar no metrô. Era Blaine Andrews, um garoto mais ou menos da sua idade que Bobby vira um ano antes em um restaurante no centro de Walnut Creek, onde ele trabalhara como caixa. Bobby entabulou com ele uma conversa tímida que rapidamente se converteria em um romance intenso.

Bobby via Blaine como...

um boneco perfeito. Por fora, ele é um garoto, mas, por dentro, é muito maduro... Ele é tão inteligente e sofisticado que, perto dele, me sinto um caipira... Blaine é o melhor cozinheiro do mundo. Esta manhã ele preparou bife, ovos e hashbrowns. Ele é tão doce e bom comigo.

Blaine era esguio e atraente. Tinha cabelos loiro-escuros e olhos castanho-esverdeados. Precoce e sofisticado para sua idade, era filho único de uma família divorciada, tendo sido levado para Los Angeles pela mãe, uma alta executiva com contatos na elite de Hollywood. Acostumado à boa vida, Blaine não dava valor para o dinheiro, e agia de acordo. Aos dezesseis anos, ele se mudou para a casa do pai em Walnut Creek e completou os dois últimos anos de ensino médio em Accalanes, onde se assumiu gay sem pestanejar.

Bobby excitava Blaine. Especialmente, ele amava o sorriso de Bobby, que considerava radiante, doce e quase diabólico. Um sorriso do tipo "eu sei de algo que você não sabe". Sexualmente, Bobby era tradicional, porém versátil, e a Blaine parecia que ele gostava do ato por inteiro. Em ardor juvenil, Blaine sussurrava "eu te amo" para Bobby, que registrava tudo em seu diário.

Sempre me assusta quando ele diz "eu te amo". Nunca consegui dizer isso pra ninguém sem me sentir um pouquinho mentiroso. É horrível dizer isso, mas é verdade. Sempre que digo "eu te amo" para qualquer pessoa, uma parte de mim diz "não, você não ama, você não ama ninguém, muito menos a si mesmo".

Evidentemente, o romance não deu certo. Depois de duas semanas, Bobby registrou no diário que o relacionamento estava virando amizade. Mesmo assim, os dois continuaram a ter encontros sexuais casuais e a sair juntos por muitos meses. Eles iam ao cinema e a galerias de arte, passeavam juntos em Walnut Creek e Berkeley e saíam para farrear (Bobby entrou sorrateiramente com Blaine na I-Beam e apresentou-o à sauna pela primeira vez). Blaine promovia muitas festas em seu apartamento, com total apoio do pai tolerante. Na verdade, Bobby passava a noite por lá com muita frequência.

Não surpreende que, apesar da amizade, Blaine nunca tenha vislumbrado a menor pista do conflito interno de Bobby. Bobby falava muito pouco sobre sua família e o assunto religião nunca viera à tona. Blaine visitara Bobby em seu pequeno *loft* na Rudgear, mas nunca chegou a conhecer Mary, embora tenha conhecido Joy, Ed e Nancy. Bobby contou que já havia sucumbido à "vida fácil" algumas vezes, mas Blaine só conhecia uma das muitas facetas de Bobby. E parecia o suficiente para os dois.

No final do verão, a comunicação entre Bobby e sua família praticamente não existia. Ele sentia que suas atividades "ilícitas" de alguma forma traíam sua lealdade à família, mas, ao mesmo tempo, sentia-se traído e magoado pelas opiniões da família a seu respeito. Mary continuava tentando, mas Bobby se fechava no *loft*, descendo apenas para as refeições. Naquele espaço minúsculo, do tamanho de um pequeno vestíbulo, ele conseguia acomodar uma cama, uma cômoda, um toca-discos, uma TV e um baú de tesouros: revista GQ, antiguidades que ele amava colecionar, recortes de Marilyn Monroe, livros sobre cinema. Depois do trabalho, ele subia as escadas e assistia a filmes antigos na TV ou escrevia fervorosamente no diário. Ele vinha enfrentando dificuldades para dormir.

Havia certa tensão entre Bobby e seus irmãos também. O mau humor e a agressividade crescente de Bobby às vezes assustavam Nancy, de apenas doze anos. Para Joy e Ed, ele parecia muito mais afastado e frio. Era sempre curto e grosso. Mary e Bob não sabiam o que fazer. Eles tentavam lidar com o temperamento de Bobby, que descobriu que, se bancasse o perturbado e problemático, conseguia tudo o que queria.

Ele até mesmo se irritava na presença dos avós. Em seu diário, escreveu:

Vovó e Vovô estão aqui e eu queria que eles fossem embora. Vovó me dá nojo. Ela fica insinuando que sou homossexual e, é claro, só o faz pelas minhas costas. No momento, eu a odeio.

Sinto vontade de fugir. Não suporto meus pais, minha família... Não gosto das pessoas que moram comigo. Elas me irritam demais... Estou falando como um lunático, não estou? Apesar de odiar essas pessoas, não quero magoá-las, e se eu fugir elas ficarão tristes.

No fim do verão, as tensões latentes explodiram.

Ed se preocupava com o irmão. Ele não fazia nenhum julgamento moral, mas se preocupava com a possibilidade de Bobby estar destinado a queimar no inferno, com o fato de sua alma estar em perigo. Em determinado momento, ele se pegou pensando: "Talvez não seja uma escolha. Talvez a insistência da mamãe seja uma perda de tempo". Mas logo abandonou a ideia ao suspeitar de que elas poderiam estar sendo plantadas por Satanás para levá-lo à perdição. "Isso pode acontecer", ele alertou a si mesmo.

Mas Ed não tinha muito tempo para se dedicar a esses questionamentos. Com a faculdade, a igreja, o beisebol e as garotas, Ed mal parava em casa. Ele tinha seus próprios problemas. Já estava com vinte anos, e seu futuro parecia incerto. Ele queria ser jogador profissional de beisebol, mas não sabia se era bom o bastante. Apesar da aparência atlética e da popularidade, ele tinha dúvidas a respeito das próprias habilidades. Bobby tinha problemas, é claro, assim como qualquer um na mesma idade.

Em um certo dia no fim do verão, Ed, Nancy e Bobby estavam na cozinha. Bobby bebia vinho e provocava Nancy.

— Bobby, para com isso! — disse Ed.

Os dois gostavam de provocar a Nancy, mas Ed sentia que Bobby, ligeiramente alcoolizado, estava passando dos limites.

Bobby continuou.

— Eu falei pra parar com isso! — repetiu Ed.

Bobby disse algo sarcástico. Eles começaram a gritar um com o outro. De repente, estavam brigando. A briga saiu da cozinha e foi para a sala, depois para o corredor e chegou ao banheiro, ficando cada vez mais séria. Bobby deu um soco na boca de Ed, que revidou. Bobby cambaleou para trás e se chocou com a banheira.

Os dois se engalfinharam até o quarto de Nancy e Joy. Bobby, com o rosto vermelho e furioso, parou a centímetros do irmão, apontou para o próprio nariz e gritou:

— Vai, me bate!

Mas Ed não teve coragem. Bobby agarrou o irmão e o ergueu pela cintura. Ed mal teve tempo de se dar conta de como Bobby tinha ficado forte quando se viu voando por cima da cama, quase atravessando a janela.

Antes que Ed se levantasse, Bobby deu meia-volta e correu para o banheiro aos prantos. Ed o seguiu.

— Bobby, desculpa! — começou ele.

Bobby passou por ele e retornou ao quarto das garotas. Lá, esmurrou um espelho que ficava atrás da porta, estilhaçando-o. Ed correu para ajudar. Bobby se afastou, as mãos milagrosamente intactas. Com uma voz embargada de tanta angústia, ele disse:

— Eu só queria ser como você!

Ed foi pego de surpresa pela própria resposta:

— Engraçado, porque eu queria ser como você! Você é o cara bonito, alto, que todas as garotas acham charmoso.

Era verdade: ele invejava o porte físico e a boa aparência de Bobby.

Bobby escutou, provavelmente atônito, como se toda a energia da briga tivesse se esvaído dos dois. Ele correu para fora da casa. Fim de papo.

Bobby tinha perdido totalmente o controle, Ed notara. Estivera fora de si durante toda a briga. Mesmo assim, na época, Ed não achou que a discussão tivesse sido particularmente séria. Mais tarde, ele entenderia que não tivera nada a ver com os dois, e que na verdade era o vulcão dentro de Bobby entrando em erupção. Ele entenderia também que, quando Bobby disse "eu queria ser como você", ele queria dizer "eu queria ser normal, e não uma aberração". Quando Bobby esmurrou o espelho, estava descontando seu ódio na aberração que via refletida.

Nos seus momentos mais racionais, Bobby admitia saber que possuía impulsos suicidas. Ele passava horas analisando cada mudança de humor, registrando tudo em narrativas que oscilavam entre a fantasia paranoica e a mais pura clareza. Em um registro surpreendente de outubro de 1982, ele articulou a lógica de *O Médico e o Monstro*, que via a autodestruição como uma maneira — talvez a única — de controlar seus impulsos malignos (leia-se seus impulsos homossexuais):

Preciso ser forte. Senão, vou morrer, morrer de verdade... Estou muito assustado porque acho que vou morrer. Sou tão fraco. Não sei o que fazer. Não, eu não vou morrer. Vou viver e tentar aprender com os erros do passado. Isso é tudo que posso fazer. Preciso me amar. Preciso impedir esse lado autodestrutivo do meu cérebro. Uma metade de mim quer me destruir, e a outra, mais forte, tenta fazer algo construtivo a meu respeito.

A força maligna me leva a fazer coisas destrutivas comigo mesmo e com todos ao meu redor... Estou determinado a vencer o mal... Vou eliminar a força maligna dentro de mim. Vou eliminar a força maligna dentro de mim. Vou eliminá-la. Você não vai vencer. Deus vencerá. O mal morrerá. Eu vou matá-lo. Vou torturá-lo até matá-lo. Vou causar o mesmo sofrimento que o mal me causou.

Durante o outono de 1982, Bobby começou a pensar em um plano para sair de casa. Uma visita maravilhosa que fizera a Portland no verão, com Jeanette, apenas fortaleceu sua determinação. Jeanette convidara Bobby a morar com ela e sua parceira, Tina (nome fictício), que estava prestes a comprar uma casa. Mas a ideia de deixar o ninho pela primeira vez o assustava, apesar do seu desgosto cada vez maior.

Ele tentava levar uma vida tolerável. Em outubro, voltou a trabalhar na CalFrame. Além do emprego, ele se ocupava com aulas de teatro, natação e musculação em Diablo Valley, e saía com o pessoal do *Rocky Horror Show* e um novo grupo de amigos que conhecera por meio de Blaine.

Em uma festa para todos os gêneros na casa de Elaine, que Bobby descreve em um texto recheado de culpa como uma orgia selvagem, ele experimentou o seu primeiro beijo heterossexual:

> *Era para o Kendall ficar com a Alethia e vice-versa. Mas ele estava ocupado com o Michael e eu, ocupado com a Alethia! A gente estava só se beijando, mas mesmo assim! Nunca fiz algo tão ruim assim, e a pior parte é que eu sabia exatamente o que estava fazendo. A noite toda foi tããão estranha... Me senti especialmente devasso. Por favor, Deus, me perdoa. Por que eu fiz isso?*

Para Alethia, ao lembrar-se do ocorrido anos depois, a festa e, em especial, a situação com Bobby podem ter sido tudo, menos selvagens. E nem de longe o que teve com ele foi uma pegação intensa. Os dois estavam sentados em um sofá, e Bobby parecia muito bonito em seu suéter branco de casimira tricotado a mão. Para Alethia, heterossexual, ele parecia um bebê, de tão inocente. Ele pôs os braços em vota dela. Os dois se beijaram — um único beijo doce e nada carnal.

— Até que não foi tão ruim — disse Bobby, acrescentando: — Eu nunca tinha beijado uma garota antes.

Ele estava radiante com a conquista. Alethia, que sabia que Bobby era gay, tinha apenas dezessete anos e uma vida sexual nada sofisticada. Ela só provou pela experiência mesmo. Ele e Alethia saíram juntos várias vezes. Bobby gostava da companhia dela, mas tinha medo de que a garota pudesse se apaixonar. "Gosto muito dela, mas não estou apaixonado", escreveu ele em seu diário.

Bobby estava cada vez mais obcecado com a própria aparência e experimentava uma excitação momentânea intensa quando era admirado. Seu físico excepcional lhe rendia elogios por toda parte. Uma colega de classe na Universidade de Diablo Valley, Robin, que costumava patinar com Bobby nas noites gays da pista de Hayward, o achava "muito atraente, como um modelo".

Por sentir-se vazio interiormente, Bobby via seu exterior como uma passagem para a aceitação:

Estou ficado inacreditavelmente fútil. Amo quando as pessoas me elogiam, e isso acontece muito. Amo, amo, amo. É errado? Eu mereço. Dou duro para ficar lindo para todo mundo. Gosto de ser um enfeite. Veja, a questão é que às vezes eu sou feio, então, quando estou bonito, me aproveito ao máximo disso.

Ele sofria por causa de sua aparência física. Achava que tinha começado a perder cabelo e detectara o aparecimento das primeiras rugas ao redor dos olhos. Mas o que mais o irritava eram as pronunciadas marcas de acne em seu rosto. Bobby tentava manter uma alimentação saudável e dedicava horas, todos os dias, a um ritual de aplicação de cremes, loções e antibióticos em seu rosto. Essa preocupação com cuidados faciais fez com que suas amigas lésbicas na CalFrame começassem a chamá-lo de Cher. Mas nada parecia funcionar. Assim como a homossexualidade, suas espinhas pareciam se agarrar a ele com uma tenacidade perversa.

Por fim, em novembro, ele optou por um procedimento médico quase medieval chamado "dermoabrasão", que prometia lixar todas as marcas indesejadas, fazendo-as desaparecer.

Hoje de manhã fiz a dermoabrasão no meu rosto. Odiei. O som da escova esfregando minha pele era horrível... Meu rosto está coberto de bandagens agora, e estou horroroso. Parece que alguém jogou ácido das minhas bochechas.

Quando as bandagens foram removidas, Bobby não achou que seu rosto estivesse muito diferente de antes, só mais avermelhado. Sua amiga Robin notou que suas feições atraentes haviam sido comprometidas por algo parecido com crostas gigantes.

O LEPROSO

Por causa disso, Bobby passou o Natal se sentindo o Fantasma da Ópera. Para piorar as coisas, ele estava desempregado de novo, pois fora demitido (ou pedira demissão) da CalFrame.
Ele se sentia no fundo do poço.

O Natal chegou. As únicas coisas que sinto são ódio e solidão. Estou acabado. Me sinto um merda... Porra! PORRA PORRA PORRA PORRA. Odeio tudo aqui. Odeio todo mundo...
Meu rosto está uma merda. Que se dane o resto. Essa é a única coisa que importa para mim. Como me vejo no espelho. QUERO PEGAR A PORRA DE UMA PICARETA DE GELO E GOLPEAR MEU ROSTO ATÉ NÃO RESTAR MAIS NADA... Queria poder pegar uma faca e cortar minha garganta. Preciso ir embora daqui.

O mau humor durou até janeiro. Ele queria ir embora, mas morria de medo de se afastar da família, mesmo com todos os incentivos vindos do Oregon (incluindo um presente de Natal composto por uma bolsa de mão de couro, meias e duas *jockstraps* tingidas de roxo por Tina). Desempregado, tendo feito apenas um breve trabalho como modelo para um catálogo de vendas, ele passava dias e noites se contorcendo de tédio, que só era interrompido pelo registro de longos monólogos em seu diário.

4 de janeiro, 1983. Às vezes tenho o sentimento de que meu comportamento e pensamentos são considerados nojentos e inaceitáveis. Todo mundo aqui tem a impressão de que eu só preciso entregar minha vida para Jesus Cristo. Simples. Mas eles não veem que não é bem assim... É horrível acreditar-se fadado a ir direto para o fogo do inferno. Pior ainda é ter todas essas pessoas ao seu redor dizendo que a solução é simples, quando não poderia ser mais difícil. Elas nunca saberão como é estar no meu lugar, e eu acho que nunca saberei como é estar no lugar delas.

6 de janeiro. Eu amo tanto a Jeanette. Não amo do jeito como amo os outros. Amo Joy, Ed, Nancy, minha mãe e meu pai do jeito que uma pessoa ama sua família, mas amo Jeanette de uma forma diferente... Acho que o relacionamento com a minha família é meio amor e ódio, e com a Jeanette é só amor.

No sábado, 22 de janeiro, ele foi se encontrar com a velha amiga Andrea em Berkeley. Andrea se afastara da família Griffith, e ela e Bobby não se viam há um ano. Foi um encontro legal. Eles riram e se divertiram. Para Andrea, Bobby parecia estar em um bom momento. Ela deu a ele uma correntinha de ouro e disse:

— Da próxima vez que nos virmos, você me devolve.

Ao se despedirem, Bobby disse:

— Eu te ligo.

24 de janeiro. Hoje fui ao dr. Price para mais um procedimento estético... Primeiro, eles injetaram novocaína ou sei lá o que no meu rosto, depois pegaram uns furadores, cortaram as cicatrizes de espinhas e por fim costuraram os buracos.

26 de janeiro. Tomara que eu não esteja feio quando tirar essas bandagens. Já estou feio por muito tempo, estou cansado disso. Vou me tornar o homem mais lindo que você já viu.

Como sobrevivi nesta minha vida devassa sem pegar uma doença venérea? Às vezes me pego pensando nisso. Será que meu anjo da guarda está cuidando de mim ou o quê? Ou isso, ou talvez eu não seja assim tão puta quanto imagino ser. Até parece. Não consigo contar nem com os dedos das duas mãos com quantos homens transei no ano passado. Talvez usando os dos pés. Sei lá. Tento esquecer.

Ele se sentia um inútil. Repetia para si mesmo que precisava arrumar um emprego e estava ansioso para voltar às aulas quando o recesso terminasse. Ele raramente saía de casa, envergonhado de mostrar o rosto coberto de bandagens. Deixou de ir à academia. Limitava suas conversas aos membros da família. Mary, sempre esperançosa de que a mudança profunda estava chegando, começou a se perguntar se o filho precisava mesmo mudar de ares.

Certo dia, ao voltar do trabalho, Mary encontrou Bobby tentando dar partida no carro. O automóvel não respondia. Em um gesto de frustração e fúria, Bobby começou a chutar o velho automóvel, xingando-o e chorando.

— Bobby, posso ajudar com alguma coisa? — perguntou ela.

— Não! — disse ele, correndo de volta para casa.

Mais tarde, Mary voltou a falar com o filho.

— Bobby, é óbvio que você não está feliz aqui. Quer se mudar para Portland? — sugeriu ela.

Ele hesitou.

— Eu não tenho dinheiro — respondeu ele, finalmente.

— Podemos dar a você a passagem de ônibus de presente — disse ela. — E podemos emprestar algum dinheiro até que você se ajeite por lá e arrume um emprego.

Não é que ela quisesse que ele fosse embora. Nenhum dos filhos havia saído de casa ainda. E Bobby era tão vulnerável. Ele sairia da órbita de Mary.

— Vou pensar a respeito — concluiu ele.

Quando o mês terminou, ele estava muito agitado, uma mistura de tédio, culpa e indecisão.

Sobrevivi ao fim de semana. Como? Foram os dias mais arrastados e entediantes de toda a minha vida. Estou tão cansado que dá vontade de gritar! Ficando cada dia mais insano. Me esforço ao máximo e o que eu ganho em troca?

Finalmente, Bobby decidiu se mudar para Portland. O simples fato de ter conseguido decidir já o animara, e logo ele já estava planejando a mudança com empolgação. As coisas correram rápido. O ônibus de Bobby partiu em uma noite de domingo, 7 de fevereiro. Na ocasião, uma tempestade de inverno tomou conta da região. Joy embrulhou biscoitos para o irmão e Mary lhe deu um kit para engraxar sapatos e um despertador. Ela estava chorando, Bobby também.

A chuva atingia as janelas da casa com toda a força.

— Bobby, não quer deixar para ir amanhã? — perguntou Mary.

No dia seguinte, seu pai faria aniversário, completando quarenta e nove anos.

— Não — insistiu Bobby. — Vou perder a coragem.

Ele abraçou o pai. Abraçou a mãe, os dois aos prantos. Joy e Ed o levaram até a rodoviária de Oakland na caminhonete dela. Era hora de se despedirem. Bobby colocou a cabeça para fora da janela do carro e gritou em meio à chuva:

— Te amo!

Mary se virou para Bob e disse:

— Acho que não consigo passar por isso com mais três filhos.

Do lado de fora, um vento gelado juntara-se à chuva, fazendo-a cair em rajadas. Joy chorou durante o caminho inteiro até Oakland. Ela estava aterrorizada pelo irmão. Como ele se viraria por lá? Em casa, pelo menos, ela tinha alguma ideia do que ele estava fazendo.

— Bobby, se algum dia você tiver pressa para voltar, consigo dirigir até lá em onze horas. Não se esqueça — disse ela.

— Obrigado, Joy — respondeu ele.

Eles estacionaram na rodoviária, o único local iluminado em uma parte deserta do centro, às 23h. Abraçaram-se, um segurando o outro com toda a força. Ed e Bobby também se abraçaram. E, então, Bobby embarcou. O motorista deu a partida e o ônibus seguiu viagem entre as poças lamacentas formadas pela chuva.

CAPÍTULO 9

SAINDO DO ARMÁRIO PELA SEGUNDA VEZ

Mary, 1986 - 1987

A descoberta feita por Mary de que seu filho não tivera motivo para se arrepender, de que ele não estava manchado pelo pecado desde o início, foi ao mesmo tempo um grande alívio e uma terrível afronta. Por um lado, permitia que ela finalmente acreditasse que Bobby não estava condenado eternamente, e era um espírito feliz e livre desfrutando dos benefícios de uma vida após a morte feliz em algum lugar no firmamento.

Por outro lado, pela primeira vez, Mary percebia as consequências de tudo que ele enfrentara em seus últimos anos de vida. Não havia como fugir: sua campanha bem-intencionada para salvar o filho só o ajudara a escolher a morte. Bobby acreditara no veredicto das pessoas em que ele mais confiava e que mais amava: sua própria família. *E estava tudo errado!*

A enormidade dessa revelação era quase tão difícil de suportar quanto os três anos de dúvidas e luto que a precederam. Ela não tinha dado ouvidos à agonia do seu próprio filho, não se importara com sua natureza carinhosa e criativa. Bobby só precisava ouvir que era perfeito daquele jeito. Mary se perguntava por que fora tão cega, tão estúpida! Que erro monumental!

Agora, ela podia olhar para trás e identificar as raízes do seu erro fatal. Insegura e pouco questionadora desde a infância, ela se deixara envolver por superstições e dogmas religiosos que funcionavam como uma cápsula de proteção ilusória. Ela se prendera àquela concha, totalmente fechada para novas ideias ou pensamentos independentes, e trouxe os filhos para o interior daqueles limites. Não era por acaso que os suaves protestos de Bobby jamais puderam penetrá-los.

Agora, ela também percebia que havia se privado do prazer da companhia do filho desde os primeiros anos de sua vida. A individualidade de Bobby sempre lhe provocara medo e vergonha. Intimidada pelas opiniões da própria mãe, dos vizinhos, da igreja, ela direcionou ao filho todos os preconceitos da rejeição social de que ela tanto temia ser alvo.

Quando o segredo foi revelado, Bobby sabia que sua identidade sexual seria um fardo humilhante e pesado para a família. Todas as suas outras características foram esquecidas — Mary percebia agora —, apagadas pela missão de erradicar a sua homossexualidade. Todos os esforços feitos por Bobby, todos os protestos, todas as tentativas de melhorar, foram sabotados pela sensação desconcertante de ter falhado com a família e consigo mesmo. Era admirável, pensava ela, que ele tivesse aguentado tanto tempo.

Agora, Mary podia vislumbrar a inevitabilidade dos eventos. Ela identificava seu papel de mãe equivocada, que sacrificara o próprio filho em nome de uma tradição rígida. Ela teve de perder o filho para se libertar e passar a questionar as crenças que mantivera durante toda a vida, como linhas de comando em um programa de computador.

Corroída pela culpa, ela procurou mais uma vez o reverendo Larry Whitsell.

— Hoje, vejo o que eu disse e fiz — contou a ele. — E estou horrorizada. Será que o Bobby poderá me perdoar? Será que Deus poderá me perdoar?

— Mary, Deus já a perdoou — respondeu Whitsell. — Nós é que temos de perdoar a nós mesmos.

Ele se sentiu comovido por Mary e isso fez com que contasse que ele também perdera uma pessoa amada para o suicídio. Um namorado seu, duas décadas antes, tirara a própria vida por causa de problemas com bebidas e drogas.

— Passei pela fase da culpa também. Eu me perguntava: "Como eu não sabia? Como não pude ver?". Eu não queria ver. Não queria admitir que uma coisa daquelas poderia acontecer. Mary, você não pode voltar no tempo e apagar o que aconteceu. Mas você tem uma história para contar. E ela contém o poder da mais pura verdade. Compartilhe-a com os outros. Talvez possa tocar alguma vida antes que uma tragédia aconteça.

Ela pensou a respeito. Era uma mulher fechada, dolorosamente tímida para falar em público. E sentia que não tinha muita cultura, era pouco estudada. Por onde começaria?

— Nas escolas, nas igrejas, na comunidade — sugeriu Whitsell. — Não importa. Apenas compartilhe a sua jornada.

Ela voltou para casa pensando na sugestão e conversou com Bob e o resto da família. Será que o pastor Larry tinha razão? Será que ela poderia superar o seu erro trágico e tornar-se um exemplo vivo para os outros? Para filhos gays, pais, pessoas heterossexuais? Será que poderia dizer: "Não cometam o erro que eu cometi. Amem os seus filhos do jeito que eles são"?

No verão de 1986, três anos após a morte do filho, seus pensamentos a levaram mais uma vez à máquina de escrever. Bobby estaria perto de completar vinte e três anos. Antes de contar sua história em qualquer lugar, ela precisava se acertar com ele. Ao longo de várias semanas, ela escreveu uma carta para Bobby, que daria forma à mensagem que levaria ao mundo.

Meu querido Bobby,
Já faz quase três anos que você foi morar com Deus. Tendo sido uma mulher religiosa e devotada por 21 anos, eu quase me acomodei no clichê

de que "havia sido feita a vontade de Deus". Nós fomos condicionados a acreditar que, por ser homossexual, seu estilo de vida era corrupto e pecaminoso. Como resultado dessa crença, uma injustiça terrível aconteceu com você.

Desde sua fundação, a igreja cristã é ignorante, homofóbica e preconceituosa. Sinto muito por sua família ter concordado cegamente com a visão que a igreja tem da comunidade gay e lésbica. Fico feliz de ver que algumas congregações estão se abrindo para os filhos gays de Deus. É um primeiro passo na direção certa. Desde que você se foi, tenho aprendido a refutar as interpretações das passagens bíblicas em que a questão da homossexualidade é mencionada. Tornou-se óbvio para mim que todos nós fomos terrivelmente mal-informados. Estávamos ouvindo as interpretações do homem, e não a palavra de Deus!

Lembro de quando você me disse: "A senhora nunca vai ceder, não é mesmo? Nunca vai ouvir o meu lado da história". E você tinha razão, Bobby. Como outros pais, eu achava que sabia de tudo. Esta carta é a prova de que estou ouvindo agora, e gosto do que Deus tem me ensinado.

O que estou prestes a dizer, Bobby, pode ser considerado uma heresia flagrante. Entretanto, como disse Thomas Huxley, "é comum que novas verdades primeiro surjam como heresias". Acredito que o autor do Antigo Testamento (Moisés) interpretou de forma equivocada as relações entre pessoas do mesmo gênero. E, ao fazer isso, excluiu os homossexuais do plano de criação de Deus. Moisés falhou ao não interpretar as relações entre indivíduos do mesmo gênero como parte natural da criação Divina.

Os filhos gays e as filhas lésbicas de Deus tiveram sua decência, sua integridade e sua dignidade humanas roubadas.

Bem, Bobby, acredito firmemente que nunca é tarde para me acertar com você ou com qualquer outra pessoa que eu tenha ofendido sem saber. Estou tentando curar as feridas dos filhos gays e lésbicas de Deus e, assim espero, consertá-los com o óleo e o vinho do amor Divino. Sou grata a você, Bobby, e a Deus, por tirarem esta família da era sombria. Nós não tínhamos conhecimento, no início, do conflito que estava destruindo aos poucos seu espírito, e de que esse conflito continuaria a atormentá-lo pelos sete anos seguintes, a ponto de o ato de continuar vivendo se tornar uma vitória diária. De fato, há uma quantidade alarmante de suicídios ocorrendo entre os adolescentes, e ninguém sabe por que esses jovens estão escolhendo morrer em vez de viver. Será que alguns deles são outros Bobbys e James? Nossa igreja e a sociedade não oferecem uma resposta realista para os jovens, muito menos uma solução humanizada para a descoberta da homossexualidade.

Você era perfeito aos olhos de Deus. Se ao menos eu soubesse disso...

De todas as discussões que nós tivemos, a frase que mais me vem à cabeça é aquela antiga: "Você pode mudar se quiser". Como isso deve tê-lo irritado e magoado. Você passou a sentir que não pertencia mais à sua família. Você quis acreditar que não era a pessoa que a interpretação da Bíblia dizia que você era. Você estava à mercê, assim como todos nós, de falsas interpretações bíblicas acerca da homossexualidade. O estigma social e os estereótipos o apresentavam como uma ameaça à sociedade.

Tenho refletido muito junto a Deus. Não podia mais me ater à Bíblia como no passado. Eu sabia que Deus revelaria Suas verdades a respeito do nosso filho gay. A verdade de Deus cura o desespero e o desalento espiritual.

Em sua essência, o amor inspirado pelo divino não é masculino nem feminino, e segue apenas uma regra em sua busca por outro coração solitário. O amor deve cumprir a natureza de Deus, seja ele homossexual ou heterossexual.

Quando Deus encontra um coração carinhoso, fica satisfeito e isso Lhe basta. Ele não está preocupado com a nossa sexualidade, e sim com o grande número de pessoas que não são amadas e bem-cuidadas; está preocupado com quem vive na pobreza, seja ela de dinheiro ou de alma e espírito. Acho que entendo o que o apóstolo Paulo sentiu na estrada para Damasco quando Deus invadiu a sua consciência. A vida de Paulo fora inundada pela santa luz de Deus, e ele ficou cego por três dias até entender seu erro ao perseguir os cristãos. As escamas caíram dos olhos de Paulo e ele se entregou a Jesus.

Minha alma foi inundada de trevas para que meu erro pudesse ser revelado. Eu acreditei que estava fazendo a coisa certa em nome de Cristo. Não conhecia minha alma; minha consciência estava amarrada a pessoas e ministros que tentavam tomar o lugar de Deus. Segui-os sem *questionar, perseguindo e oprimindo pessoas gays e lésbicas — meu próprio filho. As escamas da ignorância e do medo que mantinham minha alma na escuridão caíram dos olhos da minha alma, da minha consciência. Fui libertada para ter fé e para acreditar no que minha consciência ditar.*

Não acredito mais que uma entidade chamada Satanás tem o poder de guiar a minha consciência. Essa crença era muito, muito intimidadora para você. Dizem por aí que eu dei ouvidos a Satanás, que me tornei uma herege. Prefiro ser chamada de herege, e continuar ajudando os filhos de Deus nas sarjetas do mundo, onde foram jogados pela própria igreja, a passar por eles e, do outro lado da rua, ficar murmurando: "O preço do pecado é a morte". Prefiro ser chamada de herege a desviar meu olhar da dor e da humilhação de um filho perdido.

O coração faminto e sedento do amor de Deus vai encontrá-lo na Bíblia. Dizem que os olhos são o espelho da alma. Quando olhamos o espelho de Deus (a Bíblia), vemos o reflexo do amor Dele nos olhando de volta? Ou o reflexo cruel da desumanidade do homem?

Revisando o que escrevera, Mary ficou surpresa com a intensidade do que dissera sobre a igreja. Porém, de fato, não havia como negar que Mary se sentia, como Joy costumava dizer, "sacaneada" pela igreja. Ela deveria ser responsabilizada, Mary acreditava, primeiro pela visão limitada que tinha da condição humana e, segundo, por impor aquela visão a outras pessoas, incluindo ela mesma, que não dispunham das ferramentas adequadas para resistir à lavagem cerebral.

Não demorou muito para Mary ter a oportunidade de fazer sua primeira declaração pública sobre o assunto. O jornal local, *Contra Costa Times*, publicou uma matéria em junho de 1986 sobre um grupo de cristãos especializados em ajudar homossexuais a se tornarem héteros. Mary mandou uma carta, que o jornal publicou:

Deus não curou nosso filho Bobby, que nasceu homossexual. Os poucos que foram "curados" por Deus não nasceram homossexuais. Como consequência da propaganda enganosa, dos abusos psicológicos e das interpretações mentirosas de passagens bíblicas referentes à homossexualidade, nosso filho tirou a própria vida muito cedo, aos vinte anos... Como muitos dos seus irmãos e irmãs na comunidade gay, nosso filho desistiu do amor e da esperança de um dia receber a validação que ele tanto merecia... Existem jovens gays espalhados por nossas congregações em todo o país. Eles são tragédias esperando para ocorrer, tudo por causa da homofobia e, pior, da ignorância. Por favor, orem por isso.

Uma resposta a essa carta foi enviada ao jornal por uma diaconisa lésbica da ICM local. Ela fazia um agradecimento a Mary e apontava: "Ser aceita e reconhecida como uma pessoa de valor e filha de Deus significa muito quando vem de uma mãe ou de um pai... Cartas como a sua, Mary, são mais uma ferramenta que nos ajuda no processo de afirmação".

Logo depois, Mary, sua amiga do P-FLAG, Betty Lambert, e uma terceira mulher, Jackie Costa, organizaram uma reunião na casa de um apoiador dos direitos civis para gays com o propósito de refundar a sucursal local do P-FLAG (uma tentativa anterior de Lambert não fora muito bem-sucedida). Avisos foram entregues na IMC e cerca de vinte e cinco pessoas compareceram. A sucursal do P-FLAG em Diablo Valley foi reaberta, com Costa na direção.

Jackie era uma mulher cheia de energia, mãe de três filhos, um deles gay. Com menos de um metro e meio, atarracada e grisalha aos cinquenta e cinco anos, Jackie procurara o P-FLAG movida pela raiva que sentia ao ver o preconceito direcionado a pessoas gays. Diferentemente de Mary, ela não tivera problema algum para aceitar a homossexualidade do filho; na verdade, ela já suspeitava da sua orientação bem antes de o rapaz se abrir para ela na adolescência, quase uma década antes.

Sob a liderança de Jackie, o P-FLAG de Diablo Valley passou a organizar encontros mensais na IMC em Concord, ao norte de Walnut Creek, e, aos poucos, alguns dos colégios locais foram alcançados. O ambiente conservador do Condado de Contra Costa geralmente não era muito receptivo à defesa pública da tolerância com os gays. A maioria dos gays e lésbicas do condado estava no armário. As reuniões na IMC continuavam pequenas, já que as pessoas — incluindo pais e mães heterossexuais — não queriam ser vistas entrando lá ou mesmo estacionando nas imediações.

A população de Concord era uma mistura peculiar de trabalhadores que fugiram do estresse urbano nos anos 1960 e uma leva mais recente de profissionais que seguiram o fluxo do desenvolvimento empresarial advindo do rápido crescimento do corredor industrial local. Havia ainda muitos — incluindo um número cada vez maior de discretos casais gays — que se deslocavam diariamente para o trabalho em São Francisco. Uma das cidades mais antigas do condado, Concord combinava conveniência e custo de vida acessível (hoje, é a maior cidade do Condado de Contra Costa, com mais de 116 mil habitantes).

Mary tornou-se uma participante ativa do P-FLAG de Diablo Valley, até ser eleita vice-presidente. Ela levava o relato de sua "história" para ser lido em reuniões e visitas a outras sedes. Ainda relutante para falar em público, ela ocasionalmente pedia a Jackie que lesse as páginas em seu lugar. A eloquência do texto, adicionalmente à dor do tipo "estou aqui, mas só pela graça de Deus" que o permeava, maravilhava os pais que haviam descoberto recentemente a identidade sexual dos filhos.

Em pouco tempo, o nome dela tornou-se familiar no circuito local do P-FLAG. Ela também foi entrevistada pela primeira vez, para uma matéria sobre suicídio gay publicada em uma edição de julho do *San Jose Mercury News*.

Em novembro, o pai de Mary, Alvin, morreu de ataque cardíaco, aos 86 anos. Alvin Harrison sempre fora o mediador gentil e de fala suave da família. Ele sofria com a personalidade da esposa, mas sabia quando intervir se as agressões da mulher começassem a ficar muito agudas. A esposa, os filhos e os netos o adoravam por conta de sua imensa gentileza. Escolhida para fazer o discurso no funeral, Mary usou um trecho da Parábola do Bom Samaritano para expressar alguns desses sentimentos, fazendo na fala alusões a seus próprios problemas:

— Você esteve ao nosso lado quando caímos na beira da estrada da vida. Para alguns de nós, foi como se tivéssemos sido espancados e privados de nossa humanidade... Talvez tenhamos julgado equivocadamente enquanto caminhávamos pela estrada da vida. Talvez não tenhamos dado ouvidos à sua sabedoria gentil, que sempre nos foi oferecida. Você, meu querido pai, vinha nos resgatar mesmo assim. Você nunca passava desviando o caminho para o outro lado.

*

No início de 1987, um incidente aparentemente trivial abalou as estruturas da comunidade gay de Contra Costa.

O reverendo Larry Whitsell, que ocupava um cargo no Comitê de Direitos Humanos de Concord, apresentou uma resolução ao conselho municipal em janeiro, solicitando que o calendário municipal incluísse, no mês de junho, a "Semana da Liberdade Gay", para coincidir com a celebração da parada do orgulho anual que já existia em todo o país. O projeto foi aprovado sem controvérsias.

Porém, quando a imprensa noticiou o fato, foi como se alguém tivesse pisado em um formigueiro. Cartas de protesto inundaram o conselho municipal. "Nós nos mudamos para essa área por causa da comunidade com valores voltados à família. Queremos que o caráter moral da nossa comunidade se mantenha intacto", escreveu um cidadão.

Quando a comissão voltou a se reunir, em 19 de fevereiro, o debate já havia alcançado um tom de histeria. A sala de reuniões do comitê ficou lotada com 450 pessoas. Outras 300 foram impedidas de entrar. Aqueles que discursavam favoravelmente à tolerância eram recebidos com vaias pelos fundamentalistas. Mary compareceu, em apoio a Jackie Costa, que declarou:

— A homossexualidade não é uma escolha, é um fato da vida. Sou mãe de um rapaz gay cuja família está há três gerações neste país, e ele tem tanto direito de morar aqui quanto qualquer outra pessoa.

Enquanto Jackie descia do púlpito, as pessoas da plateia balançavam os punhos na frente do seu rosto e gritavam:

— Seu filho é uma abominação para Deus!

A comissão cedeu à pressão e removeu a Semana da Liberdade Gay do calendário municipal, mas declarou oficialmente que apoiava os "direitos civis dos gays", enfurecendo ainda mais os seus oponentes. A comissão, então, levou o debate para o conselho civil.

As emoções fomentadas pela controvérsia deram visibilidade tanto a membros da comunidade gay quanto a elementos da direita religiosa até então anônimos aos olhos do público. Um grupo conhecido como Aliança dos Valores Tradicionais, comandado por um ministro chamado Lloyd Mashore, falava em nome do lado antigay. Larry Whitsell comandava um núcleo cada vez maior de gays e lésbicas, que sentiram a necessidade de assumir sua homossexualidade em resposta às agressões ferozes que ocorriam em sua comunidade pequena e outrora confortável.

A questão seria debatida cinco dias depois pelo conselho municipal. A defensoria gay mobilizou suas forças. O P-FLAG de Diablo Valley foi convidado a participar. Larry pediu que Mary falasse; sua história era capaz de tocar até mesmo o coração do mais ignorante dos antigays. Mary estava assustada. Nunca em sua vida falara para uma plateia tão grande.

Na segunda-feira, 23 de fevereiro, um mar de gente se aglomerava na câmara do conselho, espalhando-se até o pátio, onde caixas de som haviam sido instaladas. Um grupo de 300 pessoas do lado de dentro brigava por lugares ou um jeito de ver. Mary e Jackie esperavam no pátio enquanto os procedimentos não começavam, e atraíam olhares pouco amistosos devido a seus broches do P-FLAG, que diziam: "Amamos nossas crianças gays e lésbicas".

Mary não parava quieta.

— Estou muito nervosa — disse ela. — Estou com medo. Não sei se consigo.

Jackie tentou tranquilizá-la, mas se perguntou se teria que, mais uma vez, substituir a amiga.

Ao lado delas, um pastor contava uma anedota a um companheiro, com a voz alta o bastante para ser ouvida.

— Tentei concorrer a um cargo na Comissão de Direitos Humanos, mas nomearam uma bicha no meu lugar. Escrevi uma carta dizendo: "Ajoelhamos para orar na nossa igreja. E na sua? Vocês ajoelham para fazer o quê?".

As duas mulheres ficaram, ao mesmo tempo, assustadas e enfurecidas. Jackie conseguia ver Mary ajustando a postura, a raiva lhe subindo às bochechas. Quando chegou a sua vez de falar, ela caminhou até o palco com uma certeza alimentada pela fúria. Jackie pensou: "Deus trabalha mesmo de formas misteriosas".

— Gostaria de afirmar para o conselho e para os moradores de Concord — começou Mary — que ninguém precisa ter medo de o calendário de Concord incluir a palavra *gay*. O que as pessoas de Concord precisam temer é a falta de conhecimento sobre gays e lésbicas. Pois, dada a minha própria falta de conhecimento, tornei-me dependente de pessoas da igreja. Quando a igreja condena um homossexual ao inferno e à danação eterna, nós, fiéis, dizemos "amém". Eu me arrependo muito da minha falta de conhecimento sobre gays e lésbicas. Se eu tivesse investigado o que agora vejo como ignorância bíblica e desumanização diabólica contra outros seres humanos, não estaria olhando para o passado com remorso por ter arruinado a minha habilidade de pensar e ter concordado cegamente com outras pessoas; pessoas nas quais confiei para guiarem minha vida.

A voz dela estava baixa, porém firme, quando começou a falar sobre a perda de Bobby. O público escutava em silêncio profundo.

— Deus não curou Bobby como ele, nossa família e a igreja acreditávamos que curaria. Hoje, é óbvio para nós o motivo de isso não ter ocorrido. Deus nunca se enfurecera com a sexualidade geneticamente determinada do filho Dele. Deus estava feliz porque Bobby tinha um coração bom e amoroso. Aos olhos de Deus, bondade e amor são o que há de mais importante na vida. Eu não sabia que, toda vez que repetia um "amém" para a danação eterna, toda vez que me referia a Bobby como alguém doente, pervertido e perigoso para as crianças, sua autoestima e aceitação pessoal eram progressivamente destruídas. Por fim, o espírito dele se quebrou de tal maneira que não havia mais volta. Ele não conseguia mais ignorar a injustiça. Bobby tirou sua vida aos vinte anos. Não foi da vontade de Deus que Bobby saltasse de um viaduto e se chocasse com um caminhão, o que o matou instantaneamente. A morte de Bobby foi resultado direto da ignorância dos seus pais e do medo da palavra *gay*. Uma injustiça cometida não apenas com Bobby, mas com a família dele também. Deus sabe que não é certo que Bobby não possa estar aqui hoje, com as pessoas que ele amava.

Muitos na plateia começaram a chorar enquanto ela continuava:

— Uma educação correta sobre a homossexualidade teria evitado essa tragédia. Não tenho palavras para expressar a dor e o vazio que sentimos até hoje no coração. Temos saudade do jeito bom e gentil de Bobby, do seu humor divertido e amável, das suas risadas. Os sonhos e as esperanças de Bobby não deveriam ter sido tomados dele, mas foram. Não podemos trazer o Bobby de volta. Existem crianças como Bobby nas suas congregações. Sem que vocês saibam, elas estão ouvindo seus "améns" enquanto clamam por Deus em silêncio nos seus corações. Os clamores passarão despercebidos por aqueles que não conseguem ouvir nada além do "amém". A ignorância e o medo da palavra *gay* irão, em breve, silenciar esses clamores. Antes de repetir um "amém" na sua casa ou na sua igreja, pense e lembre-se: uma criança está escutando.

Houve um momento de silêncio e, depois, uma salva de palmas. A oposição, que vaiara os que falaram antes, desta vez permaneceu calada. Mary desceu do palanque e caminhou com firmeza até o recuo da câmara. Lá dentro, ela começou a tremer. Aquele momento fora sua própria saída do armário.

O conselho municipal, depois de ouvir dezenas de testemunhas, tomou uma decisão que, no fim das contas, não agradou a ninguém. A palavra *gay* foi retirada da declaração do Comitê de Direitos Humanos e substituída por "direitos civis para todos os indivíduos".

A ação só acalmou as partes conflitantes por um certo tempo, e logo a dolorosa luta pelos direitos dos gays em Concord e no resto do condado seria retomada — e duraria os três anos seguintes.

Mas o caminho de Mary Griffith tinha ficado claro. Ela descobrira que era capaz de comover grandes grupos de pessoas. Vira que sua história era um conto de advertência em potencial. Seu testemunho foi notícia no jornal *Oakland Tribune*. Agora, ela era uma ativista, envolvida em uma causa da qual jamais desistiria.

CAPÍTULO 10
PORTLAND

Bobby, 1983

Terça-feira, 16 de fevereiro. Você não vai acreditar. Sei disso porque nem eu acredito. Me mudei para Portland... Antes eu estava superassustado, mas agora sei que vai ficar tudo bem. A parte mais difícil de todas foi ir embora. Me despedir da minha família foi difícil porque eu a amo muito. Minha família foi muito boa comigo. Eles me mandaram cartões de Dia de São Valentim, sabonetes, toalhas, cuecas, meus livros e dinheiro. Acho que serei feliz aqui.

Era um recomeço, um refresco. Literalmente. O inverno de Portland tinha o aroma envolvente de pinheiros molhados e lenha queimada. Se Walnut Creek parecia congestionada e provinciana, Portland tinha muitos espaços abertos e pessoas que, para Bobby, pareciam amigáveis.

Estou feliz por ter saído daquela cidade. Nada além de lembranças ruins. Essa é a minha nova vida, um novo dia, e eu serei um sucesso de todas as formas possíveis. Estou empolgado demais por estar aqui.

De certa forma, era como estar em um acampamento de férias. Cartões e cartas da família chegavam sempre, com novidades e fofocas. Presentes também. Um cartão de Ed dizia: "Eu te amo e sempre penso em você! Te desejo todas as bênçãos!", acrescentando que estava indo bem nos esportes na faculdade e "juntando muitas farpas no banco".

A mãe enviara uma carta longa, recheada de referências bíblicas e perguntando se podia passar o novo endereço e o telefone de Bobby para os "amigos" que estavam pedindo.

"Sei que você quer virar a página, como você mesmo diz, mas, Bobby, não sei com quem você quer manter amizade e com quem não quer", escreveu ela. Ela dizia que estava tentando não pensar no vazio deixado por sua mudança. "Eu estava me esforçando bastante esses dias e o Senhor invadiu meus pensamentos e disse: 'Deixe que os sentimentos permaneçam e não lute contra eles. É normal sentir-se triste quando alguém com quem você viveu por 20 anos não está mais por perto. Um vazio profundo é esperado'."

Jeanette estava empolgada por finalmente Bobby estar em Portland. Sua parceira, Tina, gostava muito dele, e eles se tornaram um trio inseparável, que ocasionalmente se tornava quinteto quando apareciam as irmãs de Jeanette, Debbie e Stephanie, que também moravam em Portland.

Bobby tinha um quarto só dele na casa de Tina, na região noroeste de Portland, em um bairro antigo, arborizado e cheio de casas elegantes e bem cuidadas. Ele conseguiu arrumar empregos com facilidade, um depois do outro, primeiro como atendente em uma sorveteria e depois como plantonista em uma casa de convalescência em Crestview. Aceitou os dois para tentar juntar algum dinheiro. Além disso, matriculou-se em uma academia local e voltou à rotina pesada de musculação.

Ele e Jeanette costumavam correr juntos, e corriam e falavam no mesmo ritmo. Eles pareciam ter assuntos infinitos para discutir. Eles se davam muito bem quando estavam juntos, pareciam conectados. Aos finais de semana, saíam para dançar, às vezes só os dois. Suado e empolgado, Bobby costumava tirar a camiseta, apesar de ser tímido.

Bobby decidiu fazer um esforço consciente de conter seus desejos sexuais. Ele queria afastar-se do padrão californiano de fazer sexo por fazer. Em uma noite de sábado, no final de fevereiro, ele saiu sozinho pela primeira vez para ir ao Family Zoo, um dos bares na Stark Street. Ele se sentiu observado, como se estivesse sendo avaliado por "todos aqueles homens velhos". "Nunca me senti tão nervoso em toda a minha vida", confidenciaria em seu diário. "Precisei segurar a garrafa d'água contra a barriga para as minhas mãos pararem de tremer."

Por fim, ele encontrou um conhecido, e juntos decidiram ir à sauna Continental.

Mas não tínhamos dinheiro, então ele só me deixou em casa. Melhor assim. Minha virtude foi salva. Não posso ficar desesperado. Pessoas desesperadas fazem coisas malucas. Não posso deixar que nada destrua minha vida nova, principalmente algo idiota como sexo.

Pelo prisma de Bobby, sexo era algo empolgante, mas perigoso no melhor dos casos e pecaminoso no pior. Ele não conseguia imaginar o ato como uma expressão de intimidade e amor, embora presenciasse diariamente o relacionamento sólido de Jeanette e Tina.

Ele contou a Jeanette que nunca fizera sexo com ninguém de quem gostasse de verdade.

— Como é fazer sexo com alguém que você ama? — perguntou ele certa vez.

— É maravilhoso — respondeu ela. — É bem diferente. Não dá para comparar. Uma hora você cansa de ficar rodando por aí, Bobby, e decide sossegar — ela o tranquilizou.

Março foi um mês curiosamente quente. Bobby escreveu uma carta animada para casa, contando à família sobre como gostava de vestir as mulheres mais velhas na casa de convalescência: "Elas ficam tão mais bonitas com vestidos floridos e suéteres cor-de-rosa em vez de calças e camisas. Essa é a parte mais divertida — vesti-las e escolher vestidos bonitos, suéteres e joias para elas, pentear os seus cabelos e maquiá-las".

Em especial, ele gostava de uma mulher charmosa na casa dos noventa anos que costumava falar em rimas: "Acordei, mas a cama não deixei".

Ele admitia estar com saudades de casa, mas insistiu que continuaria em Portland. "Não sou do tipo que desiste. Muitas pessoas passaram por dificuldades muito maiores e conseguiram, então eu também consigo. Acho que sou uma pessoa muito mais disciplinada do que era antes."

Entretanto, em pouco tempo Bobby descobriria que suas inseguranças o haviam seguido até o Oregon. As espinhas na face retornaram. E, novamente, ele ficou obcecado por suavizar suas marcas de expressão.

A cada dia fico mais e mais feio. Acho que alguém lançou uma maldição sobre mim.

Ele voltou a ter uma vida noturna ativa. Certo final de semana, ele se ausentou por dois dias, assustando Jeanette, que havia pedido a ele que avisasse quando fosse dormir fora. A situação saiu de controle quando o parceiro do fim de semana apareceu na casa exigindo o dinheiro que, segundo ele, Bobby tinha roubado de sua carteira. Jeanette ficou irritada pelo fato de a discussão ter chegado à sua porta, mas principalmente pela acusação (mais tarde, Bobby admitiu que havia roubado o dinheiro, dizendo que o cara "mereceu").

Depois do incidente, todos concordaram que era melhor Bobby ir morar com Debbie, do outro lado da cidade, em tese porque ficava bem mais perto da casa de convalescência de Crestview e ele poderia ir para o trabalho a pé. Na realidade, o incidente do roubo trouxera certa tensão ao relacionamento de Bobby com sua prima favorita.

"Achei que minha vida seria perfeita aqui, mas caí na real bem rápido", escreveu ele no começo de abril, dois meses depois de chegar a Portland.

Parece que estraguei meu relacionamento com Jeanette... Nem sei direito como isso aconteceu... Só acordei e vi que tinha cometido um erro pequeno, porém fatal. Do tipo que a gente nem se dá conta até que seja tarde demais. Fiquei morrendo de vergonha. Não consegui dizer nem uma palavra sequer.

Apesar do ocorrido, ele voltou a se sentir otimista mais tarde, na primavera.

Não vou desistir. Nem sei quem ou o que está me enchendo de coragem e força. Deve ser o Senhor Jesus. Obrigado. Obrigado pela força para viver e sobreviver. Agora, só me dê um pouco de vontade de lutar e ninguém vai ficar no meu caminho. Vou sobreviver.

No começo de junho, ele escreveu:

Amanhã completo 4 meses no Oregon. No geral, posso dizer que minha vida melhorou... A caneta que estou segurando agora diz "Para Deus nada é impossível", Lucas 1:37. Acho que é verdade.

E duas semanas antes do seu aniversário de vinte anos:

Acabei de me dar conta do quanto estou feliz por não morar mais em casa. Sou independente e, para mim, isso vale mais que um milhão de dólares. Sempre me senti um fracassado em casa. Uma sensação constante e horrível, que agora se foi. Não estou feliz o tempo todo, claro, fico deprimido de vez em quando, mas isso é normal. Estou muito orgulhoso por ter guardado 500 dólares na conta poupança.

No dia do seu aniversário, 24 de junho, vários cartões chegaram de casa. Joy e Ed mandaram cartões diferentes do Snoopy. Joy escreveu: "Fico muito mal sempre que vejo uma foto sua. Estou com muita saudade e te amo ainda mais". Ed disse: "Aguenta firme e que Deus te abençoe. Não desista de nada... Te amo! Sempre vou te amar!".

O cartão de Mary dizia: "Com o nosso amor, e o amor de Deus". Também incluía um trecho inevitável das escrituras, desta vez, Romanos 8:28: "Sabemos que todas as coisas cooperam para o bem daqueles que amam a Deus, daqueles que são chamados segundo o Seu propósito".

Entretanto, em julho, pela perspectiva de Bobby, Deus o estava punindo. Ele achava que as marcas de expressão prematuras em seu rosto eram algum tipo de castigo. Ele também desenvolveu verrugas genitais, e estava convencido de que a dor para removê-las era uma espécie de penitência. "Como sempre, acabo sofrendo por causa dos meus pecados", escreveu em seu diário.

Ele sentia que estava nadando rio acima contra uma correnteza que afogava todo o seu otimismo e determinação. Independentemente do quanto tentasse, uma força o agarrava, puxando-o para baixo.

Em meados de julho, ele estava mais uma vez no fundo do poço.

Até onde eu sei, minha vida está acabada. Não é horrível? Pensei que duraria pelo menos até os vinte e cinco anos, mas acho que não vai dar. Não deveria estar escrevendo esse tipo de coisa; pena que é assim que eu me sinto. Odeio viver neste planeta e me sinto mal o tempo todo.

Meu cabelo está caindo e estou cheio de rugas. Foda-se, Deus! Quando não é uma coisa, é outra, e todo mundo tem limites. Acho que Deus deve ficar feliz ao ver pessoas lidando com os obstáculos que Ele joga pelo caminho. "Haha! Vamos ver o que o Bobby fará quando começar a perder seu cabelinho lindo!" É isso que Ele deve estar pensando.

Bom, eu odeio Deus por isso e pela minha existência de merda.

Os mísseis que Mary continuava lançando com frequência também não ajudavam em nada. O mais recente fora

uma carta horrorosa... Cheia de objeções e sermões destinados a me arrastar ao caminho correto. Achei que ela soubesse que boa parte dos meus motivos para ir embora envolvia os sermões, mas parece que minha mãe nunca vai desistir.

Bobby lia aquelas cartas para Jeanette, e eles riam e faziam piadas a respeito delas, e então ele se sentia culpado.

Em algum momento da semana seguinte, sua mãe ligou com uma nova preocupação: aids.

— Sei que não é da minha conta, mas você está... você está se protegendo? — perguntou ela.

— Mãe, por favor! — implorou Bobby.

— Bobby, se você estiver pensando em se divertir por aí, tenha cuidado. Essa aids é como uma roleta russa. Tão perigosa quanto apontar uma arma para a própria cabeça.

Bobby resignou-se. A verdade é que ele estava, sim, muito preocupado com a aids, mais um perigo à espreita.

— Estou me cuidando — disse ele. — De qualquer forma, a aids é provavelmente um castigo de Deus para os gays.

Mary ficou chocada. Nem ela seria capaz de dizer uma coisa daquelas.

— Ah, não, Bobby. Eu não acredito nisso.

Bobby hesitou um instante antes de dizer:

— Bom, talvez seja melhor que eu morra mesmo.

Mary achou que era apenas provocação. As conversas dos dois pareciam sempre acabar em briga ultimamente. Um pensamento ligeiro, causado pela exasperação e do qual ela se arrependeria pelo resto da vida, passou então por sua cabeça: "Talvez seja melhor mesmo".

Porém, ela só disse:

— Bem, quando você fizer vinte e um anos, talvez eu deixe de agir como sua mãe.

— Duvido — respondeu Bobby.

A resposta impensada de Bobby ao comentário de Mary sobre a aids escondia uma preocupação real. Ao final de junho de 1983, os números ameaçavam atingir proporções epidêmicas: 1.675 norte-americanos infectados; quase 750 mortes. Seminários e palestras estavam ficando mais frequentes e começavam a ganhar cobertura da mídia. Ainda assim, a resposta do governo Reagan era mínima, e muitos gays continuavam em estado de negação. Bobby nunca menciona a aids em seus diários, mas Jeanette lembra de ouvi-lo comentar a respeito. Para ele, a epidemia representou, sem dúvida, mais um peso sobre seu futuro incerto.

Por volta desse período, ele escreveu para Dora Arnold, sua amiga das sessões de *Rocky Horror Show*, dizendo que "as coisas estavam ficando bem deprimentes por aqui. Me manda um pouco do sol da Califórnia num potinho". Ela respondeu enviando para ele uma pequena caixa de chicletes no formato das laranjas da Califórnia.

Na verdade, ele já tinha planejado uma viagem de cinco dias para visitar a família na Califórnia. Estava ansioso para revê-la, mas irritado por ter que pagar duzentos dólares em uma passagem de avião "só para ouvir um maldito sermão".

Mas ele foi, deixando um registro em seu diário no dia 25 de julho:

Devo merecer tudo que acontece comigo. O engraçado é que só agora me dei conta de como devo ser uma pessoa horrível.

Bob levou Mary ao aeroporto de Oakland para buscar Bobby e ela ficou chocada ao deparar-se com a aparência tristonha do filho. Ele agia como se precisasse se esforçar até para respirar. "Todas aquelas cartas animadas e ele está do mesmo jeito que estava na noite em que foi embora", pensou ela. Eles trocaram algumas palavras gentis quando se viram e se abraçaram, mas o coração de Bobby não estava lá. Ele passou toda a estadia com os nervos à flor da pele e arredio com a mãe, irritando-se diante de qualquer provocação mínima. Estava na cara que não toleraria nenhum "maldito sermão", embora Mary tenha deixado uma cópia da *Newsweek* na mesa da cozinha, aberta em uma matéria sobre a aids.

Ela tentava jogar conversa fora. Vendo que o Oregon obviamente não provocara no filho as mudanças que ela esperava, Mary perguntou se ele queria voltar para a Califórnia.

— Não — respondeu ele. — Você não ia me querer por perto. Sou desagradável demais.

— Isso não é verdade, Bobby — protestou ela.

Eles conversaram sobre o futuro profissional de Bobby. Mary, tentando ajudar, sugeriu que o filho tentasse virar paramédico.

Bobby surtou.

— Por que tanta pressa? Por que não para de me pressionar?

Bobby parecia interessado apenas em relaxar e ficar com um bronzeado californiano perfeito. Ele passava horas na piscina do quintal. Depois, reunia-se com Nancy e Joy (Ed estava ocupado com o acampamento de futebol) e os três passeavam pela cidade. Foram até Berkeley certa noite e, em outra ocasião, passaram o dia em Santa Cruz, uma cidade litorânea cerca de 160 quilômetros ao sul. Ele teve pouco contato com o pai, pois a relação entre os dois continuava muito distante.

Nancy, com treze anos na época, e Joy adoravam a companhia de Bobby, mas notaram uma certa melancolia no irmão. Nada o empolgava. Os três foram assistir a *Negócio Arriscado*, o filme estrelado por Tom Cruise, que tanto Joy quanto Nancy acharam um tanto deprimente. Elas se sentiram ainda mais deprimidas quando perceberam que o filme tinha baixado o ânimo já derrubado do irmão.

Em um determinado momento, andando pela avenida principal no centro de Walnut Creek, Nancy perguntou para Bobby:

— Como você se sentiria se descobrisse que eu sou gay?

— Eu ficaria arrasado — respondeu Bobby.

— Que engraçado você dizer isso — comentou ela. — Porque eu não me sinto arrasada por você ser gay.

— Obrigado — disse Bobby, simplesmente.

Ele foi com alguns amigos à noite gay da pista de patinação em Hayward. Mark Guyer, o aluno do Colégio Las Lomas com quem ele saíra mais de dezoito meses antes, estava lá. Bobby vestia uma regata que acentuava seu físico musculoso — não era mais o Bobby tímido com roupas comportadas que Mark conhecera. Até mesmo o seu rosto parecia esculpido. Ele estava acompanhado de um grupo de jovens rapazes perigosamente atraentes.

Os dois trocaram um "oi", mas nada além disso. Mark teve a impressão de que Bobby agora só saía com gente mais materialista, que se importava com a aparência. Ele ficou feliz ao ver que Bobby parecia resolvido com a própria sexualidade. Porém, pareceu-lhe estranho que alguém gentil como ele acabasse com aquela aparência, andando com aquele tipo de companhia.

*

Num piscar de olhos, as férias terminaram. Bobby cumpriu as despedidas obrigatórias, mas sem a emoção da primeira partida. Ele deu a Ed uma calça cor de areia que era sua e da qual Ed sempre gostara, despedindo-se do irmão com um aperto de mãos. Ed ficou muito feliz com o presente, mas chateado porque não se deram o abraço de sempre.

Joy levou Bobby ao aeroporto.

— Você vai voltar? — perguntou ela no caminho. — Tipo, de vez?

— Não sei — murmurou ele. — Quero ficar por lá pelo menos até dezembro, para mostrar que tentei de verdade.

No aeroporto, ela foi com ele até o portão de embarque e, sentindo-se levemente preocupada, abraçou-o. Ela nunca mais veria Bobby de novo.

*

De volta a Portland, Bobby retomou a sua rotina. A prima Debbie, que também trabalhava na casa de convalescência em Crestview, mas como enfermeira, notou que Bobby parecia triste na maior parte do tempo. Às vezes, ela o observava saindo do trabalho e caminhando até o ponto de ônibus, exausto e cabisbaixo. Debbie tinha trinta anos, dez a mais do que Bobby. Uma mulher robusta de olhos e cabelos castanhos, Debbie tinha pouco em comum com o primo mais novo. Eles mantinham uma relação cordial, embora Bobby tivesse suas reclamações. "Às vezes a Debbie me dá nos nervos", escreveu ele. "Queria pegá-la pelo pescoço e gritar 'Cala a boca!'. Mas é claro que me seguro."

Porém, diferentemente da irmã, Debbie não sabia como se aproximar de Bobby. Ela se compadecia dele e sabia das dificuldades que uma pessoa gay precisava enfrentar, mas sua criação e sua própria natureza lhe davam uma predisposição para ser forte, para aceitar que a vida é difícil mesmo, e apenas se lida com isso e se segue em frente. Ela não era uma pessoa na qual Bobby encontraria uma confidente. O relacionamento entre Bobby e Jeanette tinha melhorado, quase voltara ao normal, mas eles moravam em extremos opostos da cidade e Bobby não tinha carro.

"Só agora me dei conta da idiotice que é manter um diário assim", escreveu ele em uma quarta-feira, 10 de agosto.

Registro aqui meus sentimentos mais profundos e, se alguém acabar lendo, estarei à sua mercê. Deveria escrever apenas quando não tenho alguém com quem conversar.

Dois dias depois, na sexta-feira, ele registrou no diário que fora ao centro da cidade para uma "pequena sessão de compras" e adquiriu duas *jockstraps*, dois moletons e alguns outros itens. "Eu ia cortar a grama, mas o cortador está com defeito."

Na quarta-feira seguinte, 17 de agosto, ainda no modo caseiro, ele foi de ônibus a uma loja em Saint Vincent de Paul e comprou um colchão e uma cama baú por setenta e nove dólares. Agendou a entrega para a terça-feira seguinte.

Perto do final da semana, Jeanette ligou:

— Vamos sair para dançar sexta à noite, só eu e você.

PORTLAND

Bobby aceitou com alegria. Ela podia perceber que ele estava se sentindo sozinho. Além disso, a prima estava com saudades também. O amor que sentiam um pelo outro permanecia intacto.

Foi uma noite incrível. Os dois adoravam dançar e eram incansáveis. O Clube Embers, uma danceteria popular, tinha um sistema de som excelente, com amplificadores gigantes e caixas acústicas de perfurar os ouvidos. Bobby bebia de sua garrafa d'água (ele até consumia álcool, mas nunca gostou muito) e suava o líquido quase que instantaneamente. Os dois tinham estilos diferentes, mas, quando dançavam juntos, parecia coreografado. Aquilo era algo que Bobby sentia que sabia fazer bem e, junto com sua prima querida, os corpos pulsando em harmonia, o momento era de puro prazer.

Eles dançaram até às quatro da manhã. Por fim, exaustos, decidiram ir embora. Jeanette levou Bobby para casa em seu Rambler 65, que ainda dava para o gasto em 1983. Era uma noite de verão quente e úmida em Oregon. Ela ficou olhando enquanto ele entrava na casa número 54 da Avenida Sudoeste. Quando Jeanette foi embora, Bobby acenou da janela da cozinha, mexendo os lábios para formar um "Eu te amo". Em algum momento, talvez naquela mesma noite, ele colou uma fotografia de Jeanette em seu diário e escreveu: "Essa é uma foto da minha melhor amiga".

Foi o último registro que ele fez.

*

Uma semana depois — na manhã de sexta-feira, 26 de agosto —, os moradores de Portland acordaram com a notícia de que o presidente Reagan talvez enviasse tropas para Beirute para manter a paz. Merle Haggard ia tocar na feira estadual naquela noite. A previsão do tempo indicava um dia quente, porém nublado.

Quando Bobby voltou do trabalho naquele dia, Debbie notou que ele estava de mau humor. Mas era do jeito de sempre (no passado, ela tinha sugerido a ele que procurasse ajuda profissional, e Bobby concordou que precisava, mas disse que não tinha como pagar).

Os dois caminharam juntos até a mercearia da esquina para comprar algo para o jantar. Bobby, que ainda não tinha idade para comprar álcool, pediu a Debbie que comprasse uma garrafa de bebida para ele. Aquilo lhe soou estranho, já que Bobby não costumava beber. Debbie recusou. Eles prepararam a refeição — peito de peru para ele, tamale congelado para ela. Debbie sentiu que ele queria desabafar, mas tudo que se passou entre os dois naquela noite foi a conversa fiada de sempre.

Debbie planejara ir ao centro da cidade mais tarde para fazer compras e o chamou para ir com ela. Mas Bobby brincou, dizendo que não entraria naquela lata velha que ela chamava de carro; era perigoso demais. Ele disse que iria de ônibus para o centro mais tarde se decidisse sair, talvez para dançar.

Ele ainda estava em casa quando Debbie voltou, mas saiu por volta das 22h, vestindo uma camisa xadrez e calça verde, a caminho dos bares gays na Stark Street.

Em algum momento antes da meia-noite, ele percorreu cinco quarteirões para o oeste e cinco para o norte, passando pelo centro. Mais tarde, Jeanette especulou que ele talvez estivesse a caminho de um bar fetichista chamado The Cell. Porém, ninguém sabe ao certo por que ele escolheu aquele caminho, na direção oposta de casa.

À meia-noite e meia, um carro parou em um sinal vermelho no cruzamento da Everett Street com a Interestadual 405. O motorista e o passageiro notaram uma figura solitária caminhando sobre o viaduto. Viram quando ele parou e olhou para baixo, por cima da barreira de proteção.

Em poucos segundos, Bobby subiu na barreira e mergulhou em direção à morte, enfim livre.

*

Por que ali? Por que naquele momento em particular? Três dias antes, sua cama nova tinha sido entregue. Duas semanas antes ele comprara moletons novos e *jockstraps*. Isso sugere que ele vislumbrava um futuro. Portanto, o salto não foi premeditado no sentido tradicional. Mas tampouco foi um ato puramente impulsivo. Conforme evidenciara em seus diários, Bobby já vinha há anos contemplando uma solução drástica. Naqueles últimos meses — e nos anos que os precederam —, ele travara uma batalha colossal entre sua vontade de viver e o desejo ainda mais forte de acabar com aquela dor emocional intensa. Ele enfrentou corajosamente aquela batalha, contra todas as probabilidades e quase em total isolamento.

As pessoas o percebiam triste, mas ninguém conhecia as profundezas sombrias da depressão e do desprezo que Bobby sentia por si mesmo. Ele usava uma máscara diante do mundo, uma máscara que mostrava um garoto tímido e introvertido com um sorriso lindo e sempre disposto a ajudar. Por trás dessa fachada escondiam-se não apenas o ódio patológico de si mesmo e o medo da própria homossexualidade mas também a pessoa engraçada, inteligente e articulada que Bobby era e que poderia ter vivido para ser.

Assim como qualquer ser humano, ele podia ser cruel, uma faceta à qual dá vazão em seus diários e que transparecia em algumas das suas relações familiares. Mas, no fundo do seu coração, ele era uma alma gentil, frágil e vulnerável, suscetível aos julgamentos externos e com um ego pouco desenvolvido. Ele era um adolescente típico na maioria dos aspectos, ainda em formação e inseguro. O julgamento da mãe, do pai, dos irmãos, independentemente de ter sido aberto ou velado, tivera um poder especial: o poder de subjugar seu conceito de dignidade. Ele escutara aqueles julgamentos — na igreja e no colégio, dos colegas e da mídia — e os internalizara.

Assim como qualquer adolescente, Bobby experimentou o surgimento caótico da energia sexual, mas descobriu que aquilo que deveria ser incrível e empolgante era considerado por alguns totalmente desprezível, e ele não tinha qualquer controle sobre isso. A intromissão da religião nesse julgamento — personificada por sua mãe, sua igreja e suas próprias convicções — era o golpe mais certeiro. Bobby se sentia destroçado.

Mesmo assim, ele lutou por cinco anos. Ele resistiu em casa, posicionando-se por quem, lá no fundo, ele sabia que era o verdadeiro

Bobby. De início, ele seguiu o caminho religioso, tentando exorcizar seus demônios em uma espécie de penitência espiritual. Aconselhou-se. Perambulou pela cena gay, apegando-se temporariamente a grupos diferentes de amigos. Flertou com algumas organizações gays (IMC, o clube gay da faculdade) e experimentou uma ampla variedade de possibilidades sexuais, em uma busca sem amor por alívio sensorial.

Obcecado com aquele problema específico, ciente de que sua família era igualmente obcecada, Bobby se pegou de mãos atadas para lidar com qualquer outro aspecto da própria vida — estudos, carreira, a vida cotidiana. Ele passou por uma série de empregos casuais. Não via futuro para si, à exceção daqueles que ganhavam forma em suas fantasias irreais.

A única constante era o seu diário. Naquelas páginas, ele conseguia dizer as coisas que não ousava dizer em voz alta, para manter a máscara de garoto perfeito que ele mostrava para o mundo. O diário era um mapa da mente de Bobby: os excessos causados pela libido; os extremos violentos de raiva, fúria, cinismo, superioridade e condescendência; as profundezas não exploradas de medo e dor. Nas páginas, ele podia dizer de novo e de novo: "Quero morrer", "Deixe-me rastejar para baixo de uma pedra e ser esquecido", "Minha vida acabou". Naquelas páginas, ele podia xingar Deus, sua mãe, o mundo. Podia insultar a si mesmo, espelhando o veredicto do mundo que ele próprio acabara por aceitar. Depois de escrever tudo aquilo, ele continuava lutando. Era como se, ao usar as palavras, encontrasse um talismã que lhe dava permissão para manter-se na luta — palavras como agentes do paraíso.

Talvez Bobby estivesse condenado desde o início. Mas ele não aceitou de cabeça baixa. Sua vontade de viver transparecia em cada uma de suas palavras — até mesmo nos trechos mais deprimentes e nos momentos em que sentia pena de si mesmo. Ele apanhava a caneta, forçando-se a seguir adiante, gritando para os céus com a raiva de Jó. Ele tinha uma visão do que a vida poderia ser, um vislumbre do que a autoaceitação poderia significar. Ainda assim, no ambiente em que vivia, dominado pela presença incômoda da mãe, essa vida lhe parecia inalcançável. As rotas não se conectavam.

Quando finalmente se mudou para o Oregon, Bobby talvez já não tivesse mais salvação. Manifestações antigas de depressão e desesperança retornaram rapidamente. As admoestações de sua mãe o seguiram até lá, chegando por intermédio de cartas e telefonemas. O surgimento da epidemia de aids pode ter sido a derradeira condenação. O julgamento final.

Entretanto, mais do que tudo, Bobby estava exausto. O conflito era implacável e ele se sentia completamente exaurido pelos esforços. Ele não conseguia mais seguir adiante. Arfando por oxigênio psicológico, Bobby decidira que, naquela noite de verão, sua escolha recairia sobre a solução final. O fato de ter optado por uma morte peculiarmente brutal, que destruiria o seu corpo, é um sinal emblemático de como ele se sentia sobre si mesmo.

Jeanette também teria de lidar com pensamentos desse tipo pelos próximos anos. Ela estava no banho naquela manhã de sábado quando Debbie ligou. Ela pegou a toalha e atendeu o telefone no corredor. Debbie contou que Bobby estava morto, que havia pulado do viaduto na frente de um caminhão. Jeanette caiu em um choro histérico e gritou por Tina. Quando Tina soube, só conseguia repetir com uma voz vazia:

— Não acredito. Não acredito.

Nenhuma das duas acreditava. Jeanette, devastada, achava que conhecia Bobby melhor do que qualquer outra pessoa. Mesmo assim, semelhantemente ao resto da família, ela subestimou a profundidade da infelicidade do primo. Suicídio era a última coisa na qual ela pensaria.

Tempos depois, após ter lido os diários e ficado perplexa com o desespero profundo contido naquelas páginas, ela passaria horas e horas pensando na vida do primo, de novo e de novo. Uma mistura de pensamentos fervilhava em sua mente: Bobby tinha um coração puro sem nenhuma barreira de defesa. Ele simplesmente nunca se aceitara. Ele tinha ido para Portland para começar uma vida nova em um ambiente no qual ser gay fosse mais aceitável. Lá, Bobby encontrara homens e mulheres homossexuais com vidas produtivas.

Por que ele não conseguiu absorver nada daquilo? Jeanette sentia que havia se feito presente para ele, mesmo quando o primo decidira retomar seus hábitos promíscuos. Ela especula que a crença de que queimaria no inferno pelos próprios pecados já estava enraizada demais. O julgamento que ele fazia da própria vida era tão visceral quanto o de qualquer extremista fanático de direita. Ela foi tomada por uma sensação de impotência que completava seu luto.

Ela e Tina embalaram os poucos pertences de Bobby, incluindo os quatro volumes dos diários, e Jeanette começou a longa e triste viagem até Walnut Creek.

*

Andrea Hernandez era a jovem que morou na casa da família Griffith em 1981 e se tornara amiga de Joy e Bobby. Em algum momento, a amizade com Joy esfriou e ela se afastou. Mas o afeto caloroso por Bobby se manteve e eles continuaram em contato. Fazia seis meses que ela o encontrara pela última vez, pouco antes da mudança para o Oregon. No dia 27 de agosto, ela estava dirigindo por Walnut Creek quando avistou seu irmão Nick em um ponto de ônibus. Parou para lhe dar uma carona e notou que ele estava com um olhar pesaroso no rosto.

— Andrea, preciso contar uma coisa.

Ela teve uma premonição imediata.

— É sobre o Bobby, não é?

— Sim — disse ele. — Bobby morreu.

Andrea sentiu um aperto na garganta e começou a hiperventilar. Era como se estivesse sonhando. Após deixar Nick em casa, ela dirigiu a esmo. Por ter sido afastada da família Griffith, não sabia para quem ligar nem o que fazer. Decidiu ir ao funeral.

*

Na CalFrame, o chefe de Diane Haines reuniu todos os funcionários do depósito no escritório e anunciou que Bobby Griffith havia cometido suicídio. Diane ficou perplexa e triste. Ela não conseguia entender o motivo de ele ter feito uma coisa daquelas. E fez questão de descobrir onde seria o funeral.

*

Dora Arnold não se lembra de como ficou sabendo, só que ficou totalmente em choque. Ela e outro participante do grupo de *Rocky Horror Show*, um garoto chamado Vern, que também era apaixonado por Bobby, decidiram ir ao funeral. Dora queria estar lá pelo Bobby.

*

Mark Guyer, o amigo de Bobby do Colégio Las Lomas, recebeu um telefonema de um conhecido em comum.

— Mark, liguei para contar que Bobby Griffith se matou e o funeral é hoje.

— Ah, meu Deus! — exclamou Mark. Ele se sentiu enjoado. Por instinto, pensou: "Mais um de nós morrendo desse jeito".

"Mas por que o Bobby?", perguntou a si mesmo, embora já soubesse a resposta. Sentiu raiva da mãe de Bobby por todas as coisas que ele imaginava que ela poderia ter feito com o filho. Também ficou furioso por ter recebido a notícia da morte de Bobby tão tarde, e atribuiu isso à rejeição da família a todos os aspectos da vida gay de Bobby, incluindo seus amigos.

"Que se danem", pensou. Por impulso, ele saltou no carro e dirigiu até a Igreja Presbiteriana de Walnut Creek.

*

Assim, no funeral todos convergiram — alguns personagens da *outra* vida de Bobby, desconhecidos entre si, desconhecidos da família dele. A maioria se acomodou nos fundos, se sentindo quase como intrusos. O caixão fechado de Bobby foi acondicionado no átrio, com uma foto sua apoiada no topo. O sorriso radiante iluminava a plateia de cerca de cem pessoas.

O pastor assistente Daubenspeck, amigo de Ed Griffith, presidiu a cerimônia. A mensagem para os amigos de Bobby, para Jeanette e até mesmo, subliminarmente, para Mary, era de que Bobby havia se matado *porque* era homossexual.

Diane Haines mal podia acreditar. "Quem diabos ele pensa que é para dizer uma coisa dessas?", pensou ela, furiosa. "Bobby se matou porque não era aceito pela família. Mas cá estamos nós, em sua despedida, na derradeira homenagem a ele, e as pessoas obrigadas a ouvir mentiras."

Andrea Hernandez teve uma reação similar. Ela ponderava consigo mesma: "Mesmo depois de morto, eles o continuam matando. O que dizem é: 'Atenção, todo mundo, é isso que acontece quando você é gay e vai contra Deus: você morre. Que pena, né?'". Com raiva, ela pensava em como aquele tipo de tratamento era sacrílego e desrespeitoso com a memória de Bobby. Andrea resistiu ao impulso de sair correndo e dar um murro no ministro.

A viagem de Mark Guyer até a igreja começara tarde demais. A cerimônia já tinha terminado quando ele chegou. Mas no dia seguinte, sábado, ele dirigiu até o Cemitério Memorial Oakmont e encontrou a lápide de Bobby na colina. O solo ainda estava remexido no lugar onde o haviam enterrado. Mark ajoelhou-se, pensando: "Se ao menos nós tivéssemos conversado mais... Se tivéssemos ficado mais amigos, talvez um pouco da minha força, se é que eu tinha alguma, tivesse passado para ele. Se tivesse alguém para apoiá-lo, ele não teria morrido".

Chorando, Mark depositou um buquê de flores na lápide. Ele retornaria muitas vezes depois daquele dia para conversar com Bobby ou tocar músicas para ele em um toca-fitas. Uma música em especial parecia apropriada: "Vincent", de Don McLean. Mark a tocou várias vezes, devastado pela crueldade do mundo com uma pessoa tão linda.

CAPÍTULO 11
O FIO DE OURO

Mary, 1987

Quase quatro anos depois da morte de Bobby, Mary estava saindo da sombra do luto e da culpa. Ela nunca se livraria daquele vazio deixado pela perda do filho. Um fragmento da alma dela se fora com ele.

Porém, estava começando a sentir que poderia ter uma vida significativa de novo. Em Larry Whitsell e no P-FLAG, ela encontrara tanto uma missão quanto um grupo de apoio. Sua aparição no conselho de Concord a encorajara e permitiu que ela acreditasse ser capaz de fazer a diferença.

As pessoas pareciam se comover com a sua história. Ela não tentava analisar os motivos, mas para os outros estava claro: suas palavras apresentavam elementos irresistíveis de poder emocional — a morte horrível e desnecessária de um filho, a aceitação da responsabilidade como mãe, a conversão inacreditável e o alerta implícito: não deixe isso acontecer com o seu filho.

A história ganhava ainda mais força porque Mary a contava de um jeito simples e nada sofisticado. Ela era tímida e hesitante. Falava de forma suave e com pouca entonação. Sua aparência era agradável, mas não imponente. Quando sorria ou dava uma risada, costumava cobrir a boca com a mão, como se tentasse esconder os dentes levemente tortos. Ela preferia blusas simples, porém elegantes, e saias com estampas florais em cores neutras.

A imagem geral era de uma pessoa que não estava tentando aparecer. Portanto, tornava-se claro que ela só falava porque acreditava que aquele era o seu dever. Por trás de cada hesitação havia a paixão de um missionário com uma história de narrativa forte. Não havia fingimento, nada a esconder. Mary falava com a autoridade de quem vivera uma tragédia, e o fazia de forma direta e urgente, transparecendo verdade. Com frequência ela caía em prantos enquanto falava, mas secava as lágrimas e se forçava a continuar. Sua tristeza era palpável.

Outro ponto forte da história de Mary era sua singularidade. Outros pais poderiam falar sobre seus estranhamentos com um filho gay, a agonia da negação, a jornada rumo à reconciliação. Mas só Mary conseguia fazer a ligação entre a não aceitação e a morte. Por meio dela, pais — na verdade, qualquer pessoa que convivesse com gays na família ou no círculo de amizade — conseguiam vislumbrar o horror de permitir que um jovem perdido escorregasse para um caminho sem volta como resultado da falta de compreensão. Sozinha, Mary continuava sofrendo as consequências da perda. Todas as autoanálises nos anos que se passaram foram motivadas pela necessidade de encontrar um pouco de paz para o espírito do filho — e, consequentemente, para si própria. Agora, ela conseguia imaginar o espírito de Bobby descansando. Na primavera de 1987, ela colocou em palavras uma suposta comunicação que tivera com filho, uma fantasia sobre a vida após a morte em que Bobby aproveitava os prazeres e a criatividade que lhe foram negados em vida. Ela chamou o texto de "O fio de ouro".

Há muitas coisas para fazer. Tanta vida para colocar em dia. Tempo para escrever histórias de aventura, tempo para compor poemas sobre esperança e amor. Tempo para pintar a beleza que me cerca. Tempo para fazer brinquedos e bonecas. E o melhor, estou livre para aproveitar a beleza das minhas criações.

Há florestas para visitar... Os pássaros continuam cantando, lindos como sempre, mas agora eles cantam para mim também... As flores são deslumbrantes e cheirosas. A senhora sabe como eu amo flores... Há roupas para criar e tecidos para costurar, mas nunca há um coração partido. Temos muito o que cozinhar e novas receitas para testar — sem gordura, é claro. Compus uma música e toquei no meu xilofone.

Quase me esqueci da Cozette [uma cachorra da família]. *Ela ficou tão feliz ao me ver. Não parou de latir. Vovô está ocupado como sempre, no seu local de pesca favorito. Se a senhora visse, entenderia por que ele nunca sai de lá.*

Estou muito feliz que a senhora tenha descoberto que o fio de ouro que nos manterá unidos no espaço e no tempo não está tão longe quanto parece, tampouco é tão misterioso quanto dizem. Quando a senhora estiver vasculhando seu próprio coração, eu não estarei tão longe quanto imagina. Não esqueça, mãe, uma parte de mim sempre estará contigo e uma parte sua sempre estará comigo. E, quando esse ciclo se fechar, estaremos juntos novamente como antes... Prometo. Então, por favor, pare de se preocupar, mãe. Estou bem. Te amo e te entendo. De verdade.

O texto terminava com a frase com que Bobby sempre se despedia: "Até mais tarde".

Revigorada, Mary voltou a trabalhar pela primeira vez desde a morte de Bobby, aceitando um emprego em uma butique de Walnut Creek. Na segunda terça-feira de cada mês, Betty Lambert ou alguém da família a levava até a IMC em Concord para o encontro mensal da sucursal do P-FLAG em Diablo Valley. Lá, um pequeno grupo de pais e jovens trocavam histórias de revelação, dor e adaptação.

Nas reuniões, sempre havia uma mesa com panfletos e uma seleção de livros com temática voltada aos pais de jovens gays e seus filhos. Curiosamente, conforme ela descobrira, muitos pais se tornam mais reclusos quando descobrem que têm um filho gay ou uma filha lésbica. Mesmo em casos em que o jovem já superou a vergonha e o medo associados à homossexualidade, o primeiro instinto de muitos pais é o de se esconder.

Mary compreendia isso muito bem, e se lembrava de como a sexualidade de Bobby se tornara um segredo sombrio na família.

— Hoje consigo imaginar — ela disse em uma das reuniões — como deve ter sido humilhante para Bobby ter sua vida social comentada aos sussurros ou simplesmente sendo desencorajada, enquanto a dos irmãos era celebrada. Nunca recebemos os amigos dele em nossa casa. Isso só fez com que encontros amorosos normais lhe parecessem ilícitos.

Outro tópico frequente era a ausência quase que total de serviços de apoio para jovens gays nos colégios. Na realidade, os jovens contavam histórias horrorosas de rejeição por parte de alunos e professores, que incluíam xingamentos e até mesmo violência. Mary queria achar um meio de pressionar o sistema de educação a reconhecer a presença e as necessidades de alunos gays e lésbicas. Em pouco tempo ela o encontraria.

As experiências compartilhadas naquelas reuniões serviam como confirmação do processo delicado de aceitação por parte dos pais. Eles estavam em estágios variados. Alguns, ainda em choque, vinham desesperadamente em busca de informações e segurança. Outros, mais avançados, pareciam pessoalmente transformados pelo ato de aceitarem a orientação de seus filhos. Isso também expandia o seu círculo social, pois pessoas gays acabavam adentrando-o, e eles descobriam com grata surpresa como a maioria delas era interessante e "comum". Ao final do processo de aceitação, muitos desses pais se tornavam ativistas, desfilando em passeatas e participando de campanhas em prol dos direitos gays.

Em maio, um professor progressista convidou a sucursal para palestrar em suas aulas de psicologia no Colégio Ygnacio Valley. Seria a primeira oportunidade que o grupo teria de falar em um colégio do condado de Contra Costa, e o convite foi aceito de imediato. Dentre as pessoas que falariam estava Mary. Seis membros do P-FLAG, gays e héteros, enfileiraram-se em cadeiras na frente da sala de aula. Cada um contou sua história e, depois, abriram para perguntas. O debate ocorreu com quatro turmas diferentes, com a maioria dos alunos ouvindo falar sobre homossexualidade pela primeira vez na vida.

Mary, falando com seu característico tom de voz neutro, foi mesmo assim eloquente ao invocar o Juramento de Fidelidade.

— Muitas guerras foram travadas e muitas vidas foram sacrificadas em prol da proteção e da manutenção da liberdade individual e da busca pela felicidade. Porém, como nação temente a Deus, indivisível, com liberdade e justiça para todos, não podemos excluir nossos filhos gays e lésbicas. Bobby acreditava, assim como a família dele, na teoria equivocada que continua sendo ensinada até hoje: a de que os pais, o ambiente, os amigos e os parentes são a causa de uma criança se tornar homossexual. Nós acreditávamos de todo o coração que Deus curaria o Bobby. Porém, aprendi que não existe cura para a homossexualidade, assim como não existe para a heterossexualidade. A juventude gay e lésbica precisa encontrar amor e aceitação neste mundo. Tenho a esperança de que, ao saírem desta aula hoje, vocês tenham obtido algum conhecimento sobre a diversidade da sexualidade humana e, com isso, uma compreensão mais ampla das pessoas.

Mary adorou a oportunidade de se engajar com jovens e professores diretamente. Os alunos pareciam genuinamente curiosos e educados. Fizeram perguntas básicas sobre o estilo de vida e as práticas gays, sobre a experiência de se assumir, sobre os estereótipos gays que viam na televisão. Ela, é claro, presumiu que, entre os 120 alunos que compareceram, havia muitos que eram gays ou lésbicas. A experiência só fortaleceu sua convicção de que as escolas eram a chave para que ocorressem mudanças em relação a atitudes homofóbicas e houvesse apoio para jovens se descobrindo gays.

Era junho de 1987, e a sucursal planejava desfilar na parada do orgulho anual de São Francisco no fim do mês. Mary ainda estava decidindo se participaria ou não. Ela se sentia uma impostora por desfilar ao lado de todas aquelas pessoas que tiveram a coragem de aceitar seus próprios filhos. "Se eu fosse como elas, Bobby estaria vivo hoje. Qual é o sentido agora?", ela se perguntava.

Mas ela também ouvia os outros pais relatando como os filhos se sentiam bem ao vê-los envolvidos na parada.

— Estamos representando os pais que não podem ou não querem estar lá — disse Jackie Costa para ela.

Mary conversou com Bob e seus filhos. As opiniões foram variadas. Ed não gostava da ideia de ver a mãe se expondo a contra-ataques imprevisíveis. Então, Mary teve uma ideia brilhante. Ela faria broches com a foto de Bobby. Assim, ele estaria marchando com ela, ao menos simbolicamente. Ela decidiu ir.

Na manhã de domingo, 28 de junho, Mary, Betty Lambert, Jackie Costa e duas outras mães do P-FLAG, Gail Solt e Lydia Madson, embarcaram no trem expresso para a viagem de vinte e cinco minutos por Oakland e sob a baía para chegar a São Francisco. Cada uma delas usava um broche com uma foto de Bobby sorrindo. O clima era de festa. Em cada estação, mais pessoas embarcavam rumo à parada. Em pouco tempo, todos os vagões estavam lotados de homens e mulheres tagarelando. Pessoas iam com amigos ou faziam novas amizades na hora. A maioria vestia roupas típicas para uma tarde de domingo — shorts, camisetas e bonés —, embora mais coloridas do que o usual (e, em alguns casos, bem mais criativas).

Elas desceram na Market Street, que já estava lotada de pessoas, muitas balançando suas bandeiras de arco-íris. Mary ficou feliz ao ver homens montados de drag, desfilando de salto alto. Elas caminharam pela multidão até a área demarcada do P-FLAG. Mary ficou impressionada ao ver como a delegação do grupo era grande. Parecia se estender por vários quarteirões, com umas cem pessoas ou mais.

Ela se lembrou, com uma pontada de ironia, de uma década antes, quando assistiu com desgosto às imagens na TV que mostravam pais com seus filhos gays e lésbicas desfilando publicamente. Agora, ela sentia uma onda de frustração ao pensar em quantas pessoas, assim como ela, *deveriam* estar lá, mas não estavam. Como os tempos mudaram.

E mudaram mesmo — para todos. A Parada do Orgulho de 1987 carregava a marca de uma praga que alcançara força máxima na comunidade gay. Para cada grupo com alegorias brilhantes havia um contingente com alguma missão relacionada à aids: o Projeto Shanti, o Projeto Open Hand, a Fundação contra a Aids de São Francisco. O recém-formado grupo IMC demandava mais dinheiro para pesquisa e prevenção. Por toda a parte, placas e cartazes condenavam a indiferença do governo Reagan (o presidente mencionara o termo aids pela primeira vez em sete anos durante um discurso no mês anterior).

No passado, a parada celebrara exuberantemente a liberdade gay, com toda a sua saúde, músculos e direitos recém-adquiridos. Agora, entre a multidão, havia pessoas aparentando envelhecimento precoce e caminhando com dificuldade ou sendo empurradas em cadeiras de rodas. Àquela altura, mais de vinte e um mil norte-americanos já tinham morrido por causa da doença (dez vezes mais do que quatro anos antes, quando Bobby morrera). Dezenas de milhares de habitantes de São Francisco eram soropositivos para HIV.

O contingente do P-FLAG começou a desfilar e a multidão comemorou. Os gritos eram mais altos e mais duradouros para eles do que para qualquer outro grupo. Mary ficara impressionada com a recepção. Ela não tinha ideia de que a presença de pais e mães significaria tanto.

Ainda assim, a cada salva de palmas, Mary se sentia mais desconfortável. A sensação já familiar de culpa e tristeza voltaram à tona. Ao seu redor, pais marchavam com seus filhos. Irmãs, irmãos, tias, tios, até mesmo animais de estimação. O brilho de amor e orgulho transparecia nos olhares.

Ela poderia estar lá com Bobby. Imaginou-o ao lado dela, alto e sorridente, orgulhoso e confiante. Como ela pôde estar tão errada? "Não mereço estar aqui", pensou ela. "Não sou quem eles pensam que sou."

Nas calçadas, milhares de espectadores entoavam palavras de apoio enquanto o contingente do P-FLAG passava. Em contraste com o contexto sombrio da parada daquele ano, a presença dos pais irradiava esperança e otimismo. Mary analisou a ampla variedade de rostos na multidão, de todas as idades e cores, empolgados e sorridentes, quase como crianças. Alguns choravam copiosamente! Ocorreu a ela que cada pessoa gay provavelmente via no contingente do P-FLAG um reflexo de seus próprios pais. Projetados naqueles participantes estavam milhares de histórias dramáticas entre pais e filhos: amor, dor, rejeição, alegria, negação, medo, remorso — um leque inteiro de emoções. Os participantes eram figuras paternas sobre as quais cada observador podia projetar seus desejos por reconciliação e a vontade de viver uma experiência de aceitação incondicional.

Mary avistou um homem na casa dos trinta anos de pé na calçada, na beirada do meio-fio. Conforme se aproximava, ela podia ver que ele chorava silenciosamente. Algo a atraiu para ele. Ela chegou perto e o abraçou. Ele a abraçou de volta. Os dois se seguraram com força, sem dizer nada. Mas Mary sentiu como se, naquele momento, uma ponte estivesse sendo construída sobre anos de desentendimento.

Ela retornou à marcha extremamente comovida. Aquele fora o abraço que ela gostaria de ter dado no próprio filho. Mas lá estavam dezenas de milhares de pessoas, ainda vivas, esperando por um reconhecimento como aquele, algumas vivendo no desespero suicida. Ela compreendeu seu motivo para estar lá. Ela estava lá para todos os Bobbys que continuavam vivos. Não podia perder mais tempo com culpa e remorso. Havia muito trabalho a ser feito.

Rapidamente, ela apertou o passo para alcançar a sucursal de Diablo enquanto o grupo descia pela Market Street, bem a tempo de a parada alcançar o centro cívico. Daquele lugar privilegiado, Mary conseguia ver toda a extensão da parada, tanto para a frente quanto para trás. Seu coração acelerou quando ela se sentiu em sintonia com toda aquela onda de humanidade caminhando na direção da baía de São Francisco, pronta para dobrar a Avenida Van Ness para a parte final. Mary notou que o sol havia vencido a neblina da manhã para revelar o brilho do meio-dia.

CAPÍTULO 12
NA ESTRADA

Mary, 1987 - 1992

Os meses e anos seguintes foram empolgantes. Ao quebrar as correntes que mantiveram seu espírito cativo por cinquenta anos, Mary agora podia experimentar o mundo de maneira inédita e maravilhosa, como uma pessoa para a qual tudo era possível. Ela criaria novos relacionamentos e modificaria os antigos. Enfrentaria sentimentos arraigados de medo e inferioridade, passividade e impotência. Teria de ser corajosa.

Mary pôde, enfim, entender sua missão. Ela cometera um erro e uma vida se perdera como resultado. Estava determinada a reparar a injustiça e salvar vidas. Ela queria ganhar tempo para que outros jovens pudessem sobreviver aos turbulentos anos da adolescência — difíceis até para quem não era gay ou lésbica — e chegar à vida adulta. Se ela fosse capaz de afetar positivamente a vida de uma pessoa, já valeria a pena. Seria seu próprio renascimento, como indivíduo, como adulta, como mulher. E, por causa da sua situação especial, ela levaria Bobby consigo. Juntos, eles impactariam a vida de milhares de pessoas.

Curiosamente, ela não era do tipo organizadora, muito menos uma líder nata. Era ingênua em relação ao funcionamento geral do mundo e, particularmente, quanto a questões políticas. Mas aprendia rápido e agia por instinto, sempre reagindo às situações ao seu redor, atenta às oportunidades e muito focada em seus objetivos. Ela tinha a habilidade de reconhecer a liderança em outras pessoas e se aliar a elas.

Hank Wilson foi uma dessas pessoas. Ele era do tipo inquieto, sempre em movimento. Fora ativista durante toda a vida adulta, principalmente em defesa de causas gays. Pessoalmente, ele transmitia muita energia e comprometimento, com uma pitada de impaciência. Seus olhos alertas atrás dos óculos de hastes finas pareciam apontar para todas as direções. Como voluntário na VISTA, como professor e, mais recentemente, como gerente de um hotel no distrito de Tenderloin, em São Francisco, cujos clientes consistiam em pessoas HIV positivas, Wilson, na casa dos quarenta anos, desenvolvera uma compreensão sofisticada da política e do poder.

Ele ajudara o lendário Harvey Milk a se eleger em São Francisco. Ajudara os eleitores a derrotar a Iniciativa Briggs em 1978, que teria banido professores gays das escolas californianas. Mas, durante os últimos dez anos, desenvolvera uma paixão especial pela causa da juventude gay e lésbica. Começando em 1977, ele formou uma aliança de professores gays em São Francisco com Tom Ammiano, um comediante e ativista que acabou se tornando presidente do Conselho Estudantil de São Francisco e vereador da cidade. Naquela época, assumir-se como professor gay, até mesmo em São Francisco, exigia muita coragem (como exige até hoje).

Em meados da década de 1980, ele invadiu a primeira conferência federal sobre suicídio de jovens e a desafiou a enfrentar a questão do suicídio adolescente entre gays — que, surpreendentemente, não estava na agenda do conselho. O grande número de suicídios de gays nas estatísticas nacionais de suicídios de adolescentes ainda era uma realidade não discutida. Em 1989, o Departamento de Saúde e Serviços Humanos publicou o estudo que incluía o hoje famoso capítulo sobre suicídio gay, abafado pelo governo Bush por conta da pressão exercida pela direita.

Wilson conheceu Mary Griffith em 1987, durante um retiro do P-FLAG no Condado de Mar In, do outro lado da Ponte Golden Gate em São Francisco. Mary contou sua história durante uma atividade em grupo. A apresentação deixou Wilson radiante. Lá estava uma mulher cuja tragédia pessoal transcendia sua retórica política. Ela não era uma ativista radical com uma agenda predeterminada; falava sobre uma experiência pessoal. Wilson achou aquilo muito mais efetivo do que qualquer análise politicamente correta. E viu também um grande potencial para humanizar as questões que vinha defendendo há anos.

Em outro momento, ele a escutou falando de novo, dessa vez para um comitê estadual.

— Ninguém na plateia soltou um pio — relembrou ele. — Todos estavam muito comovidos. Ela tocara os seus corações, não apenas as mentes.

Experiente em fazer conexões, ele esperava encontrar uma forma de conseguir expandir aquela mensagem.

A oportunidade veio em um jantar organizado pelo Departamento de Conscientização Gay e Lésbica, uma organização que se originara da luta pela Semana da Liberdade Gay em Concord. O evento atraiu a maioria dos ativistas do Condado de Contra Costa, entre eles Rob Birle, um jovem professor de artes que estava se organizando com outros professores ao redor do país para pressionar escolas a incluir programas para alunos gays.

Birle e Silsen se conheceram em 1984, quando Rob, candidato a uma vaga de professor na Universidade Estadual de São Francisco, teve a ideia de formar uma organização regional para educadores gays e lésbicas. Wilson já havia criado a aliança para professores gays locais e se tornara um mentor para o rapaz mais jovem. Birle chamou sua organização de BANGLE, *Bay Area Network of Gay and Lesbian Educators* (Rede de Educadores Gays e Lésbicas da Região da Baía). Era um conceito audacioso para a época. Poucos professores ousavam se assumir publicamente, pois teriam de enfrentar os efeitos disso sobre suas carreiras — muitos deles decorrentes de estereótipos mórbidos que retratavam os gays como predadores de crianças.

A BANGLE entrou em cena no final de 1984, um tempo de renovação no ativismo gay, que crescia por conta da emergência da aids. Dentro de três anos, a organização já tinha 250 membros (a maioria, porém, ainda no armário). Rob, com vinte e nove anos na época, conseguiu um emprego de professor de artes em um colégio de ensino médio em Antioch, uma cidade pequena a noroeste do Condado de Contra Costa. Ele se mudou para lá com o parceiro, Andy Bowlds, assistente social, e, em 1988, montou uma sucursal local da BANGLE.

No jantar em Concord, Wilson e Birle tomaram um café juntos e colocaram o papo em dia.

— Aliás — disse Wilson —, já conheceu a Mary Griffith?

Rob, novo na área, disse que não.

— Precisa conhecê-la — afirmou Wilson. — Ela está aqui. É uma mulher incrível, e o que ela vem fazendo combina bastante com o seu ativismo.

Hank fez um breve resumo para Rob e depois o levou até Mary para que os dois se conhecessem.

Rob e Mary conversaram. Ele escutava com crescente interesse enquanto ela contava sua história trágica e transformadora. Ele detalhou para ela seus planos com a BANGLE e seu interesse em educar os administradores das escolas do condado sobre questões gays, a fim de convencê-los a fazer da orientação sexual uma discussão legítima em sala de aula e nos aconselhamentos estudantis. Na época, o assunto era basicamente invisibilizado pelo sistema de educação conservador do condado. Rob esperava, no mínimo, ajudar a desmistificar a homossexualidade e fazê-la parecer menos ameaçadora.

Mary escutou-o com interesse parecido. Ela sentira desde o começo do seu ativismo público que precisava encontrar um jeito de falar diretamente com professores, diretores e alunos. Mas ela não era do tipo que organiza as coisas; na verdade, por mais determinada que fosse, Mary conseguia ser bastante dispersiva. Aquele rapaz esguio e bonito, de cabelo escuro, barba e olhos penetrantes, não apenas possuía boas ideias como parecia saber como executá-las.

O que Mary tinha, de acordo com Rob, era uma história incrível e comovente. Ele se impressionara com a rapidez com que ela tinha deixado de ser uma religiosa homofóbica para tornar-se defensora fervorosa dos direitos dos gays. Conseguia imaginar o impacto que a história dramática daquela mãe heterossexual exerceria sobre os superintendentes nas escolas.

Os dois gostaram da sinergia daquele momento. Seus caminhos — e necessidades — se cruzaram no lugar certo, na hora certa. Era o começo de uma parceria de quatro anos que se tornaria uma amizade de mãe e filho e ajudaria a transformar Mary de ativista local para figura nacional.

Mary começou a frequentar os encontros mensais da BANGLE, adicionalmente às reuniões do P-FLAG e a outros compromissos cada vez mais importantes. No final de 1988, após a renúncia de Jackie Costa, ela se tornou presidente da sucursal do P-FLAG de Diablo Valley e transferiu as reuniões, que antes aconteciam na ICM em Concord, para sua casa em Walnut Creek. Aos cinquenta e três anos, ela estava ganhando cada vez mais confiança. Tornou-se mais eloquente, discursando em manifestações e palestras e enviando cartas para os jornais; entre elas, uma em que atacava incisivamente os fundamentalistas "desonestos e enganosos" que se opunham a um programa de elevação da autoestima no país.

Rob Birle concebeu um plano para visitar nove distritos escolares no Condado de Contra Costa. Seria a primeira vez que alguém buscaria um diálogo com aquelas instituições para tratar especificamente de questões gays. Os planos de Rob foram corroborados por votações sucessivas em julho de 1988, nos dois maiores sindicatos de professores do país — a Associação Nacional de Educação e a Federação Americana de Professores —, em apoio aos direitos de estudantes gays e lésbicas. A ANE declarou: "Toda escola pública deveria oferecer aconselhamento para alunos que passam por dificuldades relacionadas a suas orientações sexuais/de gênero".

No final do outono de 1988, Mary e Bob iniciaram as visitas, um projeto que uniu a BANGLE e o P-FLAG, e percorreram o condado em uma série de viagens ao longo dos meses seguintes. Rob a buscava em Walnut Creek e, de lá, eles partiam. Mary sempre carregava seu copo de café, e eles paravam periodicamente para ela saciar sua vontade de fumar cigarros. Com tantas horas passadas dentro do carro, os dois aprenderam muito um sobre o outro.

Rob nasceu em meados dos anos 1950, filho de um vendedor de tecidos itinerante e sua esposa. Ao longo de sua infância e adolescência, a família se mudou dezoito vezes, antes de finalmente se estabelecer em Charlotte, na Carolina do Norte, em 1968. Ele lidava bem com as constantes mudanças, mas convivia com o pesadelo do alcoolismo. Logo começou a beber também. Em uma noite, durante sua adolescência, apavorado por sua atração cada vez maior por outros homens e receoso de que seus pais descobrissem, ele se embebedou e se atirou na frente de um caminhão no centro de Charlotte. Por sorte, o motorista freou a tempo.

Os paralelos com Bobby não eram exatos, mas próximos o bastante para impressionar. Rob também fora rejeitado pelos pais; na verdade, ainda era. Ele contou a Mary que entrou na faculdade de arte em Atlanta, ainda incerto quanto à sua homossexualidade. Começou a usar drogas e, em uma noite infeliz, tentou acabar com a própria vida mais uma vez.

— Ser gay e me odiar, mais o álcool e as drogas, formavam uma combinação mortal. Então, conheci uma pessoa, meu primeiro namorado. Ele me deu um ultimato para que eu parasse de beber. Com minha baixa autoestima, não achei que conseguiria. Mas consegui. De repente, me dei conta de que queria viver. Queria muito viver! Ficamos juntos por três anos e eu nunca mais sucumbi aos vícios antigos.

Rob acreditava que, se Bobby tivesse se dado mais tempo, também teria conseguido superar. Ele se perguntava por que muitos conseguiam e outros, não. Ele mesmo quase tinha morrido; se Bobby tivesse aguentando um pouco mais, talvez descobrisse que era possível levar uma vida digna e produtiva sendo gay.

Ele compartilhou esse pensamento com Mary e uma sombra atravessou o rosto dela. Então, ela disse:

NA ESTRADA

— É por isso que estamos aqui, Rob. Precisamos garantir que essas crianças tenham mais tempo para que possam ver que têm tanto direito de viver quanto qualquer outra pessoa.

Mary tinha razão, pensou Rob. Ele tirou uma mão do volante e a repousou com carinho ao redor dos ombros dela. De certa forma, os dois assumiram papéis de substitutos um para o outro: ela, a mãe amorosa que ele sempre quis ter; ele, o filho gay que ela não podia mais ter.

*

Garantir que os alunos gays nas escolas tivessem mais tempo não seria tarefa fácil. Discussões a respeito da homossexualidade quase nunca ocorriam na maioria dos colégios do condado. Os diretores sabiam que arrumariam confusão com as famílias locais se o tema polêmico do sexo entre pessoas do mesmo gênero fosse abordado nas escolas. Alunos gays e lésbicas permaneciam invisíveis e amedrontados. Aqueles que não conseguiam se esconder eram, em geral, atacados brutalmente.

Em um dos distritos que visitaram, Mary apresentou seus argumentos para o superintendente.

— Acredito de verdade que meu filho estaria vivo se, na escola que ele frequentou, tivesse aprendido que não havia problema algum em ser gay — disse ela. — Que esse aprendizado ocorresse mediante aconselhamento ou com a leitura de livros disponíveis na biblioteca. Não importa. Existem outros Bobbys nas escolas neste exato momento. Eles estão chorando em silêncio, clamando por ajuda.

O superintendente reclinou-se na cadeira e perguntou:

— O que os senhores sugerem que eu diga aos pais quando eles me pedirem para justificar por que estamos ensinando sobre esse, nas palavras deles, "comportamento pervertido"?

Rob se perguntou se aquele homem teria feito a mesma pergunta se o assunto envolvesse minorias raciais. Quinze anos antes, é provável que sim. Rob respondeu:

— Eu diria a eles que, embora possam ter discordâncias quanto à relevância do assunto, todos os alunos, tanto os gays como os héteros, precisam de orientação. Primeiro, porque vidas podem estar em risco. Segundo, porque a provocação e o assédio contra gays nas nossas escolas são epidêmicos e baseados na ignorância e falta de informação. Educadores têm a obrigação de lutar contra a ignorância; pelo menos é isso que diziam na época em que eu era estudante. Essa é a minha sugestão para você.

Os dois se levantaram e saíram.

Eles foram recebidos com mais cordialidade em outros distritos. No começo de 1989, reportaram à BANGLE que já haviam se reunido com superintendentes de quase metade dos dezoito distritos escolares do condado. Um distrito concordara em reavaliar suas políticas antidiscriminação e readequar a linguagem usada em menções à orientação sexual. Outro garantira que incluiria a homossexualidade na grade curricular. Apenas um distrito se recusou a conversar com eles.

Encorajados, Rob e a BANGLE enviaram cartas aos dezoito distritos, reivindicando o estabelecimento de normas destinadas a banir ofensas homofóbicas do ambiente escolar, a introdução de aconselhamento específico para estudantes gays nos colégios e a proibição de qualquer tipo de discriminação e perseguição contra homossexuais.

Embora Mary e Rob não soubessem disso na época, seus esforços coincidiram com os primeiros sinais de um novo debate nacional sobre educação sexual e, mais especificamente, sobre a juventude gay e lésbica. O movimento ficaria maior ainda nos anos seguintes, culminando em uma das lutas mais aguerridas entre os defensores dos direitos dos gays e a direita religiosa.

Naquela época, a modesta campanha da BANGLE de Contra Costa já atraía a ira da sucursal local da Aliança dos Valores Tradicionais (*Traditional Values Coalition*, ou TVC), um grupo antigay do sul da Califórnia liderado por um pastor do Condado de Orange chamado Lou Sheldon. A organização nacional, naquele momento, estava de olho em um caso muito maior — o Projeto 10, em Los Angeles.

NA ESTRADA

Ideia de uma professora de ciências, Virginia Uribe, a inspiração para o Projeto 10 veio de um aluno efeminado que, assediado impiedosamente, acabou sendo forçado a abandonar o Colégio Fairfax, onde Uribe lecionava. Ela deu início às atividades do Projeto 10 de maneira modesta, em 1984, nesse mesmo colégio. Único no país, o projeto deslanchou rapidamente, fazendo tanto sucesso que, em pouco tempo, já oferecia treinamento para professores e serviços de aconselhamento por meio do Sistema Único de Educação em Los Angeles (e acabaria se tornando um protótipo para ações similares em outros distritos da Califórnia). De forma prática, o que o Projeto 10 oferecia era exatamente o que Rob e Mary buscavam: um lugar no ambiente escolar onde jovens gays, ou que estivessem em fase de descoberta da própria sexualidade, pudessem obter aconselhamento, referências e segurança.

Sheldon, que perseguia incansavelmente qualquer projeto que ameaçasse "promover" a homossexualidade, agora pressionava pela aprovação de uma lei que cortasse todo o financiamento aos distritos escolares de Los Angeles se o Projeto 10 não fosse abandonado. "Já demos os primeiros disparos, graças aos esforços de todos, o que nos leva agora a uma guerra declarada contra a agenda da comunidade gay e lésbica para o país inteiro", anunciou ele aos apoiadores em uma carta de arrecadação de fundos. "A Califórnia é o centro nevrálgico. Devemos agir aqui, antes que [a agenda] se espalhe pela nação como um câncer."

O Projeto 10, conforme ele argumentava, atraía adolescentes para a homossexualidade — "um dos males mais perniciosos da nossa sociedade". A pedido de Sheldon, um parlamentar simpatizante apresentou um projeto de lei estadual que tornaria ilegal a "defesa" da homossexualidade na educação pública.

O projeto de lei era uma ameaça direta não apenas ao Projeto 10, mas às esperanças da BANGLE de introduzir reformas nas escolas de Contra Costa. Em resposta, Rob organizou uma manifestação. Ele, Mary e outros cem ativistas da região da baía de São Francisco protestaram, em uma noite chuvosa de novembro de 1988, na frente de uma igreja de Walnut Creek na qual o TVC se reunia. O evento foi noticiado pelos jornais locais.

— Isso é um alerta — disse Rob a um repórter. — Uma indicação de que nós não ficaremos parados sem fazer nada enquanto somos atacados. (No fim das contas, o projeto de lei não deu em nada.)

Eles carregaram velas e entoaram palavras de ordem. Era a primeira manifestação desse tipo à qual Mary comparecia e, por um momento, ela se maravilhou ao perceber o quão longe havia chegado. Ela estava carregando um cartaz, de pé sob a chuva, na frente de uma igreja evangélica, gritando "Vergonha!" para um grupo de pessoas que, quatro anos antes, ela consideraria irmãos de ideologia.

Em casa, a família acompanhava as atividades de Mary com certa perplexidade. Mas, no geral, todos a apoiavam. Joy, Nancy, Ed e Bob também haviam mudado bastante naquele período, mas não conseguiam acompanhar a alta velocidade das mudanças de Mary. Independentemente das atitudes ou dúvidas que tiveram no passado, porém, todos foram convertidos pela dor corrosiva da perda. Isso não deveria acontecer com uma família. E se a homofobia era a causa, então ela devia ser combatida. E se Mary estava preparada para tomar a frente da situação, eles ficavam felizes em vê-la representando a família inteira. Torciam por ela. Como Nancy dizia ironicamente: "Pelo menos a mamãe não está mais declamando versículos da Bíblia o tempo todo". Eles a levavam para os eventos e compareciam a jantares em sua homenagem, mas não costumavam se envolver mais do que isso. Eles tinham suas próprias vidas. Nenhum deles participava ativamente das reuniões do P-FLAG, por exemplo.

Bob permanecia nos bastidores, monitorando em silêncio as atividades de Mary. Ele sentia que o que ela estava fazendo era correto e também terapêutico, mas temia que a intensidade de tudo pudesse machucá-la mais uma vez. Tentava trazê-la de volta aos trilhos de tempos em tempos.

Joy estava se saindo bem no emprego que conseguira logo depois da CalFrame. Abdicara de seguir religiões organizadas e estava buscando novos meios de canalizar sua espiritualidade. Ela não era uma ativista, mas encontrou na meditação e em outras técnicas de autoconhecimento uma forma de superar seu grave caso de culpa do sobrevivente. Assim como sua mãe, ela não sabia ao certo onde o espírito de Bobby estava. Ele aparecia para ela em sonhos recorrentes. No início desses sonhos, ela o cumprimentava com empolgação, mas, quando se aproximava, notava uma tristeza profunda nos olhos dele. Aqueles sonhos a assombravam. Será que significavam que Bobby a culpava por não ter feito mais para ajudá-lo? Por não ter sido mais sensível?

Por fim, Joy consultou-se com um hipnoterapeuta e, após uma longa sessão de hipnose, assegurou-se de que Bobby estava em segurança no mundo espiritual. Ela sentia que tudo estava bem na sua relação com o irmão, que ele sabia o quanto ela o amava, e que ele a amava de volta. Tudo ficou bem; os pesadelos desapareceram.

Ed se tornara xerife e estava namorando sua futura esposa, Linda, cujo filho de cinco anos, Ernesto, ele assumira como pai. Ed tinha cumprido a mesma jornada da mãe: afastara-se do pensamento fundamentalista e compartilhava com ela uma nova convicção de que a homossexualidade do irmão era natural. Suas preocupações recaíam sobre a segurança da mãe, que ficava cada vez mais conhecida.

A visibilidade de Mary aumentou ainda mais em 1989, quando três eventos ocorreram simultaneamente: a criação da Bolsa de Estudos Bobby Griffith; a publicação, ao longo de três semanas, de uma série de reportagens no *San Francisco Examiner* sobre gays nos Estados Unidos, na qual a história de Mary e Bobby Griffith era o gancho principal; e a publicação (e imediata supressão), por parte do governo norte-americano, de um estudo que concluía que o suicídio entre adolescentes gays e lésbicas atingira níveis epidêmicos no país.

Rob Birle tivera uma iluminação. Aconteceu na primavera de 1989, enquanto ele lia para sua classe a lista anual de bolsas de estudo que seriam concedidas aos formandos do ensino médio. Havia pelo menos cem patrocínios diferentes oferecidos anualmente ao Colégio Antioch, alguns destinados a alunos negros, hispânicos, italiano-americanos; outros oferecidos por corretores de seguros e de imóveis; patrocínios do Rotary Club e da Kiwanis Internacional, e assim por diante. Por que não, pensou Rob, uma bolsa de estudos gay?

Sim, uma concorrida bolsa oferecida nacionalmente — talvez por região — que honrasse formandos do ensino médio inscritos em universidades com ensaios que demonstrassem sensibilidade a questões gays e lésbicas e compromisso com os direitos para os homossexuais. A peça mais importante desse jogo seria Mary Griffith.

— Essa vai ser a primeira bolsa de estudos desse tipo no país, até onde eu sei — ele disse para ela. — Como há o precedente de todas essas outras bolsas oferecidas em concordância com interesses especiais, nenhum colégio poderá recusá-la. Pense comigo: as escolas teriam que anunciá-la, administrá-la e incluí-la no programa de graduação. É uma forma de fazer com que o assunto seja discutido. E, Mary — acrescentou Rob com um tom mais solene —, podemos batizar a bolsa com uma homenagem ao Bobby. A Bolsa Escolar Bobby Griffith!

Mary se empolgou de imediato. O nome e a memória de Bobby seriam imortalizados. Uma bolsa de estudos concorrida faria com que as pessoas debatessem aquelas questões. E, para algum aluno gay que se sentisse isolado, a existência da bolsa mostraria que há adultos que se importam. Ela não conseguia enxergar nenhum ponto negativo.

— Certo — disse Rob. — Mas você precisa se preparar para uma mudança na sua vida. E na da sua família também. Até agora você vem operando em uma área pequena. Estou certo de que essa bolsa vai chamar muita atenção. No estado inteiro e, talvez, no país. Você ficará sob os holofotes da mídia.

Mary não era o tipo de pessoa que gostava de chamar a atenção. Desde criança, ela se esforçava para ficar fora do caminho. O que a empolgava era a possibilidade de espalhar a mensagem para mais pessoas. Era uma mensagem direta e simples: encontrem maneiras de fazer com que os jovens homossexuais saibam que têm tanto valor quanto seus colegas héteros; proíbam os ataques contra jovens gays e façam com que a penalidade seja dura o bastante para reforçar a proibição; exijam que escolas, igrejas e outras instituições ofereçam informações verídicas e claras sobre gays e lésbicas, tanto para quem é hétero quanto para quem não é. Educação é a chave.

Ela já entendia o bastante sobre a mídia para saber que a atenção da imprensa poderia ampliar ainda mais a mensagem.

— Eu dou conta — garantiu para Rob.

Eles decidiram anunciar a bolsa de estudos em junho. Iniciaram uma campanha de arrecadação de fundos para financiar a ideia e entregaram as primeiras bolsas no final do ano letivo de 1990. Rob escrevera uma carta de recomendação cujo texto destacava a frequência com que "a existência de jovens gays e lésbicas é negada por educadores e pais… Queremos dizer a esses jovens esquecidos: vocês não estão sozinhos. Há adultos que se importam".

Quase simultaneamente a isso tudo, uma repórter do *San Francisco Examiner* começou a buscar mais informações sobre uma dona de casa em Walnut Creek que parecia ter uma história incrível para contar.

Lily Eng era uma repórter recém-contratada do *Examiner*. Ela tinha sido incorporada a uma equipe enorme que preparava um dos projetos mais ambiciosos da história do jornal. O ano de 1989 marcaria o vigésimo aniversário do movimento pelos direitos civis dos gays, iniciado em um bar do Greenwich Village chamado Stonewall Inn. O *Examiner*, jornal que catapultou a carreira do magnata William Randolph Hearst, comemoraria Stonewall produzindo uma série de reportagens, ao longo de dezesseis dias, abordando todos os aspectos da vida gay e lésbica no país. Mais de sessenta membros da equipe do jornal trabalharam durante quatro meses no projeto, intitulado "Gay na América", cuja publicação coincidiria com o Mês do Orgulho, em junho. Eng recebera a missão de entrevistar jovens. Ao consultar suas fontes, ela teve uma conversa com Rob Birle, que lhe contou sobre a fala de Mary no conselho de Concord.

— O que fez com que Mary se apaixonasse tanto por esse tema? — perguntou Eng.

— O filho gay dela se matou — respondeu Rob.

A veia jornalística de Eng pulsou. Ela e a fotógrafa Liz Mangelsdorf correram a Walnut Creek para falar com Mary. O que começou como uma rápida entrevista, inicialmente pensada para ser um destaque de canto de página, acabou durando três horas. Mary confiou à repórter alguns dos diários de Bobby. Eng e Mangelsdorf saíram de lá sabendo que tinham encontrado algo especial.

De volta ao escritório, rapidamente decidiram aumentar a história, que agora ocuparia duas páginas inteiras na edição de domingo, 18 de junho, uma semana antes da celebração oficial de Stonewall (a edição de domingo circulava junto com a edição dominical do outro jornal importante da cidade, o *Chronicle*, em uma tiragem combinada de um milhão de exemplares).

Naquele domingo, os leitores abriram os seus jornais e encontraram a chamada: "O legado de Bobby: depois da morte do filho, Mary Griffith passa a compreender a homossexualidade dele e se compromete a ajudar outros jovens".

Logo abaixo, via-se uma grande foto de Mary, com o olhar triste ao lado de um retrato do filho. Adicionalmente à matéria e a alguns trechos do diário, o jornal deu espaço para que Mary pudesse enviar uma mensagem poderosa aos gays mais jovens:

Para todos os Bobbys e Janes por aí, digo essas palavras como as digo para os meus próprios filhos preciosos: por favor, não percam a esperança na vida ou em si mesmos. Vocês são muito especiais para mim e eu estou trabalhando duro para tornar esta vida melhor e mais segura para vocês.

Acredito firmemente — embora não acreditasse no passado — que o suicídio do meu filho Bobby foi resultado da homofobia e da ignorância existentes na maioria das igrejas protestantes e católicas. E, consequentemente, na sociedade, nas escolas e nas famílias.

Que deturpação do amor de Deus fazer com que crianças cresçam acreditando que são más, que têm poucas chances de se tornarem boas! Não é à toa que, assim como Bobby, tantos jovens estejam desistindo do amor e perdendo a esperança de receber a validação que merecem como os seres humanos lindos que são.

Porém, como resultado da morte do meu filho, juntei-me a outras pessoas que se importam para tentarmos abrir um caminho de conhecimento e compreensão em nosso sistema público de ensino, um caminho que em pouco tempo possa ser trilhado, com dignidade e segurança, pelos estudantes gays e lésbicas, ou qualquer outro aluno sujeito à discriminação.
Prometam que continuarão tentando.
Bobby desistiu do amor. Espero que vocês não façam o mesmo. Meus pensamentos estão sempre com vocês.
Com amor, Mary Griffith.

O impacto combinado da trajetória de Bobby com a mudança de Mary sensibilizou o público. Leitores congestionavam as linhas telefônicas do jornal. Cartas não paravam de chegar. A repórter, Lily Eng, ela própria uma lésbica na casa dos vinte anos que ainda estava aprendendo a lidar com as consequências de ter se assumido, foi inundada de elogios pelos colegas. Ela dizia que aquela era a matéria mais comovente de toda a sua carreira (uma afirmação que se sustentaria pelos anos seguintes). Um anúncio da Bolsa de Estudos Bobby Griffith, publicado na mesma edição, proporcionou uma arrecadação de milhares de dólares de doações.

Ed Griffith estava lendo o artigo no trabalho na manhã de domingo quando um colega policial chegou.

— Essa é a minha mãe — disse Ed.

O policial deu uma olhada na matéria e perguntou:

— O que você acha disso que ela está fazendo?

— Acho ótimo — respondeu Ed. — Estou muito orgulhoso dela.

O policial hesitou por um momento e, então, soltou:

— Você sabia que eu sou gay?

Ed olhou para aquele homem enorme, do tamanho de um jogador de futebol americano, e respondeu:

— Não, claro que não. Mas fico feliz que você confie em mim a ponto de me contar.

O policial acabou se tornando um amigo da família. Mais tarde, começou a participar de palestras nas escolas ao lado de Mary, representando um exemplo para os alunos: um policial gay assumido.

Mary ficou empolgada com a matéria do *Examiner* e as reações que ela causara. Até mesmo sua mãe, Ophelia, lhe disse: "Mary, você está fazendo algo bom para as pessoas". Ela percebeu mais uma vez o poder que as palavras têm de comover as pessoas. Esperava que tanto pais quanto jovens levassem aquela mensagem em seus corações. Ela tinha deixado a mente brincar com esses pensamentos quando lhe ocorreu que as palavras que os pais dizem para uma criança podem tanto destruir o seu espírito quanto lhe emprestar asas. Assim sendo, os pais exercem um poder de vida ou morte sobre os seus filhos. As coisas que dizemos para nossas crianças em nome do amor, pensou ela, podem ser fatais. Ela se lembrou de uma citação do psiquiatra Erik Erikson que o Projeto 10 usava em seus materiais: "Algum dia, quem sabe, haja uma convicção pública bem-informada de que o pecado mais mortal que existe é a mutilação do espírito de uma criança".

Ao tocar nesse ponto, uma carta em particular partiu o seu coração. Fora assinada simplesmente por "Corey" e trazia a data do mesmo domingo em que a matéria tinha sido publicada pelo *Examiner*.

"Sinto que estou lendo sobre mim mesmo", Corey escreveu.

Tudo em que Bobby acreditava é no que eu acredito. Nunca contei a verdade para a minha família ou amigos, e nunca vou contar. Quero tanto me encaixar na sociedade, e nunca conseguirei sendo gay. Tudo o que eu quero é poder funcionar como um homem hétero normal. Mas não consigo e me odeio por isso. Não me encaixo em lugar nenhum.

Fui criado em uma casa semirreligiosa. Aprendi que Deus acha que os homossexuais são maus... Por que diabos Ele os criou, então? Todo santo dia eu oro umas dez vezes para que Deus me torne hétero.

Aqui sentado eu penso: "Por que o meu caminho não se cruzou com o do Bobby?". Nós poderíamos ter compartilhado nossos medos um com o outro, nossos sonhos também. Eu poderia ter sido o amigo de que ele precisava — ele poderia ter sido o amigo de que eu precisava... Já pensei em suicídio, mas... Não conseguiria. Às vezes eu desejo que outra pessoa faça o trabalho por mim.

Bem, obrigado por me ouvir. Talvez a senhora tenha salvado a minha vida. Mas não tente me convencer a contar isso para o mundo... Não sei lidar com a vida. Bobby será meu farol, minha luz de esperança. NÃO ESTOU SOZINHO... *Nunca serei feliz. Mas posso aprender a superar isso. E não se preocupe, sra. Griffith. Eu não desistirei do amor.*

Mas ela se preocupou. Não havia sobrenome. Tampouco endereço. Por semanas a carta de Corey a assombrou. Ela sentiu ao mesmo tempo a responsabilidade e a impotência. Cartas como aquela só aumentavam sua frustração, seu senso de urgência. Como aumentar ainda mais o volume em meio à crise de silêncio e isolamento que continuava recaindo sobre os jovens gays? Por que não havia mais pessoas falando a respeito? O que mais ela poderia fazer para cuidar dos outros Coreys e estender a mão para eles?

*

Alguns eventos conspiraram para levar o assunto à atenção pública. A questão do suicídio entre jovens entrara no radar do governo Reagan. O assunto parecia digno de debate e nada controverso (ninguém pensou em incluir suicídio de jovens *gays* como um fator). O Departamento de Saúde e Serviços Humanos (HHS, na sigla em inglês) organizou duas reuniões nacionais sobre o tema em 1985 e 1986. Com a pressão de Hank Wilson, ativista de São Francisco, e outros, o dilema dos jovens gays e lésbicas finalmente foi notado. Quando o HHS criou sua força-tarefa para tratar do suicídio entre jovens e solicitou que a equipe produzisse um relatório, aprovou a inclusão de uma seção sobre o suicídio entre jovens gays e lésbicas.

Paul Gibson, um psiquiatra e assistente social que trabalhava em São Francisco com gays que haviam fugido de casa, foi o responsável pela missão. O relatório da força-tarefa veio à tona em 1989, durante o governo Bush e a era dos "valores familiares", e suas descobertas eram chocantes: a taxa de suicídio entre *todos* os jovens (entre quinze e vinte e quatro anos) havia triplicado nos trinta anos anteriores e o suicídio era, naquele momento, a segunda maior causa de morte naquela faixa etária. Mas os dados de Gibson impressionaram até mesmo os defensores da causa gay. Ele estimava que três a cada dez daqueles casos poderiam envolver adolescentes gays ou lésbicas. Mais adiante, ele calculou que entre 20 e 25 por cento dos jovens gays já haviam tentando se suicidar, um número três vezes maior do que a média geral.

Aqueles números eram explosivos para um estudo oficial do governo. Gibson alertou que os dados estimados se baseavam nas poucas pesquisas disponíveis na época. Porém, foram imediatamente recebidos como fatos e atraíram a atenção de ativistas gays, da grande mídia e da direita política.

O HHS estava com uma batata quente nas mãos. Pela primeira vez, um estudo encomendado pelo governo documentou a história escandalosa de rejeição e isolamento vivenciada por adolescentes gays. Gibson produziu uma imagem lamentável da vida dos jovens homossexuais. Como detalhou em seu relatório, eles enfrentam a dificuldade dupla de...

> *sobreviver à adolescência e desenvolver uma identidade positiva em um ambiente que, geralmente, é hostil e condenatório... Jovens lésbicas e gays são o grupo social mais invisibilizado dentre os grupos adolescentes com os quais alguém pode ter contato... Dados todos os conflitos que enfrentam ao se aceitarem, ao se assumirem para suas famílias e colegas... e ao confrontarem o espectro assustador da aids, há o perigo cada vez maior de que vejam suas vidas como um pesadelo trágico no qual viver é apenas uma pequena parte de morrer.*

Especificamente, o relatório de Gibson pressionava o governo a promover uma série de reformas. Dentre as sugestões, havia:

aprovação de leis antidiscriminação, legalização do casamento gay e estabelecimento de medidas educativas direcionadas "especialmente àqueles que são responsáveis pelo cuidado de jovens, incluindo suas famílias, o clero, professores e profissionais auxiliares".

Para aquele que era o mais sensível dos espaços, as escolas, Gibson propunha medidas ambiciosas, como o ensino de aspectos positivos sobre a homossexualidade para *todos* os alunos; aulas de vida em família que apresentassem ser gay como uma expressão sexual natural e saudável; o desenvolvimento de um currículo escolar que incluísse uma variedade de referências históricas e sociais; treinamento de orientação para professores e funcionários; instituição de castigos para ataques ou abusos contra jovens gays.

Para um deputado de extrema direita como William Dannemeyer, os esforços para "legitimar" a homossexualidade eram a pior forma de blasfêmia. Em sua visão, compartilhada por seus apoiadores fundamentalistas, só a menção da homossexualidade em qualquer meio oficial já era sinônimo de promovê-la.

Em setembro de 1989, Dannemeyer, na época deputado do Condado de Orange, na Califórnia, escreveu uma carta ao presidente Bush requisitando que ele "corroborasse os valores da família tradicional", denunciasse a parte do relatório que falava sobre a homossexualidade e "dispensasse do serviço público todas as pessoas ainda empregadas que concordassem com aquele juramento de honra à homossexualidade".

O governo estava se preparando para um ano importante de eleições legislativas e certamente não gostaria de perder a confiança de um grupo de eleitores grande, rico e poderoso como a direita religiosa. Dentro de um mês, Louis Sullivan, secretário do HHS, enviou uma resposta para Dannemeyer dizendo que "os pontos de vista expressados no documento [de Gibson] não representam, de forma alguma, minhas crenças pessoais ou a política deste Departamento". E acrescentou: "Estou fortemente empenhado em passar adiante os valores da família tradicional. As políticas federais devem fortalecer a instituição familiar, e não enfraquecê-la. Na minha opinião, o ponto de vista exposto no documento é o completo oposto disso".

Ao decodificá-la, vemos que, na mensagem de Sullivan, um dos poucos homens negros no alto escalão do governo Bush e responsável pela saúde de todos os norte-americanos, estava a definição de que a família tradicional excluía aquelas com crianças gays ou lésbicas. A mensagem subliminar para Dannemeyer e as facções que ele representava era: "não se preocupem — esse relatório não dará em nada". De fato, o governo relegou-o à obscuridade burocrática e as duas mil cópias da primeira e única tiragem se tornaram itens de colecionador.

Mas o gênio já tinha saído da lâmpada. A imprensa tomou parte na controvérsia, com a ajuda de uma aliança de organizações de proteção dos gays, incluindo a Human Rights Campaign Foundation, a Força-Tarefa Nacional para Gays e Lésbicas e o P-FLAG nacional (Mary Griffith permitiu que seu nome fosse adicionado às cartas enviadas à administração e aos membros do congresso. A carta em seu nome para o secretário Sullivan pedia que ele "investigasse fatos verdadeiros acerca da homossexualidade").

Em outubro de 1989, o debate continuou na Câmara dos Representantes, onde Dannemeyer tentou sem sucesso anexar uma emenda a um projeto de lei que teria punido distritos escolares como o de Los Angeles por seu envolvimento em programas pró-gays. O esforço não parou por ali: cinco anos depois, um projeto de lei similar, proposto pelo senador Jesse Helms da Carolina do Norte, quase chegou ao Congresso.

As controvérsias sobre o suicídio gay, adicionalmente às estatísticas assustadoras e aos outros detalhes do relatório de Gibson, circularam na mídia gay e deram ao tema visibilidade suficiente para que ele chegasse à grande mídia. Em pouco tempo, matérias a respeito do suicídio entre adolescentes gays começaram a aparecer nos principais jornais, motivando repórteres de veículos menores a cobri-las também.

NA ESTRADA

Os programas de auditório na TV foram os próximos a descobrir o assunto. Suas necessidades eram diferentes: precisavam de "personagens" contando ao vivo suas histórias dramáticas. Diretores de programas pediram ajuda ao muito bem relacionado escritório nacional do P-FLAG, em Washington, D.C., que atendia à demanda constante da mídia local e nacional, tanto eletrônica quanto impressa, por entrevistas, artigos e convidados em programas de auditórios. O P-FLAG nacional estava começando a entender que Mary Griffith era uma peça valiosa. A organização começou a recomendá-la sempre que havia chance.

A oportunidade de transmitir a sua mensagem para uma audiência nacional deixou Mary empolgada. Quando foi convidada a participar do "The Joan Rivers Show", aceitou sem pestanejar. Ao longo dos dois anos seguintes, Mary apareceu em programas como "Sally Jesse Raphael", "Today Show", "Oprah", "Maury Povich", "Ricki Lake", "The Christina Show" e em um segmento de "20/20", da emissora ABC. Além disso, pelo menos seis projetos audiovisuais — incluindo o tocante filme de quarenta e cinco minutos *Gay Youth*, da diretora Pam Walton — envolviam Mary ou incluíam partes de sua história.

Mary acabou se revelando uma ótima presença na TV, ainda que seu jeito não tivesse nada de televisivo. O apelo que sua fala simples transmitia pessoalmente caía bem na telinha. Seu rosto de mulher rígida e severa, pontuado de marcas de expressão ao redor da boca, comunicava honestidade e seriedade. Sua voz, resoluta e monocórdia, era sem dúvida americana. Suas palavras carregavam a autoridade de uma sobrevivente de uma tragédia quase inimaginável. Ela contou a mesma história de novo e de novo, e cada vez ela parecia real e nova, saída do fundo do coração.

SALLY JESSE: *Mary, mande um recado para os pais.*

MARY: *Nossos filhos gays e lésbicas precisam ter sua autoestima e sua percepção de que são valorosos restauradas. Acredito que, para que isso aconteça, os pais precisam abrir a mente. Precisam se abrir para as informações especiais que estão disponíveis. Nossos filhos precisam saber que são pessoas iguais a quaisquer outras, amáveis e valiosas. Não apenas os pais, mas a direção das escolas* [a voz dela embarga], *o presidente Bush e a sra. Bush, membros do congresso e líderes religiosos — não sejam como eu fui, uma cúmplice desinformada da morte de uma pessoa inocente.*

SALLY JESSE: *Onde o Bobby está agora?*

MARY: *Acredito que Bobby esteja em um lugar onde ele possa ser quem verdadeiramente é. Onde possa ser aceito...*

SALLY JESSE: *E Deus o aceita?*

MARY: *Claro que sim.*

*

A televisão expôs Mary a uma nova audiência — pessoas heterossexuais que talvez nunca tivessem vivenciado tão de perto a tragédia humana que era o suicídio gay, mas que conseguiam se identificar com o pavor de perder um filho, qualquer filho. Mary suscitava uma empatia poderosa e universal. As imagens da plateia chorando nos estúdios toda vez que ela contava sua história convenceram o movimento gay de que Mary Griffith era uma arma poderosa.

O P-FLAG lançou uma campanha nacional de arrecadação de fundos por mala direta, no final de 1990, usando a imagem de Mary e Bobby. O kit incluía um texto explicativo de quatro páginas, assinado por Mary, e uma carta-resposta com uma foto de Bobby e os dizeres: "Querida Mary, em memória de Bobby e de outros jovens gays e lésbicas perdidos para o suicídio, envio esta doação".

Reagindo ao desaparecimento do relatório sobre suicídio entre jovens gays, o P-FLAG também lançou uma campanha nacional de conscientização chamada *Respeite Todos os Jovens*, convidando Mary para falar na coletiva de imprensa de inauguração do projeto no Condado de Orange (o condado de Dannemeyer-Sheldon). Respeite Todos os Jovens seria um programa educativo de âmbito nacional que proveria materiais informativos e treinamento para o combate do suicídio gay.

Usando seu broche com a foto de Bobby, Mary discursou para um punhado de repórteres e fotógrafos na sala de conferência de um hotel de Anaheim.

— Estou aqui hoje porque aprendi do jeito mais doloroso possível que a ignorância, o ódio, a mesquinhez e o preconceito causam violência e tragédia… E aprendi que amor, honestidade, apoio e aceitação trazem saúde, completude e autoestima para os nossos filhos.

Quando não estava ocupada com aparições na TV e coletivas de imprensa, Mary continuava fazendo visitas escolares com Rob e cuidando da filial do P-FLAG, que crescia cada vez mais conforme sua imagem pública se desenvolvia. Os distritos escolares estavam começando a responder: dois deles concordaram em receber livros e materiais em vídeo e um terceiro prometeu atualizar o currículo do seu programa de educação sexual. Mas pelo menos outros três ainda se recusavam a encontrar-se com Mary e Rob.

Por intermédio de Rob, Mary descobriu duas pessoas que se tornariam seus pilares no P-FLAG.

Joe Torp e Con Smith eram professores aposentados que formavam um casal desde 1952. Em todos os aspectos, à exceção de sua identidade sexual, eles levavam uma vida suburbana típica em uma bela casa com piscina em Concord.

Por muitas décadas, Joe e Con viveram no armário como professores. Depois de aposentados, sentiram-se livres para se envolverem e foram atraídos pela organização do Rob, a BANGLE. Em pouco tempo, já estavam oferecendo sua casa como local de reunião e passaram a organizar a rede telefônica do projeto e a coordenar o envio de mala direta.

Por meio da BANGLE, eles conheceram Mary. Joe, na casa dos setenta anos, tinha um tom de voz delicado e professoral, em contraste com seu parceiro mais extravagante (Con Smith faleceu no final de 1994). Joe sentiu-se atraído pelo P-FLAG por causa de um incidente que ocorrera em seus anos como professor do Colégio Antioch, no Condado de Contra Costa. Envolveu um aluno ilustre, praticante de três esportes diferentes e presidente da turma de formandos, que se apaixonara por um dos professores. O garoto foi até o professor e declarou sua paixão. Mas o professor, com medo de perder o emprego, se recusou a discutir a situação ou aconselhá-lo. Pouco tempo depois, o jovem colidiu o seu carro contra um pé de eucalipto a 130 quilômetros por hora e morreu. O professor abandonou o cargo no final do ano letivo.

A tragédia ficou na cabeça de Joe, e ele se perguntava se teria tido a coragem de fazer algo diferente se aquele jovem o tivesse abordado. Ainda havia alunos passando por dificuldades relacionadas às suas identidades sexuais, e ele tinha a chance de fazer algo para ajudá-los. Joe e Con se juntaram à sucursal de Mary e tornaram-se membros ativos, ajudando-a a se manter organizada e servindo como seus exemplos de vida preferidos para pais que questionavam como era a vida gay.

O papel de Mary no P-FLAG era único, pois ao mesmo tempo que era uma conselheira, era também um símbolo. Independentemente do quão perturbados, culpados, furiosos ou amargurados os pais chegassem às reuniões, bastava que olhassem para Mary para que se lembrassem de que, por mais que as coisas estivessem ruins, eles ainda tinham seus filhos. Mary fora marcada por sua tragédia — ela era um argumento vivo e vibrante em prol do bom senso e da reconciliação.

De certa forma, ela *era* sua própria história, e a usava para cuidar de famílias desesperadas e oferecer aos jovens sensatez e amor.

*

Jenny e Jim Spinello levavam uma vida simples de classe média em Alamo, Califórnia, quinze quilômetros ao sul de Walnut Creek. Jim era engenheiro civil e, assim como a esposa, tinha opiniões tolerantes em relação a diferenças individuais. Então, por acidente, descobriram um poema de amor escrito pelo filho, Jim Jr., para outro homem. Jim Jr., de vinte e quatro anos, nunca fora de namorar muito, e seus pais já suspeitavam de sua orientação sexual, mas com a descoberta do poema não restavam mais dúvidas.

Jim Jr. morava com os pais na época, mas costumava passar a noite na casa de um amigo. Jenny ligou para ele.

— Jim, você precisa vir para casa amanhã. Temos de conversar sobre uma coisa.

Jenny passara a noite angustiada. Quando o marido saiu para trabalhar antes do amanhecer, ela caiu em um choro histérico. Desesperada, ela ligou para a central de ajuda do condado e lhe deram o número de Mary.

Mary escutou o desabafo de Jenny calmamente e, em seguida, contou a sua história. Jenny escutou chorando. Quando o marido chegou em casa, ela lhe contou o que Mary dissera.

— Aconteça o que acontecer — disse o patriarca Spinello —, não vamos perder o nosso filho por causa disso.

Jim Jr. chegou em casa e Jenny confrontou-o sobre o poema.

— Sim, eu sou gay — afirmou ele. — Ia contar para vocês no próximo fim de semana. Agora que já descobriram, quero que saibam que conheci uma pessoa especial e estou apaixonado pela primeira vez na vida.

Algo ruiu dentro de Jenny. Ela começou a gritar.

— Como você pôde fazer isso? Tem noção do que está fazendo, com toda essa coisa de aids por aí, e tudo o mais acontecendo no mundo? O que os outros vão dizer?

Jim Jr. ficou espantado. Ele contava com o apoio da mãe. Eles formavam uma família próxima e afetuosa. Por um momento ele teve a sensação surreal de que de Jenny iria expulsá-lo de casa ou sair por conta própria.

Porém, o pai foi firme:

— Vamos superar isso juntos — insistiu ele. — Não queremos perdê-lo, Jim. — Ele se virou para a esposa: — Jenny, não vamos perder nosso filho por causa disso.

Jenny chorou a noite inteira. Na manhã seguinte, ela ligou para Mary mais uma vez, pedindo para vê-la imediatamente. De alguma forma, a resposta tranquila de Mary a acalmou, e ela concordou em ir ao encontro seguinte do P-FLAG. Lá, ela conheceu outras mães e outros filhos. Os garotos lhe pareceram jovens normais, nada estereotipados, e isso a tranquilizou ainda mais.

Jenny tornou-se uma frequentadora assídua. Pouco tempo depois, seu filho e marido se juntaram a ela nas reuniões. Foram necessários seis meses para que ela pudesse superar a decepção e a vergonha. Aos poucos, ela "saiu do armário" para as amigas mais próximas e ficou impressionada com o quanto elas foram receptivas.

Ao longo da batalha da família Spinello, a presença de Mary foi importantíssima. Ela nunca julgou a família, independentemente do quão furiosos ou emotivos Jenny ou os outros ficassem. Ela explicou que a sexualidade não é uma escolha, aliviando o sentimento que Jenny tinha de que, de alguma forma, ela era culpada. Mary também explicou que o erro não era das crianças gays, e sim da sociedade. Ajudou a família a entender que o seu conflito não era o fim do mundo. Ela lhes deu um senso de perspectiva.

Assim, quando Jenny sentia pena de si mesma, ou quando se sentia distante do filho, ela se lembrava de Mary. Jenny ainda tinha seu filho em casa, Mary precisava se contentar com um diário e fotografias. Essa realidade ajudou a acelerar o seu processo de aceitação.

Finalmente, ela estava pronta para conhecer o namorado de Jim. Ela o conheceu em um restaurante de São Francisco, com o marido e o filho. Para sua felicidade, o namorado de Jim trouxera um buquê de flores para ela. Os dois se deram muito bem.

O resto foi fácil. Jenny e o filho ficaram muito mais próximos do que eram antes. A crise foi resolvida, mas mãe, pai e filho se mantiveram ativos na sucursal. Quanto mais Jenny aprendia, mais se irritava com as injustiças que via na rejeição de pessoas gays por parte da sociedade. Jenny sentia que aqueles que foram ajudados estavam mais preparados para ajudar os outros. Obviamente, muitos se sentiam assim também: as reuniões nas primeiras terças de cada mês na sala de estar da família Griffith contavam com mais de vinte pessoas, que se espalhavam até a cozinha.

Em junho de 1990, o P-FLAG de Diablo Valley e a BANGLE anunciaram os vencedores das primeiras Bolsas de Estudos Bobby Griffith, o que atraiu muita atenção da imprensa. O público havia doado dinheiro suficiente (quase seis mil dólares) para bancar quatro bolsas de estudo. Os vencedores incluíram uma garota heterossexual do Colégio Antioch e a primeira pessoa gay agraciada, Daniel Paul Layer, de dezoito anos, estudante do Colégio Castro Valley, no condado vizinho de Alameda.

*

Daniel Layer sabia que era gay desde muito novo. Filho de pais divorciados, ele morara com cada um dos pais em momentos diferentes da vida. Só no início do ensino médio na cidade rural de Tracy, Califórnia (entre São Francisco e Sacramento), ele percebeu como era diferente aos olhos dos outros. Ele não era efeminado, mas, assim como Bobby, não era do tipo que brigava ou se metia em confusão. Daniel era perseguido sem dó, chamado de "viado" e "bicha", e atacado fisicamente com frequência.

Certa vez, no laboratório de biologia, colegas de classe atiraram sapos dissecados em sua direção. Em outra ocasião, um aluno segurou sua cabeça sob a água, quase o afogando, durante uma partida de polo aquático. Quando se mudou com a mãe para Castro Valley, 60 quilômetros a oeste, Daniel decidiu nunca mais deixar aquilo acontecer. No Colégio Castro Valley, ele fez o possível para se enturmar, conformando-se e abafando seus desejos naturais. Fez amigos e se tornou popular, mas pagando um alto preço psicológico. As forças dentro dele não tinham espaço para se extravasar. À exceção de um colega de classe com o qual tivera um lance rápido, ele não contara a ninguém e sentia que jamais poderia.

Aos dezesseis anos, depois de romper com aquele colega de classe, Daniel ficou deprimido. Suas notas caíram. Ele não tinha mais esperanças de um dia fazer faculdade ou de ter qualquer tipo de futuro. Começou a pensar no modo menos dolorido e mais rápido de dar um fim em si mesmo. Certa tarde, com a mãe no trabalho, ele pôs para fora todos os animais de estimação e todas as plantas da casa, vedou as janelas, apagou as luzes, ligou o forno e colocou a cabeça lá dentro.

Cerca de dez ou quinze minutos depois, o telefone tocou. Entorpecido, Daniel tirou a cabeça do forno e rastejou até o telefone. Era uma amiga do colégio, ligando para saber como ele estava. Daniel desligou o telefone, fechou o gás e chorou por duas horas. Chorou ao perceber que havia pessoas que se importavam, que ele queria muito viver e que quase acabara com a própria vida. Se a ligação tivesse chegado três minutos depois, pensou ele, seria tarde demais.

Dois anos depois, Daniel ficou sabendo da Bolsa de Estudos Bobby Griffith. Àquela altura, ele já havia se assumido para a mãe e, juntos, eles pesquisaram a história da família Griffith. Daniel viu-se refletido em Bobby, separados apenas por três minutos fatais. Ele escreveu em seu ensaio vencedor:

"Sinto-me fisicamente enjoado ao perceber que outros gays e lésbicas já passaram, ou estão passando agora, pelo que eu passei. Alguns conseguem omitir uma parte de si e fingir que aquilo não existe. Outros simplesmente se excluem de tudo que poderiam ter ou fazer com suas vidas".

Ele ficou extasiado ao descobrir que vencera. Significava muito para ele, muito mais do que apenas dinheiro. Ele não esperava ser premiado por todo o inferno que vivenciara, por sua batalha constante em um ambiente em que poucas pessoas sabiam que ele era gay. A bolsa de estudos era um reconhecimento de que alguém compreendia a dor, o medo e, mais importante, a força necessária para sobreviver a tudo aquilo.

NA ESTRADA

Mary e Joy compareceram à cerimônia de formatura do ensino médio de Daniel e observaram o menino magricela e esguio de dezoito anos subir no palanque com orgulho para receber seu diploma e a Bolsa de Estudos Bobby Griffith. Era um momento de emoções conflitantes: o triunfo de um jovem gay tornado possível pela tragédia de outro. Mary se perguntou se Bobby estaria observando tudo aqui. Decidiu que sim, ele estava.

Depois da cerimônia, Daniel abraçou Mary com força.

— Muito obrigado — disse ele. — Você e Bobby são uma inspiração para mim.

— A inspiração é você! — respondeu Mary. — E eu quero um autógrafo!

Daniel escreveu: "Você me ensinou a ser forte e corajoso. Mesmo que só para sobreviver".

Uma semana depois, Daniel teve seus quinze minutos de fama nacional. A revista *Newsweek* o havia entrevistado meses antes para o que ele pensava ser uma matéria pequena de uma edição especial sobre adolescentes. A revista saiu no fim de junho com uma entrevista de duas páginas e uma foto enorme de Daniel como símbolo dos adolescentes gays norte-americanos. Dias antes, ele tinha ligado para os avós, que eram adventistas do sétimo dia. Com a voz embargada de medo, ele contou que era gay, preparando-os para a matéria na revista. Eles choraram e disseram:

— Vamos orar por você.

Ele ficou surpreso ao se dar conta de que fora mais fácil do que imaginara.

Daniel entrou na faculdade, trabalhando ao mesmo tempo em um emprego de meio período. Em 1994, com vinte e dois anos, ele morava em São Francisco e estava perto de concluir sua primeira graduação, já pensando no que fazer a seguir. Tentaria uma vaga em Berkeley ou Stanford, universidades renomadas em que planejava começar a estudar para sua carreira de negócios internacionais, com pós-graduação em negócios e filosofia.

— Viver é incrível — disse ele recentemente. — Apesar de toda a dor por que passei, o que ganhei com ela foi gosto pela vida. Eu jamais mudaria o que aconteceu. Sinto que tenho a oportunidade de fazer qualquer coisa neste mundo.

*

À medida que 1991 se aproximava, Mary, Joe e Con começaram a notar uma mudança perturbadora em Rob Birle. Ele estava perdendo peso. Cansava-se facilmente. Em uma espécie de conspiração de silêncio, ninguém falava nada, nem quando Rob anunciou que estava abdicando da sua posição na BANGLE por recomendação médica.

Rob era um homem visionário, dono de uma energia prodigiosa. Estava sempre disposto a agir, a pôr suas muitas ideias em prática. Mesmo depois de se aposentar da BANGLE, ele continuou determinado, orientando um programa de doação de livros gays para os vinte e três colégios de Contra Costa, ajudando uma nova aliança de grupos de ativismo gay a se formar pelo país e seguindo em sua carreira pessoal de artista.

Mas ele sabia, e os outros estavam começando a suspeitar, que tinha aids em estágio avançado. Rob era HIV positivo desde, pelo menos, 1985. Ele se submeteu ao teste na primeira semana de disponibilidade.

Tragicamente, seu parceiro, Andy, também estava doente.

Ao mesmo tempo que evitava desesperadamente fazer esforços desnecessários, Rob estava determinado a trabalhar até o último suspiro para garantir a proteção dos jovens gays nas escolas. Ironicamente, quando seu trabalho começou a ficar mais conhecido, ele foi atacado no Colégio Antioch. Certo dia, encontrou a palavra *bicha* escrita na lousa de sua sala de aula. Em outras ocasiões, alunos gritaram palavras ofensivas para ele no estacionamento. Exausto, e estressado com o assédio, ele pediu demissão.

Ele e Andy foram morar em um *loft* em Emeryville, uma cidade entre Oakland e Berkeley. Lá, Rob podia se concentrar nas paisagens pintadas com giz e aquarela que marcavam o estilo de sua arte. As pinturas adornavam as paredes e eram admiradas por quem os visitava, incluindo Mary, que gostava particularmente de uma gravura colorida de um jardim inglês.

No verão de 1991, Rob repentinamente perdeu onze quilos, em decorrência dos efeitos colaterais da aids. Não fazia mais sentido manter o silêncio, e ele começou a falar sobre a doença com Mary e outros amigos. Reações alérgicas a medicamentos o deixavam ainda mais fraco. Claramente, mudanças importantes estavam por vir.

A condição de Andy também piorava. Sua família em Kansas City implorou para que o casal se mudasse para lá, onde poderia contar com uma rede de apoio muito mais ampla (Rob não tinha uma boa relação com sua própria família). Tal decisão foi tomada, e Rob a anunciou com pesar durante uma reunião da BANGLE. Mary ficou devastada. Ela amava Rob.

Além disso, ela sabia que ele era o motor que mantinha as atividades junto às escolas funcionando, algo de muita importância para ela.

— Rob era um homem sem igual, um em um milhão — ela relembraria depois.

No outono, Mary, Betty Lambert, Andy e Rob se reuniram para um almoço de despedida em um restaurante em Oakland. Eles tentaram garantir que o clima se mantivesse ameno. Mary brincou com Rob e Andy, perguntando se iriam para o Kansas (na verdade, Missouri) de avião ou se simplesmente bateriam três vezes os sapatinhos de rubi.

Rob brincou com Mary sobre sua fama, cada vez maior.

— O único rosto que vejo aparecendo na TV mais do que o seu é o da Zsa Zsa Gabor.

— Pode ser, mas eu não tive que esmurrar nenhum policial para isso acontecer.

— Mary, espero que você se mantenha firme e forte — disse Rob, com um tom sério. — É necessário. Ninguém é capaz de fazer as coisas como você faz.

— Não sei se poderei dar conta sem você, Rob — respondeu ela.

Mary olhou para ele, emaciado, e segurou o choro. Os dois acreditavam que, depois que Rob partisse, dali a algumas semanas, nunca mais se veriam de novo.

Quando saíram do restaurante, Rob abriu o porta-malas do carro no estacionamento e pegou algo lá de dentro. Desenrolou uma tela e Mary se assustou ao ver a gravura do jardim inglês que ela tanto amava.

— Quero que fique com essa pintura — disse ele. — Como uma lembrança.

Mary, sem palavras, murmurou um obrigado e eles se abraçaram por um bom tempo. Poucas semanas depois, Rob e Andy partiram. Mary emoldurou a gravura e a pendurou sobre a lareira na sala de estar.

Felizmente, a saúde de Rob passou por uma melhora no Missouri, e eles conseguiram se ver outras três vezes ao longo dos anos seguintes, sempre que Rob visitava a Costa Oeste. No Missouri, ele continuou seu ativismo, mesmo com o vírus tomando conta tanto dele quanto de Andy. Ele organizou um projeto de fomento à leitura nas escolas que explodiu em controvérsia quando pais irritados em alguns distritos do estado promoveram queimas de alguns dos livros indicados. Porém, muitos distritos não se intimidaram, e alunos de quarenta e duas escolas agora podiam ler sobre gays e lésbicas nas bibliotecas escolares, em livros aprovados por educadores (o parceiro de Rob, Andy, faleceu em 1994).

Com Rob a muitos quilômetros de distância, Joe e Con assumiram a liderança da BANGLE de Contra Costa e, com Mary, retomaram o projeto de leitura que Rob iniciara antes de partir. Mary foi fundamental para que obtivessem financiamento para a compra dos livros. Com a cooperação da maioria dos distritos, publicações como *Homens e mulheres gays que enriqueceram o mundo*, *Positivamente gay*, *Além da aceitação* e *Tomates verdes fritos* foram distribuídos por colégios de todo o condado.

No entanto, assim que chegavam, muitos deles desapareciam misteriosamente — eram perdidos, guardados no lugar errado ou jogados no lixo. Quando a história dos livros desaparecidos chegou à mídia local, a BANGLE conseguiu substituí-los, com a garantia dos colégios de que chegariam às bibliotecas (não haveria queimas de livros na progressiva Califórnia).

Mary ficou especialmente satisfeita ao descobrir que o colégio de Bobby, Las Lomas, adicionara os livros à sua biblioteca. Já se passavam mais de dez anos desde que Bobby saíra do colégio, envergonhado por seu segredo e se sentindo um alienígena. Agora, uma década depois, um pouquinho de progresso finalmente chegara, ela disse a si mesma.

Embora sua rotina continuasse atarefada, com atividades ligadas ao seu trabalho na comunidade local e seu papel como figura nacional, ela ainda se preocupava, pois o problema era muito maior do que os recursos que tinha à disposição poderiam resolver. Com orgulho, ela recebeu o Prêmio de Serviço Comunitário dos Médicos da Região da Baía em Prol dos Direitos Humanos, um grupo formado por médicos gays e lésbicas, e, mais tarde, o Prêmio Humanitário Anual do P-FLAG nacional. Porém, ela buscava constantemente formas de ampliar sua própria voz e empoderar outras.

Pensando nisso, Mary trabalhou com Pam Walton, que então finalizava seu documentário *Gay Youth*. Walton, com quarenta e quatro anos na época, fora professora de inglês por vinte anos antes de se tornar cineasta. Outrora uma adolescente reprimida, ela queria abordar a vida levada por gays e lésbicas jovens. O relatório federal sobre suicídio entre jovens a convencera a incluir uma história sobre o tema, e ela tinha lido, com grande emoção, as matérias do *Examiner*. Mary prontamente concordou em conceder uma série de entrevistas e Pam se ofereceu para doar 5% dos lucros do filme para a campanha da Bolsa de Estudos Bobby Griffith.

Gay Youth narra a história de dois jovens gays, um aceito e o outro não, e os resultados disso na vida de cada um. A história de Bobby, recontada por Mary em um cenário composto de fotos e citações do diário narradas em *off*, se desdobra em contraponto com a história de Gina Gutierrez, uma aluna de ensino médio da

Califórnia. Gina, uma adolescente vivaz, é vista no âmbito de uma família acolhedora e livre de julgamentos que, obviamente, a ama demais. O fato de Gina ser lésbica não é completamente fácil para eles, mas é retratado como algo natural e uma parte pequena do pulsar rotineiro de uma família suburbana ocupada e feliz.

Em um dos pontos altos do filme, Gina e sua namorada aparecem se preparando para o baile de formatura com a ajuda da irmã de Gina e do namorado dela. Os pais de Gina se despedem do casal radiante na porta de casa. O contraste com a história de Bobby é poderoso.

Gay Youth foi um sucesso. Ele foi vendido para colégios, faculdades e ONGs ao redor do país, sempre acompanhado de um guia de estudos. Emissoras de TV em Los Angeles, São Francisco, Detroit, Denver e Kansas City exibiram o filme. Foi usado em campanhas de reformas para gays jovens em Massachusetts e outros estados. A Bolsa de Estudos Bobby Griffith arrecadou dois mil dólares em *royalties*.

Outra oportunidade surgiu quando a *Advocate*, uma revista gay de circulação nacional, publicou uma matéria de capa sobre suicídio adolescente, no outono de 1991. O artigo falava dos Griffiths com grande destaque. Havia ainda uma reportagem separada sobre o comportamento do governo ao abafar o relatório do HHS. A matéria, mais uma vez, despertou o interesse da grande mídia, que via na *Advocate* uma referência acerca dos assuntos mais importantes envolvendo a comunidade gay.

O artigo da *Advocate* convenceu David Sloan, um produtor do programa "20/20" da emissora ABC, de que a questão do suicídio entre gays adolescentes estava pronta para chegar ao horário nobre. Sloan e o repórter John Stossel viajaram com uma equipe para Walnut Creek, na primavera de 1992, para entrevistar Mary. A entrevista seria parte de um segmento que abordaria a história de Bobby, um grupo de adolescentes gays em Indiana e uma mãe fundamentalista na Virgínia. O segmento de vinte minutos, um retrato franco do preço da rejeição para jovens gays, foi ao ar no começo de maio.

Barbara Walters, em sua introdução, disse que era "uma ironia inacreditável e trágica" que adolescentes gays suicidas "fossem empurrados do penhasco pelas pessoas mais importantes de suas vidas". Ao som de notas solenes de piano, Mary contou a Stossel a história trágica da vida do filho, enquanto cerca de 25 a 30 milhões de espectadores assistiam ao redor do país.

— Bobby precisava que eu lhe dissesse: "Você é perfeito do jeito que é". Teria sido muito simples dizer a ele que nós o amávamos e queríamos entendê-lo melhor.

Para contrastar, Stossel entrevistou uma mãe da Virgínia, Ellen Shepherd, que tirara o filho do colégio depois de uma aula sobre homossexualidade. Ela argumentou friamente que, em vez de "recrutar" homossexuais e depois "tentar impedi-los de se matar", as pessoas deveriam trabalhar pela prevenção da homossexualidade para começo de conversa. Afinal, completou ela, havia "poucas crianças gays por aí".

Stossel contou à mulher sobre a convicção de Mary de que tinha cometido um erro com o filho, pois deveria tê-lo aceitado.

— É a opinião dela — disse Shepherd. — Eu não faria isso.

Outra parte do segmento tratou dos jovens gays do Grupo Jovem de Indianápolis (IYG, na sigla em inglês), uma pequena agência que oferecia aconselhamento tanto por telefone como pessoalmente para jovens gays e lésbicas. Ao registrar as imagens, a câmera parou brevemente em um panfleto com os telefones de ajuda. Minutos depois do fim do programa, a linha telefônica do IYG já estava congestionada de chamadas de adolescentes de todo o país. Acostumado a receber uma média de mil e quinhentas ligações por semana, o IYG passou a receber cerca de três mil por dia no decorrer do mês seguinte — quase quebrando a organização financeiramente.

Muitos dos que não conseguiam completar a chamada enviavam cartas que contradiziam a afirmação de Ellen Shepherd de que existiam "poucas crianças gays por aí". Na verdade, a repercussão do segmento do "20/20", refletida nas dezenas de milhares de ligações para o IYG e nas centenas de cartas agonizantes recebidas posteriormente pelo grupo, serviu como pesquisa espontânea sobre a quantidade de jovens gays que havia no país sentindo-se perdidos.

De todos os rincões e das mais afastadas cidadezinhas, eles imediatamente saíram à procura de ajuda.

Um rapaz do Alabama escreveu: "Preciso muito da ajuda de vocês. Se não for possível, só me resta o suicídio... Quando meus amigos descobriram, eles me abandonaram. Alguns até se juntaram para me bater. Estou tão sozinho, nem mesmo meu pai quer falar comigo...".

Um menino de catorze anos da Pensilvânia: "Gostaria de agradecê-los por serem os únicos com quem eu converso sobre meus problemas sem me tornar motivo de piadas. Isso significa muito para mim...".

Um garoto de dezessete anos do Missouri: "Meu pai me disse coisas do tipo: 'Olha só você se vestindo feito uma bicha, seu veadinho'. Fiquei tão mal que, naquela noite, tentei me matar pela primeira vez...".

Uma garota de dezoito anos de Wyoming: "Vocês são os únicos com quem posso contar. Moro... em uma cidade pequena que só tem reprovação para me oferecer. Minha família e meus amigos me rejeitam... Já me sinto cansada. Cansada de lidar com tudo isso sozinha...".

Um menino do Mississippi: "Estava assistindo ao '20/20'... Fico feliz por existir uma organização como a IYG. Por causa de vocês eu não cometi suicídio... Deitei na cama, olhei para o frasco de tranquilizantes, me senti tão sozinho. Decidi pedir ajuda. Liguei para a Boys Town Hotline e eles me deram o número do IYG... Conversei por quase três horas. Foi aí que descobri que está tudo bem eu ser quem eu sou...".

"Na matéria do '20/20' uma moça disse que não havia muitos gays jovens por aí... Como pode uma pessoa ser tão cega?".

Mary ficou sabendo da repercussão fenomenal do "20/20" pelo produtor Sloan, que também contou sobre as centenas de cartas que chegaram aos escritórios da ABC após o programa. Ela ficou em êxtase ao saber que tantos jovens foram alcançados. Não era possível contar quantas vidas haviam sido salvas ou quantas tinham saído do isolamento total. Ao mesmo tempo, a enormidade do problema nunca ficara tão clara. Era frustrante e triste para Mary pensar que, para cada jovem que ligava ou escrevia, poderia haver centenas ou milhares de outros que não o faziam.

*

Um mês depois, Mary teve a oportunidade de interagir com aqueles jovens. Ela viajou para Austin, Texas, onde um grupo de jovens gays e lésbicas decidira batizar o seu centro de acolhimento em homenagem a Bobby. Ao chegar, ela avistou um retrato emoldurado do filho sobre a porta e uma versão impressa da matéria no *Examiner*. A legenda em letras garrafais dizia: "Memorial e Centro de Acolhimento Bobby Griffith". Mary sentiu um nó na garganta.

Lá dentro, Lisa Rogers, diretora da agência de assistência a adolescentes OutYouth/Austin, apresentou Mary para uma sala lotada com cerca de cinquenta jovens. Eles aplaudiram empolgados e a cercaram de imediato, ansiosos para conversar, fazer perguntas e agradecer. Todos pareciam conhecer a história de Bobby. Convivendo com uma variedade de problemas, como rejeição da família, drogas e aids, eles viam em Mary uma figura maternal na qual podiam confiar, uma mulher cujo senso de compaixão havido sido forjado por uma tragédia. Ela oferecia um vislumbre de como a vida seria se aqueles que os rejeitavam passassem a aceitá-los. Ela era uma campeã, lutando para garantir para eles sua dose de benevolência na sociedade.

Foram dois dias poderosos. Mary ficou bastante tempo no centro, passeou pela cidade com os jovens, fumou com eles na calçada, bem na entrada do centro, e saiu com alguns deles para jantar. Ela voltou para casa energizada e esperançosa.

*

Mary começou a preparar o seu depoimento para o Conselho de Educação da Califórnia, que estava prestes a aprovar uma proposta controversa que, pela primeira vez, incluiria a orientação sexual entre os tópicos abordados nas aulas de saúde dos colégios públicos da Califórnia. Porém, a questão abrangia muito mais do que a Califórnia. Devido à grande população do estado, a aprovação de uma proposta como aquela influenciaria o conteúdo da maioria dos livros didáticos. Como resultado, o tema se faria presente nas salas de aula de todo o país.

Por causa disso, a questão mexia com uma variada gama de interesses, incluindo os da direita religiosa, que acusava o plano de ser uma insidiosa tentativa de se introduzir a "agenda homossexual" no ensino público.

A fala de Mary, uma entre várias pessoas selecionadas para testemunhar, teria de durar no máximo três minutos. Ela trabalhou durante dias para condensar sua história e ensaiava o discurso silenciosamente na frente do micro-ondas, enquanto preparava o jantar. Ela terminou de polir o discurso no dia anterior à audiência e esperou impacientemente que Joy chegasse em casa para que pudesse lê-lo em voz alta. Quando chegou no trecho em que discorria sobre o suicídio de Bobby e o silêncio dos colégios, ela começou a chorar.

— E se isso acontecer amanhã? — ela perguntou, soluçando.

— Aí a senhora continua, mesmo chorando — respondeu Joy. — Não se preocupe com isso.

*

Joy levou Mary para Sacramento. A grande sala de audiência transformara-se em uma arena barulhenta repleta de personagens com interesses díspares: os gays e simpatizantes, a oposição fundamentalista e o painel de educadores — em sua maioria, nomeados pelo Partido Republicano.

O reverendo Lou Sheldon estava lá. Era um homem baixinho, de aparência surpreendentemente inofensiva, que vociferava sua mensagem em uma voz aguda. Em uma minicoletiva de imprensa que organizara no saguão, mencionou estatísticas que, segundo ele, explicavam por que "a comunidade homossexual tinha de convencer as pessoas quanto à legitimidade de sua orientação sexual e [por que tinha] de recrutar jovens para esse estilo de vida".

Mary esperou pela sua vez, ouvindo os depoimentos e se arrepiando com a retórica da direita cristã. Uma testemunha — um jovem missionário que mal saíra da adolescência — passou seus três minutos discorrendo sobre uma pesquisa que tentava quantificar a porcentagem de atos sexuais pervertidos cometidos por pessoas gays: "(…) e 45 por cento praticam *fisting* anal".

Quando ele terminou, Mary não conseguiu se segurar. Com Joy logo atrás, ela se levantou da cadeira e abordou o rapaz.

— Muito obrigada — disse, com sarcasmo evidente.

O rapaz a reconheceu.

— Veja, não fui eu quem escreveu essas coisas — ele argumentou. — É um estudo legítimo.

— Você precisa pensar duas vezes antes de sair pregando esse tipo de coisa — rebateu Mary. Uma pequena multidão começava a se formar ao redor. — Meu filho e a maioria das pessoas gays e lésbicas merecem respeito. Você desonrou a memória do meu filho.

— Eu não estava falando do seu filho!

— Meu filho era gay. Mas você poderia ter arrumado coisas tão odiosas quanto essas para dizer sobre os heterossexuais também.

O jovem estava começando a ficar desconfortável.

— Eu não estava falando sobre *todos* os gays.

Mary já estava de saída quando parou, deu meia-volta e assumiu o olhar mais severo que conseguiu.

— Você tem muito a aprender sobre o seu Deus — disse por fim.

Seu coração batia rápido. Ela não era dada a desentendimentos, principalmente em público. Mas estava furiosa e a adrenalina tomou conta. Foi o que a carregou pelo almoço (por coincidência, ocupara uma mesa ao lado da de Sheldon) e de volta à sala da audiência para os seus três minutos. Ela precisava fazer o tempo valer a pena, pensou, por Bobby e por todos os jovens que sofrem por serem diferentes.

Ela narrou o início da história de Bobby:

— Solitário, assustado, envergonhado, Bobby não podia recorrer aos seus pais, ao irmão, à irmã, ao líder dos escoteiros, aos amigos, à professora da escola dominical ou ao pastor. Sem esperança de ter um futuro, ele saltou de um viaduto para a morte. Até hoje, as escolas em que Bobby cursou o ensino fundamental e o ensino médio continuam em silêncio, tolerando a ignorância, a discriminação e a homofobia que destruíram a vida dele.

Agitada demais para chorar, Mary inclinou-se para a frente, sua voz ficando mais intensa.

— Esse silêncio tem privado nossos filhos de uma educação igualitária, de uma educação que lhes forneça o conhecimento que é vital para sua saúde e bem-estar. Permanecer em silêncio significa aceitar as estatísticas de suicídio, significa fechar os olhos para os abusos mentais, emocionais e físicos cometidos não apenas contra o meu filho, mas contra muitos outros filhos também.

Para encerrar, ela falou da igreja, pensando naquele jovem missionário.

— Se ninguém jamais tivesse enfrentado a autoridade da Igreja, não haveria democracia, colégios públicos, direitos para as mulheres, estudos científicos, medicina, abolição da escravidão e leis contra o abuso infantil.

Mary distribuiu cópias do seu discurso e se retirou do palanque. Fora apenas um dentre cinquenta depoimentos. Pouquíssimo tempo. Ela não ficou muito satisfeita com o modo como falou. Será que algo daquilo deixaria alguma marca nas figuras impassíveis sentadas de frente para o palco?

O conselho levaria cinco meses para decidir. Ao longo desse tempo, ambos os lados exerceram forte pressão sobre os seus membros. O P-FLAG, a GLAAD (*Gay and Lesbian Alliance Against Defamation*; Aliança Gay e Lésbica Contra a Difamação), a Força-Tarefa Nacional Gay e Lésbica e outras organizações participaram de uma vigília com velas acesas em agosto, em um esforço para dramatizar a questão do silenciamento dos gays nas escolas. Lou Sheldon se juntou a outros grupos nacionais, como o Eagle Forum, de Phyllis Schlafly, para tentar influenciar o conselho a votar contra a mudança.

Porém, em dezembro de 1992, o conselho aprovou a inclusão de temáticas gays, lésbicas e bissexuais nos livros didáticos sobre saúde. Aquilo significava que esses livros poderiam, pela primeira vez, abordar questões concernentes ao suicídio adolescente entre gays e lésbicas, às estruturas familiares tradicionais e à puberdade. Mais importante, reconheceriam formalmente a existência de gays e lésbicas nas escolas e realçariam o seu direito de acessar informações a respeito de si próprios.

Era uma vitória, ainda que discreta. As diretrizes aprovadas versavam sobre a necessidade de haver discussões "factuais e substanciais" sobre a homossexualidade e condenavam quaisquer ofensas verbais, reforçando que "a instrução nesse contexto deve confirmar a dignidade de todos os indivíduos". Por outro lado, a pressão da direita fez com que o trecho sobre as taxas de suicídio entre alunos gays e lésbicas fosse reduzido para nada mais do que uma frase. Finalmente, uma referência aos "filhos de pais gays e mães lésbicas" foi alterada para "famílias alternativas".

Mary recebeu a notícia por Joe e Con. O silêncio nos colégios fora quebrado. No entanto, pensava ela ironicamente, por que eles estavam apenas sussurrando? Ainda assim, era algo importante. Mary pensou nos jovens de Indiana e Austin e de outros lugares, vivendo em total isolamento. Se pelo menos um deles se enxergasse em um livro em algum lugar, já era algo bom.

Seus pensamentos se voltaram para Bobby, e Mary se lembrou dos dias maravilhosos antes de ele se rotular sexualmente, quando o seu espírito ainda era livre. Ele levava seus desenhos da escola para casa e os exibia com orgulho. Escrevia poemas e músicas. Depois, quando já sabia que era gay, a escola se tornou uma prisão. O sonho em que voava terminara abruptamente. O coração dela doía por Bobby e por todas as crianças cujos espíritos voadores foram frustrados.

Naquela noite, ela procurou em suas pastas o ensaio em que Bobby cita os sonhos voadores. Releu-o.

Uma escuridão tranquila me cerca como uma amiga carinhosa enquanto estou deitado na cama, quieto. Depois, pouco a pouco, sem que eu perceba, saio em uma aventura.

De pé do lado de fora da janela do meu quarto, no ar da noite, uma sensação formigante de empolgação intensa atravessa meu corpo. Vejo as estrelas no céu, como lantejoulas brilhantes sobre o cetim preto. Tudo quieto e tranquilo. Mas meu coração bate forte, como um milhão de tambores. Então, com uma lufada repentina de êxtase, estou voando pelos ares. Vejo o vento soprando nos pés de eucalipto gigantes, fazendo com que os galhos balancem. Sinto-me totalmente livre e vivo, como nunca me senti antes. Um sorriso preenche o meu rosto e uma risada borbulha dentro de mim... Logo, as árvores, minha casa e o mundo inteiro ficam minúsculos, e eu alcanço as estrelas.

CAPÍTULO 13
NASCER DE NOVO

Pego a saída da Interestadual 680, no coração de Walnut Creek, chego à avenida principal e viro à esquerda na Rudgear, como fiz dezenas de vezes nos últimos três meses. O ar cheira a calcário e pó de ferro, cortesia da obra sem fim na via expressa, cujo projeto almeja desengarrafar o emaranhado de rampas de entrada e saída para que possam comportar ainda mais tráfego.

Já na Rudgear, minha agitação diminui um pouco e dirijo por uma sucessão de casas de estilo rancheiro, com cercas-vivas floridas e garagens embutidas. Chego à modesta casa de madeira dos Griffith e estaciono ao lado do Escort 1988 de Bob. Mary me recebe na porta acompanhada de dois poodles pequenos e temperamentais, mãe e filho, que gostam de correr entre minhas pernas.

— Janie! Bo! Podem parar! O que deu em vocês hoje? — Mary briga com os cachorros, como se aquilo estivesse acontecendo pela primeira vez.

Do lado de dentro, sento-me à mesa da cozinha, ao lado da janela. Quase todos os assuntos da família são resolvidos daqui. Há um bule de café preto constantemente aquecido no fogão. A janela dá vista para o quintal generoso, que inclui uma piscina de tamanho razoável.

Muita coisa mudou desde que entrei na vida dos Griffiths pela primeira vez, em 1991. Bob Griffith se aposentou do trabalho de eletricista, passou por uma cirurgia séria de úlcera que lhe custou metade do estômago e completou sessenta anos. Atualmente, ele continua com os trabalhos gerais pela casa, lê, usa o computador e se pergunta como se manterá ocupado e produtivo pelos anos que lhe restam.

Joy e Nancy, ambas solteiras, saíram de casa. Por um tempo, dividiram um apartamento a cerca de três quilômetros de distância. Agora, Nancy foi morar com o namorado e Joy está comprando um apartamento. Ed e a esposa, Linda, compraram uma casa em Fairfield, trinta quilômetros ao norte, e têm uma filhinha, Christina. Ele trabalha na polícia de Lafayette, uma cidade-dormitório entre Walnut Creek e Oakland.

Olho em volta e tento imaginar pela enésima vez como era há doze anos, quando a vida de Mary girava em torno da devoção religiosa. Ausentes desde 1985 estão a Bíblia antiga (guardada apenas para ser usada de referência), o crucifixo com o bebê de cerâmica, os versículos escritos em pedaços de papel, o calendário do pastor Norman Vincent Peale, as cópias do *Guidepost*, a estante cheia de livros e folhetos cristãos (tudo doado para a caridade). Era como se um esquadrão de caça-Deus tivesse entrado na casa com ordens de exterminar qualquer traço de religiosidade.

A família tem uma reunião marcada comigo hoje. Minha pesquisa está quase no fim e é hora de encerrar. Eu e Mary começamos primeiro. Enquanto bebemos café, eu pergunto:

— No que você acredita? Ainda mantém alguma das suas crenças antigas?

— Acredito que existe um espírito além da nossa capacidade de compreensão, algo no universo muito mais forte do que nós. Não entendo como essa força funciona, mas não acredito mais que a chave para a vida após a morte é o cristianismo.

— Nesse universo, existe um inferno? — pergunto.

Mary pensa um pouco e, então, responde:

— Não acredito mais em inferno. É só uma história para manter as pessoas na linha.

— Você ora?

— Não, não mais. Desejo o melhor para a vida dos outros. Desejo que todos tenham força e fé em suas habilidades e em seu juízo. Acredito que a bondade é inerente à humanidade.

— Parece que você se tornou uma humanista no sentido clássico do termo — sugiro.

Mary sorri.

— Se isso significa que me sinto bem comigo mesma e não mais culpada como antes, você tem razão. Cresci acreditando que minha natureza era pecaminosa e que foi pelos *meus* pecados que Jesus Cristo teve de sofrer naquela cruz. De acordo com essa linha de pensamento, você é tão culpado quanto quem bateu aqueles pregos na cruz. Não havia nada que eu pudesse fazer ou conquistar dependendo apenas de mim mesma. Eu dependia de Cristo. Eu não era nada. Sinto que, desde que consegui colocar a Bíblia em perspectiva, ganhei liberdade para pensar e raciocinar sem medo. É um sentimento incrível saber que sou responsável por minha própria vida. Sou responsável pelo que acontece. Não é castigo de Deus nem nada do tipo. Não digo mais: "Ei, Deus, resolva isso aqui". Prefiro estar onde estou hoje porque me sinto no controle. Não sou má. Eu me amo. Minha autoestima aumentou umas cem vezes.

Com uma risada, ela completa:

— Eu nasci de novo.

Não consigo resistir e sugiro:

— Você diria que a morte de Bobby lhe deu uma vida nova?

Ela para e pensa a respeito.

— Eu não diria isso, não de forma tão simples. Eu desistiria da minha nova vida em um piscar de olhos para trazer Bobby de volta. Mas é verdade que, quando me dei conta de que Bobby viera ao mundo como uma criança linda e inocente, mesmo sendo gay, foi como se um raio me atingisse, porque consegui direcionar essa constatação para outras pessoas, incluindo eu mesma! Não carrego mais o fardo de ter sido uma má pessoa em uma situação que estava fora do meu controle.

Ressalvo que aprender a se amar é um projeto para a vida inteira.

— Tem razão — diz ela. — Eu sentia o tempo inteiro que precisava corresponder às expectativas do meu marido, de Deus, da minha mãe. As pílulas de emagrecimento que tomei por um tempo me ajudavam a elevar minha autoestima. Só quando tive coragem de parar e questionar é que percebi: "Espera um pouco! Sou um ser humano decente, sempre fui!". Assim como a maioria das pessoas, incluindo minha mãe. Percebi que, como eu, ela fez muitas coisas por causa da sua ignorância. Não a culpo por isso. Muitas coisas surgiram com a morte de Bobby. Minha liberdade emocional e mental, não ter mais medo da vida. Foi desse fardo que me livrei. Perdi o medo do amanhã.

Mary faz uma pausa para beber um gole do café.

— Minhas crenças eram a minha realidade — diz ela. — Agora, a minha realidade forma as minhas crenças.

É uma daquelas frases de efeito que, apesar de tudo, expressam uma verdade. E me motiva a perguntar:

— E se Bobby tivesse sobrevivido? Você teria mudado?

Mary suspira.

— Sabe, acho que eu continuaria achando que ele precisava se arrepender. Acho que não teria cedido.

A resposta me pega de surpresa, embora eu saiba que é perfeitamente lógica. Faz com que eu pondere se em toda ocasião um campo minado, em sentido figurado, deverá se impor para que as pessoas mudem.

— Você fala muito sobre responsabilizar-se, mas, ainda assim, culpa a igreja por ser como era — comento.

— Sim — responde Mary. — Tenho noção de que carrego essa raiva, e me esforço muito para mantê-la sob controle. Tenho medo de assustar as pessoas que precisam se ancorar na religião. Independentemente dos caminhos que uma pessoa escolha, hoje consigo respeitá-los. Obviamente, não vejo mais os não cristãos como indivíduos fadados à danação, sejam eles ateus, agnósticos, budistas, muçulmanos. Mas não consigo deixar de pensar que a igreja sabia muito mais que eu. Eu era ignorante, e acho que consigo encontrar desculpas para a minha estupidez. Porém, se há sangue em minhas mãos, há sangue nas mãos da igreja. Eles são muito mais inteligentes. Eles conhecem a história da Bíblia, sabem como aquelas culturas antigas se organizavam, e têm os fatos à sua disposição hoje. Por que não compartilharam esses fatos na época, e continuam a não fazê-lo? Sinto uma boa parcela de culpa, mas a igreja parece não sentir nenhuma. Não é estranho?

Comento que muitas igrejas hoje em dia parecem dispostas a tratar dessas questões e já começam a lidar com elas.

— Sim — responde Mary. — Algumas estão olhando para isso. De forma alguma quero deixar implícito que cristianismo e tolerância são duas coisas incompatíveis. Para mim, a base do cristianismo é não deixar ninguém de fora, incluindo os gays. O amor não tem limites. Ainda assim, percebo que há muita retórica. Sabe, houve um tempo em que a Igreja Presbiteriana proibia o divórcio. Depois isso foi revisto, mas a Presbiteriana de Walnut Creek se recusou a mudar qualquer coisa até o número de divórcios tornar-se tão alto que ou eles mudavam ou metade da congregação teria que se retirar da igreja. Quando lembro disso, eu penso: "Eles deram o braço a torcer quanto ao divórcio, mas meu filho se foi e eles continuam disseminando a mesma palhaçada". Isso me irrita.

— Então não acredita mais em anjos da guarda? — pergunto.

— *Nós* somos os anjos da guarda — diz ela. — Temos o poder. Temos a responsabilidade de fazer o possível nesta vida. É parte do processo de evolução. Tudo teve que evoluir, inclusive como eu me sinto em relação a Deus. A história está repleta de exemplos de pessoas que seguiram em frente e melhoraram suas vidas. Quando estamos determinados a melhorar nossas vidas, vamos errando e acertando até encontrar o jeito certo. Sabe, com toda a brutalidade que existe no mundo, não basta deixar tudo nas mãos de Deus. Muitas vezes o Deus que conhecemos nos dá as costas.

— Se a salvação não é mais a motivação, o que dá significado à vida?

— Como assim? Você se refere ao motivo de estarmos aqui? Acredito que temos a responsabilidade de educar e transformar o mundo em um lugar melhor. Acredito de verdade que uma única pessoa é capaz de fazer a diferença. Fiquei fascinada com a história de Florence Nightingale. É inacreditável o que ela conquistou sozinha. Convenceu os generais de que os soldados precisavam de tempo para descansar, tempo para escrever cartas para casa, condições sanitárias melhores. Disseram para ela: "Esses homens lutam melhor quando estão bêbados". Ela respondeu: "Eles não estariam bêbados o tempo inteiro se tivessem outras coisas para fazer". Então, ela conseguiu fazer com que o exército repensasse todo o tratamento dispensado aos soldados. Sei que, cem anos depois, o exército continua sendo um lugar onde gays são perseguidos. Mas é disso que estou falando. Essa mudança também está vindo… É tudo parte da evolução das coisas. Acredito que o que eu estou fazendo agora vai tornar o mundo um lugar melhor para Ed, Joy, Nancy e os filhos deles. Talvez a homofobia desapareça se houver educação. *Tudo* começa com a educação.

*

Fazemos uma pausa e, enquanto Mary prepara o almoço, examino fotos antigas da família. Em quase todas elas Mary está séria ou forçando um sorriso.

— Não gosto de como eu era quando jovem — comenta ela. — Não gosto da pessoa que eu era quando me casei. Sinceramente, tenho vergonha daquela pessoa. Sempre me conformei em ser a imagem de outra pessoa. Não tinha ideia de quem eu era.

Bob junta-se a nós. Aos sessenta anos, ele mantém a boa forma, com seus cabelos grisalhos e o porte atlético. É um sujeito introvertido — sente algum desconforto, ao que parece, diante de emoções e sentimentos mais profundos. Fala devagar e só depois de longas pausas para pensar melhor nas palavras. Então, ele põe uma frase ou outra para fora, por vezes aumentando a voz e gesticulando violentamente. Dá para entender por que, em certos momentos, os filhos e a esposa o achavam assustador.

Pergunto se ele acha que Mary mudou muito e por quê. Ele responde com o eufemismo característico:

— Bom, ela mudou, sim, com certeza não é mais como era antes da morte do Bobby. Claro, ela mudou a forma como pensava sobre a religião, mas agora dedica a mesma intensidade a tudo que está fazendo pelos gays. Só me preocupo porque ela pode acabar se magoando de novo. Ainda está lidando com pessoas, e pessoas erram... Mas eu acredito que ela está se saindo muito bem sozinha. O negócio da TV e tal foi algo bem positivo. Meu medo é alguém puxar o tapete e deixá-la sem chão mais uma vez.

— E você, o quanto mudou?

Bob pondera por um tempo.

— Acho que a maior mudança para mim é que tenho tentado me manifestar um pouco mais. Em todos aqueles anos, quando as crianças estavam crescendo, eu não dizia o que pensava. Preferia vê-las crescendo sozinhas, para que isso tivesse mais significado para elas. Mas acho que as joguei ao mar. Fiz as coisas paternas, ensinei-as a nadar e tal, mas não gostava de interferir na vida delas quando se tratava de decisões importantes e coisas do tipo. Acho que as crianças interpretavam isso de outro modo, achavam que eu estava bravo com elas ou mal-humorado. Tenho o hábito ruim de dar as coisas como certas. Isso me faz sentir extremamente culpado. Eu chegava em casa cansado e irritadiço, depois de um dia inteiro de trabalho, não dizia muita coisa e dava como certo que todo mundo entendia. Eu deveria ter sido mais comunicativo. E gostaria de ter orientado melhor o Bobby. Eu era tão ignorante quanto ele a respeito da homossexualidade. Do modo como eu vejo, estávamos vivendo na idade da pedra naquela época. Achava que seria como qualquer outro problema, que você aceita e tenta resolver, até achar o seu lugar. Deveria ter explicado isso melhor para ele, que ele iria achar o lugar dele, que todo mundo passa por problemas e uma hora consegue superá-los. Eu poderia ter ajudado, mas sou uma pessoa muito quieta. Não gosto disso, mas é o meu jeito.

Mary interfere:

— Você está melhorando. As crianças também acham isso.

Então ela se vira para mim:

— Mas ele é teimoso. Às vezes, parece que preciso de uma marreta para abrir essa cabecinha e fazê-lo dizer o que está pensando ou sentindo.

Bob não fala sobre isso, mas me parece óbvio que a mudança radical de Mary afetou o relacionamento do casal. Agora, Bob é o dono de casa e é Mary quem está sempre engajada, caindo na estrada com sua causa. Não é esse o modelo tradicional para uma família dos anos 1950. A Mary tímida e submissa dera lugar a uma mulher mais assertiva e realizada. Um homem daqueles tempos, cuja esposa passara quarenta anos preocupada apenas com recebê-lo após o trabalho, cuidar das crianças e limpar a casa, poderia se sentir negligenciado diante das novas circunstâncias.

*

Quando Joy, Ed e Nancy chegam, reunimo-nos todos ao redor da mesa da cozinha. Ed, aos trinta e dois anos, está se familiarizando com as responsabilidades do casamento, da paternidade e da vida adulta. Agora, um bigode suaviza as suas feições afiadas e joviais, enquanto o corte de cabelo curto, típico da polícia, lhe confere um ar militar. A gentileza inerente de Ed faz dele um policial incomum. Ele lembra o pai, quando tinha a mesma idade.

Joy, cerca de um ano mais velha, é uma mulher grande de cabelos castanhos que emolduram um rosto oval e atraente, de queixo proeminente e feições que, embora menos marcantes, lembram as do irmão Ed. Nancy, de vinte e quatro anos, tem olhos iluminados e um sorriso radiante; mais do que qualquer outra pessoa na família, ela é a cara do Bobby.

E o que mudou na vida deles com a perda de Bobby?

Nancy, com seus cabelos loiros compridos e naturalmente cacheados, está saindo de um emprego como escriturária. Ela gostaria de usar seus talentos artísticos profissionalmente, talvez na área de computação gráfica. Quanto ao impacto da partida de Bobby, ela simplesmente diz:

— Passei a acreditar que as pessoas têm o direito de pensar por si próprias e de ser quem quiserem ser. Isso afeta o modo como eu as trato. Eu odiaria fazer qualquer pessoa passar pelo que Bobby passou. Não sou ninguém para julgar outras pessoas.

Ed é tão sensível que a exposição diária ao lado criminoso da vida o deixa deprimido às vezes. Ele espera que, no futuro, possa deixar o policiamento de rua e passar a trabalhar em tribunais.

— Olho para o meu eu do passado e dou risada, porque achava que sabia de tudo. Hoje, eu vejo que não sabia de nada — diz ele. — Sou muito mais cauteloso agora. Não dá para você me dizer alguma coisa esperando que eu acredite nela de imediato.

Ele mexe na pulseira, parecendo pensativo.

— Houve um tempo em que eu pensava que ser gay condenava uma pessoa a ir para o inferno. Certamente, não penso mais que a homossexualidade seja um pecado de qualquer natureza. Não tenho mais medo de pessoas gays. Eu as entendo, por causa do Bobby. Se nada tivesse acontecido com ele, não sei onde eu estaria agora. Talvez tivesse continuado no lugar de sempre. Não acredito mais em inferno. Mas acredito que algo venha depois. Talvez até mesmo reencarnação. Acredito que o santo espírito de Deus está em todo mundo, até mesmo nos piores cafajestes que conheci na cadeia. Quanto àqueles que escreveram a Bíblia, não acho que sejam tão diferentes de mim. Não tenho problema algum com os povos nativos e suas crenças religiosas, ou com as crenças de qualquer outra pessoa. Desde que você seja uma pessoa cheia de amor e tente ajudar aos outros nesta vida, tá tudo bem.

Ed falou com a reserva característica dos Griffith, mas o enorme deslocamento do seu sistema de crenças, impulsionado pela morte de

Bobby, estava claro em suas palavras. Ed, Joy, Mary — todos ainda lidando com as dimensões de suas vidas espirituais.

Joy também passa por uma transição. Depois de trabalhar como supervisora contábil na mesma empresa por quase quinze anos, ela está se formando na faculdade e planeja seguir carreira como psicóloga infantil.

— Estou estudando na Universidade JFK e quero continuar estudando no futuro. Tenho pensado em trabalhar com aconselhamento de crianças, talvez de pais e mães de primeira viagem. Em parte por causa da minha sobrinha, Christina. Ela mexe muito com as minhas emoções.

Joy faz uma pausa, aparentemente controlando uma dessas emoções.

— Christina representa para mim alguns dos aspectos mais importantes da natureza humana, em termos de como uma criança chega a este mundo, pensando e sentindo que é alguém maravilhoso e especial. São os adultos que estragam tudo. O paralelo com Bobby é óbvio. Mas observar uma criança crescer, vendo como, pouco a pouco, a espontaneidade vai se esvanecendo, me atinge com tudo.

Ela olha para o irmão Ed, pai de Christina, e se vira para avistar o retrato de Bobby no armário, à plena vista na sala de estar.

— Penso em Bobby todos os dias. Quando fico com Christina, penso ainda mais — diz ela. — As festas de fim de ano, em especial, são muito difíceis. Bobby sempre adorou essa época.

Todos ficamos em silêncio por um bom tempo. Olho para essa reunião de Griffiths e sinto a corrente que os une. Eles são uma família forjada no amor, mas marcada pela tragédia e por lições difíceis. São unidos pelo sangue, pela genética e pelo espírito. Uma união inefável, inquantificável, tão poderosa quanto a vida ou mesmo a morte. Faz tempo que entregaram partes de si mesmos uns para os outros, inconsciente e naturalmente, em uma união nascida de benevolência e generosidade. Vai ficar tudo bem com a família Griffith.

*

Mais tarde, eu e Mary dirigimos pela longa e tortuosa via que leva ao Cemitério Memorial Oakmont para deixarmos duas rosas brancas no túmulo de Bobby, praticamente onze anos depois do seu funeral. O dia está lindo, sem nenhuma nuvem no céu, que reluz com o mesmo azul penetrante daquela tarde no passado. O Jardim da Paz fica no alto da colina, oferecendo uma vista espetacular do arco gracioso do Monte Diablo.

Bobby está enterrado em uma fileira organizada de lápides, com um desconhecido de cada lado (quando alguém morre inesperadamente, não há tempo de se pensar em jazigos familiares). Uma placa simples de bronze demarca o espaço. Reproduz uma cena pastoral com montanha, lago e floresta. Na parte de baixo da placa, seguindo instruções de Mary, há os dizeres: "Até mais tarde" — uma das expressões favoritas de Bobby, que assume conotações cósmicas nesse contexto.

O lugar parece um parque, com colinas lindas, gramado bem cuidado, um carvalho esplendoroso, pinheiros e árvores de bordo. Não fosse pelas lápides, seria impossível dizer que isso é um cemitério. Inclusive, um praticante de corrida passa por nós em determinado momento, usando shorts brancos. Cada lote tem um recipiente, em sua maior parte decorados com flores coloridas ou com a bandeira dos Estados Unidos. O cemitério parece ser ecumênico; não há nenhum símbolo religioso à vista.

Mary se abaixa e deposita as rosas na lápide. A uns vinte metros de distância, uma mulher de meia-idade se senta na grama, ao lado de uma lápide, com as pernas esticadas para a frente, aparentemente se comunicando com a pessoa perdida.

— Acho que ela encontra consolo nessas visitas — diz Mary.
— Eu, não. O corpo do Bobby está aqui, e penso nisso às vezes, quando chove. Mas o espírito não está. É como uma casa antiga da qual você foi embora e para a qual não deve voltar. Pouco a pouco estou aprendendo a viver com Bobby no plano espiritual, o que é bem diferente. Meu espírito convive com o dele. Estou aprendendo a aceitar esse tipo de relacionamento.

Ela se levanta, observando a plaqueta.

— Sei que não posso ter o Bobby de volta, e isso nunca sai da minha cabeça. Penso nisso todos os dias. Acho que não há nada que se possa comparar com essa perda. Lutei contra o fogo e sobrevivi. A essa altura, nada mais pode me destruir.

Voltamos para o carro.

— Sabe, quando Bobby faleceu, eu escrevi uma frase na última página do diário dele: "Bobby desistiu do amor". Aquilo foi mais uma revelação para mim. Ele se matou porque desistiu do amor; do amor-próprio e do amor dos outros. No geral, é isso. É em busca disso que vivemos.

Ocorre-me que há uma outra vitória nessa jornada tortuosa: Mary, que desistira do amor quando criança, aprendeu a se amar no período de luto pela perda do filho.

Caminhamos pelo chão de cascalho, passando pela mulher que avistamos e que continua sentada em silêncio na grama ao lado da lápide.

— Lembro-me de quando começamos tudo isso e você me perguntou por que escolhi fazer o que eu estou fazendo — diz Mary. — Agora eu entendo. Não era uma penitência. Era para desfazer uma injustiça, para que os jovens gays saibam que são iguais a qualquer outra pessoa. Vou aonde quer que precise ir para entregar essa mensagem. Eu me importo. Será que isso adianta de alguma coisa? Essas crianças estão me ouvindo? Estão entendendo que vai ficar tudo bem? Não desista do amor como Bobby fez.

No carro, ela se vira para dar uma última olhada. Mary está muito bonita em seu vestido verde de alfaiataria, que ganhara do filho no dia das mães, e com o cabelo grisalho emoldurando graciosamente o rosto. Neste momento, ela parece estar em paz.

EPÍLOGO[***]
JUVENTUDE GAY

1996

> Ao refletir sobre a homossexualidade, aprendi que minha herança religiosa me ensinou a acreditar que meu filho era um pecador; o sistema de saúde me ensinou a acreditar que meu filho era doente; o sistema de educação me ensinou a acreditar que meu filho era anormal; o sistema judicial me ensinou que meu filho e o parceiro dele não tinham direitos legais; minha família me ensinou que não haveria apoio nenhum para o parente gay; minhas principais fontes de informação tratavam a homossexualidade como um desvio.
>
> *Depoimento de James Genasci, pai de um filho gay, na audiência pública da Comissão Governamental sobre Juventude Gay e Lésbica, Boston, Massachusetts, 1992.*

[***] Este epílogo é uma tentativa do autor de mostrar que, infelizmente, pouca coisa tinha mudado após treze anos da tragédia que comoveu os EUA, mas também de ajudar na divulgação de ações, políticas e entidades que surgiram nesse período. As informações contextualizam a época em que o autor escreveu o livro e mostram que a luta por direitos civis para todos é uma luta necessária e constante. No Brasil, o site da Associação Brasileira de Lésbicas, Gays, Bissexuais, Travestis, Transexuais e Intersexos (ABGLT) apresenta uma lista completa de diversas organizações espalhadas pelo país. Disponível em: <https://www.abglt.org/associadas>, acesso em: 10 ago. 2022. (N. da E.)

Se Bobby Griffith fosse um aluno do ensino médio lidando com sua sexualidade gay em 1996, descobriria que pouca coisa mudara em sua comunidade; o colégio e a igreja continuavam oferecendo pouco, quase nada, em termos de comunicação com jovens gays. Essa imagem se reproduz pelos Estados Unidos, onde o isolamento e a exclusão de jovens gays continuam epidêmicos. Alguns passos grandes e encorajadores foram dados, principalmente em Massachusetts, onde a juventude gay é protegida pela lei, que criminalizou a discriminação contra alunos de escolas públicas baseada na orientação sexual. Além disso, em sua maioria graças à liderança de um ou dois adultos obsessivamente dedicados, serviços para jovens gays estão proliferando — de grupos de apoio locais em cidades pequenas a comunidades on-line que oferecem informação à juventude por meio da privacidade dos seus computadores.

Avanços como esses são uma gota no oceano de negligência e medo que se impõe aos adolescentes gays e lésbicas. A situação ficou ainda mais intensa em 1996, ano de eleição presidencial, quando conservadores de direita transformaram conselhos estudantis e colégios ao redor do país em campos de batalha contra o apoio à juventude gay e lésbica.

No Colégio Las Lomas, hoje, Bobby encontraria alguns livros sobre o tema na biblioteca, graças aos esforços da BANGLE e do P-FLAG. Há também conselheiros, que ficam, em dois dias da semana, à disposição de qualquer um dos mil e duzentos alunos do colégio que precise de ajuda. A equipe de aconselhamento do Las Lomas é formada por três profissionais excelentes.

Mas não há acolhimento para jovens gays e lésbicas, nenhum esforço proativo para sinalizar que o ambiente é receptivo. O currículo escolar não possui nenhuma referência ao assunto (embora a aids seja discutida nas aulas de saúde). Programas de treinamento para professores e conselheiros no distrito escolar não incluem nenhum componente que trate dos problemas relacionados à identidade gay e lésbica. Não há nada no regulamento escolar que preveja punição específica para ofensas homofóbicas ou perseguição contra gays.

A diretora do colégio, Carolyn Procunier, diz que professores e conselheiros são sensíveis quando o assunto vem à tona. Mas essa abordagem é mais passiva do que proativa. Alguém como Bobby, altamente vulnerável à pressão dos colegas, ficaria apavorado demais para arriscar expor sua natureza sexual.

Procunier acredita que os alunos do ensino médio são mais tolerantes hoje em dia, mas "há exceções". O colégio se tornou mais heterogêneo nos últimos quinze anos, conforme as regras de transferência entre distritos foram relaxadas. O corpo discente não parece mais formado por clones. Ainda assim, palavras como *bicha* e *veado* são usadas como sinônimos de "idiota" ou "nerd". A homossexualidade é, no máximo, um tema secundário no Las Lomas, onde a conformidade sexual ainda é a regra. Os raros jovens gays com elevada autoestima e apoio familiar até poderiam se dar bem em um ambiente assim. Alguém como Bobby encontraria pouco conforto lá, mesmo depois de tantos anos.

O conselheiro Dale Russell diz que cerca de quinze a vinte alunos conversaram com ele nos últimos quatro anos sobre questões relacionadas à homossexualidade. Mas reconhece que a abordagem no Las Lomas é passiva, ditada pelo que ele diz ser a "política" que envolve essas questões.

— Há uma certa paranoia entre os diretores, que se perguntam: "Quantos pais nervosos pegarão no meu pé se eu deixar essa história seguir adiante?" — afirma ele.

Russell aponta que a situação fica ainda mais complicada por conta do grande número de alunos de famílias mórmons no colégio. Similarmente, a igreja de Bobby, a Presbiteriana de Walnut Creek, continua refratária a qualquer discussão envolvendo relacionamentos entre pessoas do mesmo gênero. O ambicioso e gigantesco programa de acolhimento da igreja, que auxilia solteiros heterossexuais, crianças, jovens, deficientes, pessoas racializadas e imigrantes, falha ao excluir de sua abordagem gays e lésbicas de qualquer idade. O pastor no comando do grupo de jovens, Shawn Robinson, não atendeu aos meus pedidos de entrevista. Outro pastor, o reverendo

Carl Hamilton, sugeriu que eu tentasse uma "igreja mais tolerante", como a Igreja Comunitária Metropolitana, quando perguntei (sem me identificar) se os gays eram incluídos nos programas que ele liderava.

E, como Mary Griffith indicou, se não fosse pelo suicídio de Bobby, ela e a família talvez continuassem os mesmos até hoje, isto é, hostis a esse estilo de vida.

*

Colégio, igreja, família. Instituições que se mantêm refratárias aos jovens gays, como uma fortaleza de inimigos em um jogo eletrônico. Pode parecer contraditório, se considerarmos os avanços fantásticos que os movimentos por direitos civis de gays e lésbicas conquistaram na última década. Mas o fato é que esses avanços, que beneficiam gays adultos, falham em garantir (com pouquíssimas exceções) proteção e cuidado para o segmento mais vulnerável da comunidade gay — os jovens. Ser jovem e gay, para a maioria das pessoas, é ser invisível, excluído e ignorado.

Essa situação representa um dos maiores desafios sociais não enfrentados da nossa era, e uma manifestação gritante disso é a alta taxa de infecção pelo HIV entre jovens gays. Outro exemplo é a frequência de suicídios entre essa população. Embora as estatísticas possam ser discutíveis e estejam sujeitas à manipulação política, é inquestionável que adolescentes gays e lésbicas constituem uma categoria de alto risco, não apenas em relação ao suicídio e ao HIV, mas como vítimas de uma ordem social que ainda é capaz de punir as diferentes orientações sexuais como nos tempos medievais.

A questão da juventude gay tem recebido uma atenção midiática considerável. Cada vez mais serviços de apoio surgem pelo país. O último levantamento demonstrou que há mais de duzentos programas voltados à juventude gay em todo o país, embora um terço deles esteja concentrado na Califórnia e em Nova York. São entidades ainda pequenas, em sua maior parte, em busca de patrocínios. Um dos programas mais avançados opera nas escolas públicas de São Francisco, como seria de se supor. Um Bobby Griffith dos dias atuais, afortunado o bastante para residir trinta quilômetros a oeste de Walnut Creek, encontraria uma vasta gama de serviços à sua disposição.

Apesar dessa onda de interesse, as organizações gays mais estabelecidas têm dispensado pouca atenção às preocupações da juventude homossexual. Até recentemente, os jovens gays sofriam em silêncio e sozinhos, sem a força política nem a sofisticação necessárias para que seus conflitos fossem ouvidos. Esforços isolados, como as viagens de carro pelo condado feitas por Mary Griffith e Rob Birle, ainda caracterizavam o movimento no começo dos anos 1990. Isso está mudando. Na verdade, a questão parece começar a atingir o grande público, atraindo atenção e respostas — incluindo as negativas.

Frances Kunreuther é diretora executiva do Instituto Hetrick-Martin de Nova York, uma das histórias de sucesso, com orçamento de 2,5 milhões de dólares e sete projetos, incluindo a renomada Harvey Milk School para jovens gays vulneráveis. Ela relata o que o movimento jovem gay está enfrentando:

— As instituições não mudaram dramaticamente: escolas, igreja, família, lares adotivos, psiquiatria, comunidades. E a opinião pública tampouco mudou tão radicalmente. Há muita falta de aceitação por aí. A maioria dos jovens ainda se sente muito isolada. Adultos podem frequentar grupos de apoio ou mudar de cidade. Os jovens não podem ir embora. Precisam que a escola, os pais e os familiares os guiem até a vida adulta.

O antecessor de Frances e cofundador da instituição, A. Damien Martin, descreveu a situação em 1982 com palavras que seguem relevantes até hoje:

— Na adolescência, os homossexuais são confrontados com a percepção cada vez maior de que estão entre as pessoas mais detestadas. São forçados a lidar com a possibilidade de que parte da sua identidade social contradiga a maior parte das outras identidades sociais que eles foram levados a acreditar que deveriam possuir...

O adolescente percebe que sua participação no grupo aprovado, seja o time, a igreja, a sala de aula ou a família, se baseia em uma mentira.

Virginia Uribe, fundadora do bem-sucedido Projeto 10 em Los Angeles, escreveu há quase uma década que "tabus culturais, o medo de controvérsias e a homofobia profundamente enraizada mantiveram o sistema de educação dos Estados Unidos cego e mudo quando o assunto era homossexualidade na infância e na adolescência. A escassez de estudos, de intervenção e de compreensão dessa área é uma desgraça para a nação".

Há poucos estudos disponíveis, dada a dificuldade de obtenção de amostras científicas junto a uma população altamente invisibilizada. Entretanto, o corpo de pesquisas, se tomado em sua totalidade, evidencia que esse grande problema social existe. Por exemplo, um estudo feito em 1984 pela Força-Tarefa Nacional Gay e Lésbica descobriu que 45 por cento dos homens gays e 20 por cento das mulheres lésbicas de uma amostra de duas mil pessoas haviam sido agredidos verbal ou fisicamente no ensino médio. Vinte e oito por cento dessas pessoas saíram do colégio depois do ocorrido. Uma pesquisa de 1992 com quatrocentos estudantes de um colégio de ensino médio em Massachusetts descobriu que 98 por cento deles já haviam sido alvo de ofensas homofóbicas. Sessenta por cento desses estudantes disseram que sentiam medo da reação dos colegas caso pensassem que eles eram gays.

Um estudo de 1990 do instituto Hetrick-Martin relatou que 41 por cento dos entrevistados eram alvos de violência, com quase metade dos incidentes violentos relacionados com a homossexualidade e cometidos por membros da família. Mais tarde, outro estudo da Força-Tarefa descobriu que um quarto dos jovens gays entrevistados foi forçado a sair de casa devido aos conflitos causados por sua orientação sexual.

Quanto aos suicídios, Gary Remafedi, um médico pediatra e pesquisador na Universidade de Minnesota, produziu um número de estudos demonstrando a predisposição ao suicídio por parte de adolescentes gays. Seu estudo de 1990, com 137 rapazes gays e bissexuais, feito em colaboração com pesquisadores da Universidade de Washington, descobriu que um a cada três já havia tentado suicidar-se pelo menos uma vez. Ele concluiu que, apesar das limitações da amostra, "a prevalência incomum de tentativas sérias de suicídio segue sendo uma descoberta consistente e perturbadora nos relatórios existentes sobre homens jovens e homossexuais".

Outros estudos confirmam essas tendências. No entanto, as estatísticas referentes ao suicídio se tornaram alvo do jogo político, com alguns acadêmicos e a direita religiosa apontando que os números, recolhidos de amostras limitadas e específicas, são generalizados de maneira incorreta para defender a causa gay. A estimativa de Paul Gibson em seu relatório para a Força-Tarefa do Departamento de Saúde e Serviços Humanos de que três em cada dez suicídios jovens são cometidos por um gay ou lésbica é, de fato, baseada em estudos disponíveis, mas nenhum desses estudos envolvia amostras cientificamente lastreadas. Mesmo assim, o número passou a ser aceito como oficial, um factoide certificado pelo governo e citado pelos defensores da causa.

Na verdade, estatísticas precisas podem deixar os acadêmicos mais confortáveis, mas são pouco relevantes quando confrontadas com a realidade empírica de que jovens gays se matam e a maioria dos programas de prevenção ao suicídio — locais, estaduais e federais — os ignora. Gibson escreveu com paixão e precisão sobre a situação de adolescentes lésbicas e gays, propondo soluções sérias e práticas. Mas suas palavras foram fulminadas pela direita defensora dos "valores da família de bem", partidária de Bush.

O governo Clinton reacendeu silenciosamente o interesse da administração pela juventude gay e lésbica, em boa parte graças a esforços individuais no âmbito do Departamento de Saúde e Serviços Humanos (HHS) e às contribuições de um novo consórcio de organizações gays e héteros — a Aliança Nacional de Defesa à Juventude e Orientação Sexual.

A Aliança de Defesa se formou no final de 1992, começo de 1993, impulsionada pelo Instituto Hetrick-Martin, que arrecadou trezentos mil dólares junto à Fundação Joyce Mertz-Gilmore para fundar essa nova organização. Sediado em Washington, D.C., o consórcio é basicamente um grupo de defesa dos interesses da comunidade jovem gay e lésbica. Seu diferencial é que, pela primeira vez, reúne serviços operados por gays a grandes agências não gays, como a Liga de Proteção da Criança, a Associação Nacional de Educação, a Associação de Psicologia Americana e muitas outras.

A mensagem clara é que esses grupos encaram a segurança e o bem-estar de jovens gays não como uma questão paroquial, mas como algo que transcende as barreiras da orientação sexual. Também significa que grupos gays entendem o peso da aliança como algo necessário.

Frances Kunreuther, diretora executiva da Hetrick-Martin, reconhece que "não podemos ter mais um movimento insular. Percebemos que nunca teremos influência nacional apenas como uma agência de jovens gays enfrentando tudo sozinha".

A Aliança de Defesa reúne 110 organizações, incluindo grupos nacionais de direitos gays e entidades locais e regionais. Em novembro de 1993, a aliança começou a dialogar com funcionários de várias agências da HHS.

Talvez pela primeira vez um governo nacional está finalmente disposto a discutir o assunto.

— Os representantes da HHS têm sido bem receptivos — disse Rea Carey, ex-diretora executiva da Aliança de Defesa. — Sinto-me encorajada por ter encontrado pessoas que parecem engajadas de verdade. Estamos conversando com elas sobre suas estratégias de arrecadação de fundos e sobre como podem ser mais receptivas aos serviços voltados para os jovens gays. Pedimos a algumas agências específicas que estabeleçam metas.

A resposta tem sido encorajadora, porém discreta, talvez por conta de questões políticas.

— Em termos de liderança nacional — disse Carey —, concordo que precisamos de mais visibilidade do presidente, de governadores, prefeitos, de toda a linha de poder.

É necessário que o alto escalão reconheça que o suicídio, o abuso de drogas, o assédio e a violência envolvendo jovens gays fazem parte de um problema nacional de saúde e segurança pública. É preciso que o HHS tome uma iniciativa e que o Centro de Controle de Doenças crie uma política nacional de proteção à juventude gay contra a discriminação e a violência, estabelecendo assim uma gama de serviços que alcancem esse setor negligenciado.

No momento em que escrevo, é improvável que isso ocorra. A tomada do Congresso pelos republicanos conservadores em 1994 encorajou a direita religiosa a lançar um grande ataque contra os serviços de apoio a jovens gays e lésbicas. Comunidades por todo o país — de Merrimack, em New Hampshire, a Des Moines, em Iowa, e Palmdale, na Califórnia — foram palco de batalhas brutais pelo controle de conselhos estudantis e o bloqueio até mesmo de menções à homossexualidade no contexto escolar. O reverendo Lou Sheldon ajudou a organizar uma audiência de dois dias no Congresso, no final de 1995, que se tornou basicamente uma plataforma nacional de ataque à chamada agenda gay, que buscaria transformar a homossexualidade em um "estilo de vida aceitável" (Mary Griffith foi chamada a testemunhar pelo outro lado da audiência).

Em outra manifestação, conservadores do congresso, com apoio da direita cristã, conseguiram emplacar em 1996 a legislação de controle de tópicos "indecentes" na internet. Uma das consequências disso é a possível queda de muitos portais de bate-papo que se tornaram linhas virtuais de apoio à vida para centenas de gays e lésbicas. Sob essa legislação, que certamente será combatida judicialmente, a discussão da homossexualidade on-line pode ser desencorajada ou banida.

Apesar desses desenvolvimentos, ou por causa deles, o debate sobre questões gays no geral e a juventude gay em particular esquentou, atraindo atenção pública e resultando em vitórias para a defesa dos jovens. Por exemplo, a Rede de Professores Gays, Lésbicas e Héteros, que reúne professores no armário e profissionais com carreiras em risco, viu seu número de membros explodir de algumas centenas em 1994 para três mil no começo de 1996. Em outros casos, jovens gays e héteros vêm formando alianças dentro das escolas e defendendo professores que se assumiram e passaram a enfrentar a fúria da direita religiosa.

A estratégia da direita envolve espalhar entre os pais medos infundados de que programas feitos para ajudar jovens gays são, na verdade, esforços sutis feitos pelos homossexuais para atrair crianças inocentes. De acordo com essa teoria, jovens "normais" são presas fáceis para a homossexualidade se ela for apresentada como um estilo de vida aceitável. O ataque corrosivo que matou o Currículo Arco-Íris em Nova York — que teria tornado obrigatória o ensino sobre homossexualidade nos colégios da cidade — foi baseado nessa premissa.

Os argumentos contra essa noção nem precisam ser repetidos aqui, mas podem e devem ser efetivamente elencados, em termos dramáticos e humanos, quando evidências de dor e sofrimento causados em adolescentes gays vierem à tona. Pessoas que recuam diante das supostas implicações dessa doutrinação respondem a argumentos comprovados, em nome da justiça e da equidade.

*

Massachusetts, um estado liberal com alguns bolsões de conservadorismo, é um ótimo exemplo de lugar onde a defesa da juventude gay conquistou grandes mudanças sociais com uma mistura de política e apelo emocional.

O trabalho de base foi feito por um grupo de defesa, a Aliança de Massachussetts pelos Direitos Civis de Gays e Lésbicas, que em 1990 endossou um republicano liberal, William Weld, como governador. O apoio deu ao grupo acesso a Weld, acesso usado para educá-lo a respeito do dilema de adolescentes gays e lésbicas. Entre os mais influentes nessa tarefa estavam gays republicanos organizados no âmbito do Log Cabin Club — um grupo nacional com a missão de anular a influência da direita dentro do partido — e David LaFontaine, o diretor da aliança.

Eles planejaram uma abordagem que enfatizasse que as proteções legais e constitucionais se aplicam a todos, menos à juventude gay, que vivia submetida ao assédio e à violência em colégios públicos. Eles apresentaram evidências, como o estudo do HHS e outras fontes, provando que a discriminação nas escolas — por parte de membros acadêmicos, conselheiros e outros alunos — contribui para o abandono de aulas, uso de drogas, depressão e tentativas de suicídio entre jovens gays e lésbicas. Apresentada como uma questão de justiça e *segurança*, Weld a apoiou na hora.

Quase imediatamente após a eleição de Weld (com apoio de eleitores gays), a aliança preparou uma legislação para criar uma Comissão Jovem Gay e Lésbica no estado. A reação conservadora deixou o projeto de lei paralisado, mas Weld estabeleceu a comissão por ordem executiva em fevereiro de 1992, usando audiências públicas em todo o estado para registrar as necessidades de jovens gays e lésbicas.

A comissão orquestrou as audiências, contando com a ajuda de vários outros programas, incluindo a poderosa sucursal regional do P-FLAG e grupos de professores gays e lésbicas. Mas os alunos eram o foco principal: uma rede de jovens de todo o estado estava pronta para ir a público para que o governo reconhecesse seus direitos de proteção dentro das escolas. Mais de cem adolescentes, assim como pais, professores, assistentes sociais e outros, prestaram testemunho em cinco audiências muito bem divulgadas, construindo um corpo de evidências que serviria de alicerce para outros avanços futuros. O maior destaque eram os depoimentos de jovens gays e lésbicas, que relatavam casos de abuso, tentativas de suicídio e situações de puro terror que confirmavam que o estado tinha, de fato, um problema sério de segurança pública em suas mãos.

A comissão estabeleceu cinco recomendações em um relatório intitulado *Escolas Seguras para Jovens Gays e Lésbicas*, com dezesseis mil cópias distribuídas pelo estado e ao redor do país. Apesar dos protestos cada vez mais intensos da direita, Weld endossou a pesquisa. Dentro de três meses, o conselho estadual de educação aprovou quatro das recomendações:

- criação de políticas para banir assédio, violência e discriminação contra alunos gays e lésbicas;
- treinamento de professores, conselheiros e funcionários para intervir em situações de crise e em prevenção de violência;
- criação de grupos de apoio dentro da escola para alunos gays e héteros (alianças gay-hétero);
- desenvolvimento de coleções educativas de livros, vídeos e filmes, amplamente divulgadas por meio de cartazes, faixas, entre outros meios.

Significantemente, o conselho estadual rejeitou a quinta recomendação, que tratava da necessidade de alterar o currículo escolar para incorporar questões gays. Era uma decisão estratégica que fazia sentido, já que "mexidas" no currículo provocavam a direita cristã, assim como os pais de lugares mais afastados.

David LaFontaine, que fora nomeado chefe da comissão de juventude gay do governador, disse ao *New York Times*: "A abordagem que estamos realizando em Massachusetts é muito diferente do Currículo Arco-Íris. Se tivéssemos tentado impor um currículo específico ao sistema de educação, acho que os resultados teriam sido desastrosos".

Depois, ele me disse:

— Tomamos o controle da situação. Alcançamos milhões de pessoas e colocamos um rosto no sofrimento da juventude gay e lésbica. As pessoas perceberam que seus próprios filhos poderiam estar envolvidos. Pegamos o caminho mais arriscado, deixando claro que também pagamos impostos e nossas escolas públicas não vinham arcando com suas responsabilidades. Simplesmente insistimos para que cumprissem a sua obrigação.

Ao contornar a questão do currículo, o governo Weld poderia implementar agressivamente as provisões sobre justiça e segurança.

E foi assim que aconteceu. Weld pessoalmente lançou uma série de quinze palestras regionais no outono de 1993 para treinar os educadores que seriam responsáveis por orientar pais, alunos, corpo docente e representantes da comunidade em cada colégio participante. O envolvimento era voluntário, mas dentro de seis meses 143 dos 300 colégios de ensino médio se inscreveram.

— Todo aluno — disse Weld — tem o direito de se educar em um ambiente seguro e livre de discriminação, abuso e assédio. O conceito de que os colégios são um paraíso seguro deve se aplicar a todos os estudantes, incluindo adolescentes gays e lésbicas.

Um comprometimento tão aberto e visível com uma questão tão volátil por parte de um chefe do executivo estadual era algo sem precedentes (Weld se reelegeu em 1994 com folga).

O estado deu ao programa o nome de *Colégios Seguros para Alunos e Alunas Gays e Lésbicas*, conferindo a ele a faculdade de providenciar recursos para ajudar as unidades locais a desenvolver uma série de atividades. A lista incluía:

- orçamento de pelo menos dois mil dólares por colégio para programas desenvolvidos por alunos e grupos de apoio, como alianças gay-hétero (que atualmente existem em trinta colégios); programas de vídeo, filmes, teatro e fotografia; viagens de campo; conferências; entre outros;
- contratos com uma rede de profissionais de saúde mental para aconselhamento de estudantes gays e lésbicas, assim como suas famílias, e para auxiliar no desenvolvimento de planos para o treinamento interno de conselheiros dos colégios;
- treinamentos presenciais sobre prevenção de violência e suicídio;
- guias de recursos para alunos e suas famílias sobre serviços de saúde mental e física, linhas telefônicas de apoio, entre outros.

Se cumprisse sua promessa, o *Programa Colégio Seguro* poderia ter um impacto de longo alcance, além do imaginado. Nenhum outro lugar no país tinha uma abordagem tão compreensiva e inclusiva na política do corpo estudantil (a cidade de Seattle recentemente organizou uma série de audiências públicas para um programa inspirado no de Massachussetts).

Um segundo movimento, talvez mais impressionante do que o primeiro, se formava paralelamente em Massachusetts durante o ano de 1993. O estado era um dos oito no país em que a discriminação contra gays era ilegal. Mas a legislação excluía pessoas com menos de dezoito anos. Para reparar esse lapso, o Conselho Consultivo Estudantil, uma rede estadual com mais de setecentos alunos, propôs um projeto de lei junto ao estado criminalizando a discriminação contra alunos gays e lésbicas em escolas públicas.

O projeto de lei ficou engavetado pelo comitê por dois anos. Então, conforme o Programa Escola Segura ganhava força, no verão de 1993, jovens gays ativistas sentiram que era o momento certo. Solicitaram a reabertura do projeto e ele passou. No coração da campanha estavam centenas de alunos de ensino médio gays e héteros que foram até a capital do estado para defender a legislação, realizar manifestações e conversar com a imprensa.

Um desses alunos, Mark De Lellis, aluno do último ano no Colégio Belmont, manteve um registro de todas as suas atividades de defesa. Ele entregou aos senadores um depoimento de assédio em primeira mão, contando sobre quando outros colegas do time de futebol "jogaram objetos em mim, incluindo fezes de cachorro, me chamando de 'bicha' e 'veado', cuspindo em mim até minha camisa ficar encharcada".

De Lellis era coordenador da ala jovem da Aliança pelos Direitos Civis de Gays e Lésbicas. Ele descreveu em um livro de memórias o trabalho que tivera para ajudar a organizar um protesto enorme na capital, que incluiu audiências com senadores e vigílias com velas enquanto o projeto de lei passava pelo comitê, coletivas de imprensa e, finalmente, os esforços finais para garantir a aprovação da lei:

"A data do protesto ficava cada vez mais próxima. Eu continuava ligando para grupos diferentes, tentando conseguir o máximo de apoio possível para a manifestação. Consegui falar com vários grupos da comunidade, alianças gay-hétero e grupos políticos.

"Uma semana antes do protesto, preparei a organização da manifestação e enviei para mais de duzentos endereços. O Departamento de Educação pagou pelos envios. O dia do protesto finalmente chegou. Seria 13 de outubro de 1993, às 15h30, na Ala da Enfermaria da sede do governo... Eu estava nervoso. Naquele dia, não fui para o colégio só para me preparar e resolver algumas coisas com a imprensa que surgiram de última hora. Lembro de caminhar da estação de Park Street até a sede do governo pela Freedom Trail, pensando comigo mesmo sobre como aquela jornada era simbólica.

"Subi no palanque e olhei em volta para as centenas de alunos e grupos com seus cartazes. Fiz meu discurso, atento a todas as pausas dramáticas. 'Todos têm algo único com que contribuir para a educação em escolas públicas. Ninguém deveria ser assediado, atacado ou discriminado por ser quem é!' Fiquei surpreso com a quantidade de aplausos e energia.

"Na semana seguinte, era hora de pressionar (a aliança havia se preparado com treinos e oficinais para vinte e cinco alunos que fariam a defesa). Dividimos as cento e cinquenta pessoas em dez grupos de pressão baseados na localização geográfica. Conversamos com assistentes do Senador Hicks, Senador Durand, Senador Mangani e Senador O'Brien. Em um determinado momento, o projeto de lei estava com o Senador O'Brien para uma segunda leitura (e, depois, uma terceira). Ajudei a organizar as pessoas para que escrevessem cartas. Organizamos vigílias com velas toda noite de segunda-feira na sede do governo.

"Decidimos fazer uma coletiva de imprensa e protestar na sede do governo. Cerca de quarenta jovens marcharam ao redor dela, gritando palavras de ordem sobre o projeto de lei. Achei essa experiência em particular muito poderosa — ouvir a fúria unificada das nossas vozes ecoando pelos prédios."

O projeto de lei finalmente foi aprovado no começo de dezembro e o governador Weld a assinou alguns dias depois, tornando Massachusetts o único estado a aprovar uma legislação antidiscriminação em defesa de jovens gays. LaFontaine afirmou que era "a maior vitória que a juventude gay estadunidense poderia conquistar. Ela agora dispõe de uma arma para combater as ofensas, o ódio e a violência". A justiça de Massachusetts simplesmente acrescentou o termo "orientação sexual" aos estatutos já existentes contra a discriminação nas escolas baseadas em raça, cor, gênero, religião e país de origem. Mesmo assim, foi uma vitória de enorme potencial para o movimento de direitos civis.

Agora, uma base para ações legais contra sistemas escolares que falhassem na proteção de estudantes gays havia sido estabelecida. Reconhecia-se legalmente a existência de minorias sexuais nas escolas, e isso pressionava quem deveria protegê-las e oferecia bases legais de resistência às investidas da direita. Uma força sem precedentes poderia ser usada em iniciativas de criação e reforço de políticas antiassédio, de emendas a regulamentos, de exigência de treinamento para as equipes escolares e, por fim, de mudanças efetivas no currículo escolar.

Além do mais, estudantes gays e lésbicas agora possuíam o direito legal de frequentar bailes de formatura e outros eventos sociais como casais. LaFontaine disse que pelo menos oito casais homossexuais foram a bailes de formatura em junho de 1994.

O sucesso em Massachusetts pode ser atribuído a diversos fatores: um governador corajoso e receptivo; a influência do voto gay em sua eleição; o empenho de uma aliança jovem única no país; o levantamento de preocupações com a segurança pública, que afetavam os cidadãos de um estado considerado o berço da democracia estadunidense.

— No centro da nossa vitória está a divulgação dos problemas na grande mídia. Usamos a imprensa para educar pais e professores — disse LaFontaine. — Primeiro, alcançamos o público com nossa mensagem e não nos deixamos ficar na defensiva. A direita ficaria em uma posição complicada caso se opusesse a iniciativas de segurança e a programas de prevenção de suicídio. Pessoas nas cidades se manifestaram junto com a gente. Tornou-se uma questão humanitária.

Curiosamente, as respostas mais ativas ao *Programa Colégio Seguro* vieram dos distritos rurais e suburbanos. Centros urbanos como Boston, Brockton, Lowell, Fall River e Worcester mantiveram-se mais distantes. Nessas cidades, os conselhos estudantis são altamente politizados, e discussões sobre questões raciais e outros temas sensíveis podem ficar bem feias. Mas LaFontaine está confiante de que, com a força da nova legislação, os conselhos estudantis dessas áreas também implementarão as mudanças.

*

Massachusetts é um lugar único, com seu comprometimento agressivo em prol da juventude gay. Porém, existem outros esforços significativos ao redor do país que merecem ser apontados. O espaço aqui limita a discussão a apenas uma amostra representativa.

Projeto 10, Los Angeles

Estabelecido em 1984 como uma série de palestras para jovens gays no Colégio Fairfax, o Projeto 10 expandiu-se e tornou-se um sistema de apoio multifunções, com representações em três quintos dos cinquenta colégios de ensino médio em Los Angeles. Foi fundado por Virginia Uribe, uma professora do Colégio Fairfax, cuja intenção era desenvolver um modelo de programa de aconselhamento que incluísse educação, medidas de segurança, defesa dos direitos humanos e prevenção do abandono escolar por parte dos estudantes.

Adicionalmente às palestras e ao aconselhamento individual que, atualmente, alcançam centenas de estudantes por ano, o Projeto 10 realiza oficinas de treinamento para professores, conselheiros e outros funcionários dos colégios, alcançando também pais de adolescentes gays. A organização igualmente opera como uma extensão do ensino médio para um pequeno número de alunos gays com problemas de adaptação.

Embora seja alvo de grande oposição por parte da direita cristã, o Projeto 10 tem conseguido apoio do Conselho Estudantil de Los Angeles, apesar do patrocínio mínimo. Inspirou programas similares na Califórnia e em outros lugares ao redor do país.

Uribe, uma mulher dinâmica que se define como lésbica, alerta que, apesar dos esforços do Projeto 10, o problema requer intervenção muito mais agressiva e imediata:

— A dor sofrida por adolescentes gays, lésbicas e bissexuais não é mais invisível, e nossa falta de ação não é mais profissional e eticamente aceitável.

Instituto Hetrick-Martin, Nova York

Fundado em 1983 por um professor universitário e seu parceiro psiquiatra, o Instituto Hetrick-Martin evoluiu e tornou-se uma organização complexa e multifunções, com uma equipe de cinquenta e duas pessoas, entre elas dois professores e dois assistentes enviados pelo Conselho de Educação de Nova York, que cofinancia, junto com o instituto, a Harvey Milk School para gays e lésbicas.

Originalmente, o Hetrick-Martin oferecia apoio a jovens gays e lésbicas fugitivos, vítimas de abuso e rejeitados, e esse continua sendo o cerne da missão do instituto. Adicionalmente, os serviços do Hetrick-Martin incluem acolhimento de gays em situação de rua (cerca de 30 a 50 por cento dos quinze mil jovens desabrigados em Nova York), aconselhamento sobre aids e HIV, centro de doações, atendimento clínico individual e treinamento de jovens profissionais. Dos cerca de mil e quinhentos jovens atendidos por ano, 85 por cento são pessoas não brancas. Conforme mencionado, o instituto, sediado em um imóvel bonito e recém-reformado em Manhattan, expandiu sua missão nacionalmente com a criação da Aliança Nacional de Defesa da Juventude e Orientação Sexual.

Ademais, o Hetrick-Martin começou a treinar profissionais de outras entidades, como o Exército da Salvação e a Liga do Bem-Estar Infantil, para lidar com questões de orientação sexual em sua jurisdição.

— Isso é o futuro — disse o membro da equipe Peter Webb. — Vamos treinar outras organizações. Temos material de pesquisa, equipe clínica e conhecimento sobre o tema. Recebo ligações de bibliotecas e organizações educacionais. Envio milhares de panfletos informativos por mês. Essa questão já é de conhecimento geral.

Grupo Jovem Indiana, Indianápolis

Como a maioria dos grupos jovens gays, o Grupo Jovem Indiana (IYG, na sigla em inglês) é uma criação de indivíduos obstinados.

Em 1987, Chris Gonzalez era um rapaz recém-formado em jornalismo pela Universidade Franklin. Ele começou a fazer trabalho voluntário em uma central telefônica que recebia chamadas de jovens desesperados por ajuda e aconselhamento. No entanto, não havia uma agência específica para onde os encaminhar.

Como consequência, Gonzalez e seu parceiro, Jeff Werner, um contador, começaram a promover palestras para adolescentes na própria casa duas vezes por mês. Em pouco tempo, cerca de vinte a vinte e cinco pessoas já compareciam a cada encontro. O programa expandiu-se rapidamente, mudando-se para o Centro Damien — um centro de acolhimento de pessoas HIV positivas — e ganhando o nome de Grupo Jovem Indiana.

Quando saiu em busca de financiamento, Gonzalez deu-se conta de que o aconselhamento adolescente que ele oferecia estava diretamente ligado à prevenção da aids. Ao promover aconselhamento voltado a questões de autoestima, o IYG estava ao mesmo tempo encorajando os jovens a ser mais responsáveis e evitando que eles se colocassem em risco. O Departamento de Saúde e Educação de Indiana concordou, garantindo o apoio financeiro que permitiu ao Grupo estabelecer uma linha telefônica gratuita em 1991, fundar sucursais em outras nove cidades de Indiana e acomodar de 120 a 150 jovens em três encontros por mês em Indianápolis.

A linha gratuita era operada por adolescentes que participavam de um pré-treinamento de cinquenta horas para se qualificarem para a função. Eles geralmente atendiam entre mil e mil e quinhentas chamadas por mês, em sua maioria oriundas do próprio estado de Indiana (cerca de um terço das chamadas mencionava tentativas de suicídio). Porém, quando o programa "20/20", da emissora ABC, mostrou o número da central em um segmento que foi ao ar em maio de 1992, o IYG foi inundado por mais de cem mil chamadas em trinta dias, de todas as partes do país.

As ligações e cartas que chegavam eram gritos de ajuda de adolescentes isolados e assustados. No entanto, o IYG não estava preparado para atender àquela demanda e a maioria dos contatos ficou sem resposta. Entretanto, a repercussão foi uma prova não científica, mas eloquente, da profundidade da dor pela qual gays e lésbicas passavam ao redor do país.

Desde 1992, o IYG continuou se expandindo. Uma fundação local ajudou a organização a adquirir o próprio prédio. Depois, com a aprovação da lei de Ryan White a respeito da aids, o governo dos Estados Unidos forneceu 250 mil dólares para o IYG. O dinheiro viabilizou o aumento da equipe, que agora inclui profissionais de enfermagem, um conselheiro familiar em tempo integral e um gerente. Jovens gays e lésbicas utilizam o ambiente do IYG para fins de saúde, emprego e educação.

Tragicamente, o mentor do IYG, Chris Gonzalez, morreu de aids em 1994, aos trinta anos. Jeff Werner assumiu sua posição para continuar o trabalho.

— Eu e Chris tínhamos uma visão e nos dedicamos a ela — disse Werner. — Temos orgulho de tudo o que fizemos.

Apesar da reputação conservadora de Indiana, a combinação de aconselhamento adolescente e prevenção da aids permitiu que o IYG angariasse apoio para se estabilizar.

— Nosso foco principal não é promover o dito "estilo de vida gay" — afirma Werner. — Ao atrelar o grupo à prevenção da aids, fizemos o possível para que ele parecesse mais digerível.

Por que, perguntamos a Werner, tantos jovens se encontram em tal estado de isolamento?

— Apesar de toda a informação disponível, ainda há muitos adultos que não entendem a homossexualidade, e eles podem causar danos profundos. Conforme os anos passam, as coisas vão melhorando — disse ele, com otimismo. — A próxima geração será muito, muito melhor.

OutYouth/Austin

Lutando com um orçamento de setenta mil dólares, a OutYouth/Austin opera um programa ambicioso com uma equipe diminuta e cerca de cinquenta voluntários. O programa inclui um centro de acolhimento (batizado em homenagem a Bobby Griffith) que abre cinco noites por semana, pequenos grupos de apoio semanais, uma linha telefônica gratuita e programas de treinamento para conselheiros escolares e outros profissionais de saúde mental.

A força por trás da OutYouth/Austin é Lisa Rogers, uma assistente social de quarenta e três anos que, em outro momento de sua vida, foi uma seminarista graduada que atuou como capelã. No curso de assistência social na Universidade do Texas, ela se interessou pelas questões da juventude gay e descobriu que havia grupos de apoio surgindo em todo o país, mas nenhum em Austin. Com uma colega de classe, ela começou a realizar encontros informais para jovens, primeiro em sua casa e, depois, na biblioteca. Em 1991, a Universidade YMCA se envolveu, e ajudou a OutYouth a obter uma sala do tamanho de um pequeno ginásio para acomodar todas as suas atividades — com espaço suficiente para abrigar uma biblioteca, uma mesa de bilhar e o baile de formatura alternativo que acontece anualmente.

Nos três anos seguintes, a OutYouth cresceu, obtendo dinheiro da prefeitura e fundos de empresas privadas para educação acerca do vírus da HIV. Em pouco tempo, entre cinquenta e sessenta jovens estavam utilizando o local por mês. Na central telefônica, a organização recebia mais ligações do que conseguia atender, vindas de áreas remotas do Texas e também de outros estados — não muito diferente do Grupo Jovem Indiana.

A organização ganhou reconhecimento da comunidade jovem. Foi chamada para participar de conferências sobre juventude, para treinamentos internos, e para participar de alianças. Em avanços relacionados, dois colégios de ensino médio de Austin abriram grupos de apoio para jovens gays, e um terceiro possui uma aliança gay-hétero.

Com cada vez mais visibilidade, a OutYouth se tornou também alvo da represália cristã.

— Passamos por muito sufoco — disse Rogers. — A direita religiosa dominou o conselho estudantil. Nós costumávamos colocar anúncios nos jornais escolares. Alguns diretores agora têm medo de não poderem mais imprimir os jornais. Para cada vitória — acrescentou ela —, mil pregadores estão condenando pessoas gays, e centenas de milhares estão sentados nas congregações dando ouvidos. É como nos anos 1960. Os negros protestaram em Selma e houve represália. São dois passos para frente e um para trás.

Um dos passos para trás ocorreu há mais de um ano, quando um jovem de dezenove anos, envolvido no centro, se enforcou. O jovem foi estrangulado por sua família religiosa e fundamentalista. A OutYouth fez velório no Centro Bobby Griffith e estabeleceu uma bolsa de estudos em homenagem a ele.

Rede de Professores Gays, Lésbicas e Héteros

Novamente, em virtude da visão de um único indivíduo — nesse caso, um professor de colégio preparatório de Boston, Kevin Jennings —, a Rede de Professores Gays, Lésbicas e Héteros (GLSTN, na sigla em inglês) se tornou uma organização nacional com trinta e cinco sucursais e três mil membros em apenas alguns anos. Jennings era professor de uma instituição de elite, a Concord Academy. Ele fundou a GLSTN ao descobrir que a maioria dos professores homossexuais viviam sob uma invisibilidade aterrorizante. Seus objetivos incluíam encorajar os professores a se assumirem, pois assim serviriam de exemplo para a juventude gay, e se envolver na criação de sistemas de apoio para esses jovens em ambiente escolar. Jennings acredita no conceito de alianças gay-hétero como chave para vencer batalhas políticas concernentes tanto aos professores quanto aos alunos. Para ele, o problema não é a homossexualidade, e sim a homofobia, que ele define como "abuso infantil" nas escolas.

— Ensinar uma criança a se odiar a ponto de querer morrer é abuso — afirma ele.

*

Ao descrever essas cinco organizações, toquei apenas na superfície do que tem sido feito em prol da juventude gay. O nível de dedicação e empenho em muitas dessas entidades garante que o movimento continuará persistindo, apesar da oposição feroz. Há, no âmbito educacional, um reconhecimento cada vez maior de que a tolerância à homofobia é um problema que também afeta negativamente os adolescentes héteros.

Mas o resultado segue sendo imprevisível. Será que as lideranças gays e lésbicas conseguirão elevar suficientemente essa questão para que recebam apoio e financiamento, como ocorreu com a questão dos gays nas forças armadas e as questões envolvendo a aids? Será que gays e simpatizantes conseguirão se organizar em número suficiente para se tornarem uma força política imbatível? Será que os programas federais e estaduais serão adequadamente financiados para que possam fazer frente às represálias da direita? As respostas ainda serão descobertas.

*

Qualquer discussão sobre a juventude gay não pode ser concluída sem que se aborde brevemente a situação nas igrejas. Obviamente, a questão da homossexualidade na igreja não envolve apenas os jovens, mas o resultado do debate interno que se trava atualmente afetará profundamente as gerações vindouras. A maioria das denominações cristãs enfrenta hoje um debate ferrenho — monumental, até — sobre a homossexualidade, um cenário que ameaça a própria coesão de algumas dessas denominações.

"Essa não é apenas mais uma questão moral; é *a* questão moral, mediante a qual decidiremos se vamos defender ou abandonar a autoridade da Bíblia", disse o reverendo David Seamands para o *Detroit Free Press*. Seamands, um pastor aposentado de Kentucky, liderava a luta para manter a condenação do sexo gay dentro da Igreja de Cristo Unida de 8,8 milhões de membros. O bispo episcopal Edmond Lee Browning disse ao mesmo jornal que a homossexualidade é "tremendamente explosiva. Tem a possibilidade de dividir uma igreja". Browning foi forçado a fechar as sessões públicas da assembleia nacional de sua igreja quando gritos sobre o assunto interromperam os procedimentos. Algumas congregações tradicionais têm discutido abandonar a denominação.

Esse debate extraordinário vem reverberando em todas as denominações. Os Metodistas Unidos votaram em 1992 pela manutenção de sua tradição contrária à homossexualidade, mas retomaram o assunto em 1996.

Quando a Assembleia Geral presbiteriana decidiu, em 1991, por 534 votos a 81, rejeitar o relatório interno de duzentas páginas que recomendava a adesão a um posicionamento mais aberto em relação aos gays, centenas de presbiterianos insatisfeitos se levantaram no meio da multidão carregando cruzes de madeira. Em silêncio, foram até o centro do corredor e martelaram longos pregos de metal contra a madeira. Muitos no público choraram (era uma igreja dessa denominação que Bobby frequentava). Ainda assim, a mudança ocorreu. Mais de cinquenta igrejas presbiterianas ao redor do país se declararam "mais iluminadas" e receptivas aos gays. Outras oitenta passaram a se definir como "igrejas questionadoras" e muitas mais simplesmente cometeram desobediência eclesiástica: uma igreja em Eugene, Oregon, recentemente consagrou um gay e uma lésbica como diácono e diaconisa.

A controvérsia na igreja é um reflexo das grandes mudanças na sociedade. Igrejas urbanas vêm descobrindo que há um grande número de lésbicas e gays entre seus membros, à medida que essas pessoas saem do armário, dado o clima mais tolerante dos dias atuais. Muitos desses membros exigem mais aceitação, e contam com o apoio de membros héteros liberais. Trata-se de igrejas afetadas permanentemente pelo movimento de direitos civis, pelo movimento feminista e outras manifestações sociais. Por necessidade, e respaldadas pela atmosfera de mudança, elas formam os núcleos reformistas que têm abalado as estruturas das vertentes mais tradicionalistas.

O problema, no geral, gira em torno das várias interpretações de menos de dez versículos bíblicos, dentre os trinta e um mil existentes. Em um nível mais profundo, argumentam alguns, movimentam-se as correntes da fobia sexual sabidamente endêmica na cultura estadunidense. "Muitos membros heterossexuais da igreja estão surpresos, confusos, obcecados por sua própria sexualidade, que tendem a ver como suja, como pecado", escreveu Duke Robinson, o pastor liberal de uma congregação presbiteriana de Oakland, Califórnia. "Embora se sintam culpados o tempo todo e confessem seus pensamentos sexuais para Deus, ignoram e se recusam a ver como pecaminoso o tratamento odioso que dispensam aos homossexuais."

Mitzi Henderson, mãe de um filho gay e atual presidente do P-FLAG, tem um histórico familiar profundamente enraizado na igreja presbiteriana. Atualmente defensora de uma reforma na denominação, ela foi uma das primeiras mulheres aceitas como líder espiritual na igreja, em 1971.

— A Igreja é totalmente esquizofrênica quando se trata desse assunto — disse ela, referindo-se às igrejas de forma geral. — Há uma cisão. Entre os luteranos e a Igreja Unida de Cristo, é um assunto muito sério, que pode destruir por completo o alinhamento entre essas denominações.

— O que tornou esse assunto tão inflamável? — perguntei a ela.

— O número cada vez maior de gays assumidos. Já está acontecendo há um bom tempo e chegou ao máximo com o crescimento da direita religiosa, que só jogou mais gasolina no debate. A aids também é um fator. O advento da doença pôs a igreja diante de questões de saúde, e ela foi forçada a lidar com o problema. Alguns dos membros das congregações passaram a adoecer e ficou difícil não enxergar a ligação. A aids arrancou as pessoas do armário e forçou a igreja e cumprir suas obrigações.

É fascinante comparar as experiências de Mitzi Henderson com as de Mary Griffith. As duas têm quatro filhos. As duas descobriram mais ou menos na mesma época — por volta de 1978, 1979 — que tinham um filho gay (embora Jamie Henderson já fosse universitário em Harvard na época e Bobby Griffith ainda estivesse no ensino médio). As duas mulheres estavam intensamente envolvidas com suas igrejas presbiterianas; Mary na Califórnia, e Mitzi na pequena comunidade de Winona, Minnesota.

Bobby lutava contra sua sexualidade; Jamie se aceitava. Em ambos os casos, porém, as famílias decidiram se esconder. Tanto Mary quanto Mitzi ficaram envergonhadas e assustadas demais para discutir o assunto com seus pastores (e quando Mitzi finalmente decidiu tocar no assunto, foi expulsa).

Tanto Mary quanto Mitzi iniciaram seus processos de "aceitação" na mesma época, sob circunstâncias muito diferentes. Bobby Griffith havia morrido. Mitzi Henderson se mudara para Palo Alto, Califórnia, encontrando lá um ambiente bem mais progressista. A transformação de Mary, motivada por sua perda terrível, afastou-a da igreja tradicional. Mitzi Henderson, lidando com o medo de ser rejeitada por parte da igreja em que sua família havia sido criada por gerações, encontrou coragem para confrontar a religião de dentro.

No final de 1985, enquanto Mary Griffith dava seus primeiros passos em direção à militância, Mitzi Henderson "se assumiu" para sua igreja em um discurso na Presbiteriana de San Jose. Ela disse, em partes:

— Não era apenas nosso filho que estava em risco. Eram, e ainda são, quinze de nós, a família dele, incluindo cinco anciãos que se sentam nos bancos presbiterianos. Mas fora daqui tudo é amor e carinho. Vocês, como pastores e anciãos, podem mudar isso não apenas para nós, mas para os outros gays e suas famílias, que se sentam nas congregações, silenciados e assustados. Enquanto não estivermos dispostos a ouvir os nossos membros gays e a aprender mais sobre a vida deles, seus dilemas, suas esperanças e problemas, nunca saberemos como conversar com eles de forma efetiva. Que conselho vocês dariam para o nosso filho, para meu marido e eu, para nossos três outros filhos? Que direcionamento espiritual? Para qual grupo de apoio seríamos enviados dentro ou fora da igreja?

Isso foi em 1985. Um ano depois, a igreja da sua cidade, a Primeira Presbiteriana em Palo Alto, tornou-se uma igreja "mais iluminada". A congregação incorporou temáticas gays à sua liturgia e se comprometeu a permitir que membros homossexuais se tornassem elegíveis para cargos de liderança. Enquanto isso, a Presbiteriana de Walnut Creek — antiga congregação de Mary — aferra-se a seu posicionamento tradicional. As duas instituições são exemplos da cisma moderna que assola as igrejas.

Enquanto Mary Griffith se tornou porta-voz do P-FLAG, Mitzi foi subindo de escalão até se tornar presidente nacional da organização em 1992. Hoje, as duas continuam seu trabalho incansável pela dignidade, pela validação — e pelas vidas — de centenas de milhares de filhos como os seus.

PREVENÇÃO DE SUICÍDIO

O Centro de Valorização da Vida (cvv)
realiza apoio emocional e prevenção de suicídio,
atendendo voluntária e gratuitamente todas as
pessoas que querem e precisam conversar,
sob total sigilo. Para mais informações, consulte:
http://www.cvv.org.br/.